한 권으로 끝내는 엔트리

곽문기 지음

EDUWAY
에듀웨이

한 권으로 끝내는
엔트리

2017년 08월 01일 1판 1쇄 인쇄
2017년 08월 15일 1판 1쇄 발행

지 은 이 | 곽문기

펴 낸 곳 | (주)에듀웨이
주   소 | 경기도 부천시 원미구 송내대로 265번길 59, 6층 603호(상동, 한솔프라자)
대표전화 | 032) 329-8703
팩   스 | 032) 329-8704
등   록 | 제387-2013-00002 6호
홈페이지 | www.eduway.net

북디자인 | 앤미디어
인   쇄 | (주)상지사 P&B
제   본 | (주)상지사 제본

Copyright©에듀웨이 R&D 연구소, 2017. Printed in Seoul, Korea
Illust Designed by Freepik

책값은 뒤표지에 있습니다.

ISBN   979-11-86179-19-2

4차 산업혁명 시대의 필수 경쟁력인
사고력과 문제 해결 능력을 키우는 소프트웨어(SW) 교육

인공지능, 빅데이터, 사물인터넷, 클라우드 컴퓨팅 등 ICT 기술 발전으로 세상은 디지털화, 자동화와 더불어 연결성이 극대화되었습니다. 4차 산업혁명 시대의 필수 경쟁력인 컴퓨팅 사고력과 문제 해결 능력을 효과적으로 갖추기 위해서는 소프트웨어 교육이 필요합니다.

지능 정보 사회의 창의 융합형 인재 양성을 위한 소프트웨어 교육

정부는 초·중학교 소프트웨어 교육 필수화 준비 및 학교 중심의 소프트웨어 교육을 추진하는 [소프트웨어 교육 활성화 기본 계획(2016.12, 국가교육과정정보센터)]을 발표하였습니다. 2018년부터 실행되는 [2015년 개정 교육과정]에 따라 초등학교는 2019년부터 17시간, 중학교는 2018년부터 단계적으로 34시간 이상의 소프트웨어 교육을 필수화하였습니다.

소프트웨어 교육의 출발, 엔트리(Entry)

엔트리는 누구나 무료로 소프트웨어 교육을 받을 수 있도록 개발된 네이버 산하 SW 교육 전문기관인 엔트리 교육연구소가 운영하는 소프트웨어 교육 플랫폼입니다. 학생들은 소프트웨어를 쉽고 재미있게 배울 수 있고, 선생님은 학생들을 효과적으로 가르치고 관리할 수 있습니다. 단순한 모양의 블록(Block) 연결을 통해 다양한 인터렉티브 스토리, 게임, 애니메이션 등을 만들고, 만든 작품을 엔트리 온라인 커뮤니티에 공유할 수 있습니다.

또한, 창의적으로 생각하기, 논리적으로 추론하기, 다른 사람들과 협동하기와 같은 능력 등을 배우는 데 도움을 줍니다. 컴퓨터 프로그래밍은 오늘날 필수 능력 중 하나입니다. 엔트리로 프로그램을 작성하는 방법을 배우면 창의적으로 문제를 해결하고, 프로젝트를 설계하며, 다른 사람들과 아이디어를 소통하는 데 있어 중요한 전략을 배울 수 있습니다.

이 책에서 소개하는 엔트리의 기초, 스토리텔링, 애니메이션, 게임 프로그래밍을 즐기다 보면 어느새 혼자서도 아이디어를 내어 재미있는 프로그래밍을 구성할 수 있을 것입니다.

그동안 많은 도움과 힘이 되어주신 한양여자대학교 컴퓨터정보과 교수님과 컬러즈 식구들, 도서출판 ㈜에듀웨이, 앤미디어 분들, 그리고 사랑하는 아내 김나정과 어느새 훌쩍 커버린 아들 동현에게 고마움과 사랑을 전합니다. 그리고 아버지, 어머니, 장인어른, 장모님 항상 고맙습니다.

곽문기

Contents _목차

Part ❺
엔트리 게임 프로그래밍

예제 및 완성 파일

이 책에 사용된 예제 및 완성 파일은 에듀웨이 홈페이지(www.eduway.net)에서 다운로드할 수 있습니다. 홈페이지 접속 후 검색란에 "한 권으로 끝내는 엔트리"를 입력하고 〈검색〉 버튼을 클릭합니다. [〈예제파일〉한 권으로 끝내는 엔트리–에듀웨이–] 게시글을 클릭하고 오른쪽 위의 첨부파일을 클릭합니다. 부록 데이터를 다운로드하고 압축을 풀어 사용합니다.

Part 01

엔트리 입문편

소프트웨어 교육과
컴퓨팅 사고력

교육부는 2018년부터 시행되는 2015 개정 교육 과정이 추구하는 비전을 '창의융합형 인재'라고 발표했습니다.

창의융합형 인재는 인문학적 상상력, 과학 기술 창조력을 갖추고 바른 인성을 겸비하여 새로운 지식을 창조하고 다양한 지식을 융합해서 새로운 가치를 창출하는 사람이라고 정의했습니다. 이를 위해 갖춰야 할 핵심 역량으로 자기 관리, 지식 정보 처리, 창의적 사고, 심미적 감성, 의사소통, 공동체 역량을 제시했습니다.

01 소프트웨어 교육

2018년부터 초·중학교에서 소프트웨어(SW)를 필수로 교육합니다. 정부는 초·중등 소프트웨어 교육 필수화 준비 및 학교 중심의 소프트웨어 교육을 추진하는 '소프트웨어 교육 활성화 기본 계획(2016.12)'을 발표했습니다. 2018년부터 시행되는 '2015년 개정 교육과정'에 따라 초등학교는 2019년부터 17시간, 중학교는 2018년부터 단계적으로 34시간 이상의 소프트웨어 교육을 필수화했습니다.

다가올 지능 정보 사회에서 가치 창출 핵심인 소프트웨어 분야의 중요성을 고려하여 초·중·고등학교의 소프트웨어 교육 강화를 통해서 창의력과 논리력을 갖춘 인재 양성을 추진하기 위함입니다.

소프트웨어 교육 강화	2009년 개정(현행)	2015년 개정(개편)
	• (초) 교과(실과)에 ICT 활용 교육 단원 포함 • (중) 선택 교과 '정보' • (고) 심화 선택 '정보'	• (초) 교과(실과) 내용을 소프트웨어 기초 소양 교육으로 개편 • (중) 과학/기술·가정/정보 교과 신설 • (고) '정보' 과목을 심화 선택에서 일반 선택 변경, 소프트웨어 중심 개편

소프트웨어 교육은 코딩 기술 습득이 아니라 소프트웨어의 기본 원리 이해를 통해 컴퓨팅 사고력과 논리력을 배우고, 이를 바탕으로 창의적 문제 해결 능력을 증진하는 데 그 목적이 있습니다. 따라서 놀이와 체험 중심으로 쉽고 재미있게 소프트웨어를 학습할 수 있도록 교육 과정을 구성하며, 학생들이 학교에서 소프트웨어를 충분히 배우고 활용할 수 있도록 하는 것이 주요 내용입니다.

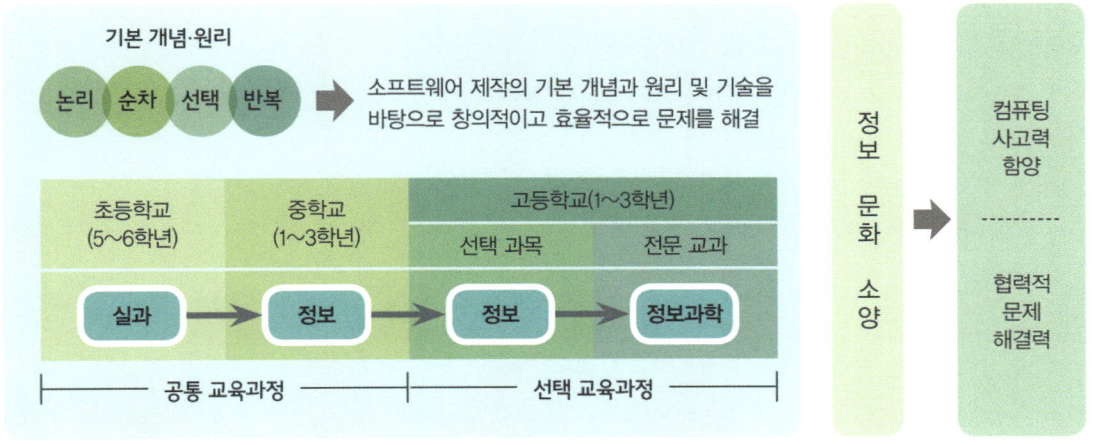

▲ 초·중등 소프트웨어 교육 체계

초등 5~6학년 실과에 도입되는 소프트웨어 교육은 놀이 중심의 알고리즘 체험과 교육용 도구를 활용한 프로그래밍 체험을 통해 쉽고 재미있게 배움으로써 학생들의 학습 부담이 늘지 않도록 합니다. 중·고등학교에서는 실생활 문제들을 컴퓨터 과학의 원리를 활용하여 효율적으로 해결하는 능력을 기르도록 구성할 것이라고 했습니다.

02 컴퓨팅 사고력

컴퓨팅 사고력은 컴퓨터를 활용하여 문제를 해결하기 위한 접근 방법으로, 문제를 해결하기 위한 절차와 컴퓨터가 문제를 해결하기 위한 기술적인 능력으로 나뉩니다.

예를 들어, 산에 오를 때 선택할 수 있는 등산로는 다양합니다. 길거나 짧고, 쉽거나 험난한 길이 있습니다. 이러한 등산로는 문제를 해결하기 위한 절차에 비유할 수 있습니다. 산을 오르는 사람의 여러 가지 능력에 따라 빠르게 또는 늦지만 천천히 오를 수 있을 것입니다. 이 능력은 곧 컴퓨터의 문제 해결 능력이 됩니다. 컴퓨터는 스스로 문제를 해결할 수 없으므로 프로그래밍 능력 등을 통해 매우 적은 비용으로 빠르게 해결할 수 있습니다.

컴퓨팅 사고력은 다음과 같은 부분들이 모여 구성됩니다.

❶ 논리(Logic) : 예측과 분석
❷ 알고리즘(Algorithms) : 절차와 규칙 구성
❸ 분해(Decomposition) : 좀 더 작은 부분으로 분할
❹ 패턴(Pattern) : 유사성의 관찰 또는 활용
❺ 추상화(Abstraction) : 불필요한 상세 부분 제거
❻ 평가(Evolution) : 더 나은 방법을 위한 평가

순서	절차	내용
1	자료 수집 및 분석	실제 자료를 컴퓨팅 처리할 수 있는 디지털 형태로 추출
2	분해	자료, 과정, 문제를 작게 다룰 수 있는 부분으로 분해
3	패턴화	데이터 안의 패턴, 동향, 규칙 관찰
4	추상화	사고력을 발전시키기 위한 목적으로 패턴들을 만드는 일반 원칙 정립
5	알고리즘	문제나 비슷한 문제를 해결하기 위한 절차적인 사고에 관한 형상화
6	자동화	엔트리, 스크래치, 파이썬 등 자동화 도구(프로그래밍)로 구현하는 과정

▲ 컴퓨팅 사고력을 이용한 문제 해결 절차

소프트웨어 교육을 통해 사고 과정과 혁신 능력이 확장되어 창의적인 문제 해결 능력을 계발할 수 있으며, 실생활 문제 해결에 컴퓨터를 활용하여 교육적이고 경제적인 경쟁력을 갖출 수 있어 효과 면에서도 월등한 방법입니다.

컴퓨팅 사고력을 재미있고 효과적으로 확장할 수 있는 도구인 '엔트리'를 함께 살펴보고 활용해 봅니다.

03 소프트웨어 교육을 위해 알아두면 좋은 영상

01 소프트웨어 교육 정책 홍보 영상
– 미래창조과학부

https://youtu.be/8OQqjBeoYoY

02 소프트웨어 교육을 받으면 무엇이 좋아지나요?
– 소프트웨어정책연구소 길현영 선임연구원

https://youtu.be/Vzy09uYRLlo

03 SW 교육? 코딩 교육? 꼭 해야 해? – KTV

https://youtu.be/ksvld_balnY

04 코딩, 소프트웨어 시대 조용한 혁명 – EBS

https://youtu.be/t346si4gy_M

04 소프트웨어 학습에 좋은 사이트

국내·외 여러 웹사이트에서는 소프트웨어 교육에 관한 다양한 콘텐츠를 무료로 제공하여 쉽고 재미있게 학습할 수 있도록 도와줍니다.

01 SW 중심사회

www.software.kr

미래창조과학부 산하 정보통신산업진흥원 (NIPA)에서 운영하며 소프트웨어가 혁신과 성장, 가치창출의 중심이 되고 개인, 기업, 국가의 경쟁력을 좌우하는 소프트웨어 중심 사회를 위한 정보와 교육 프로그램 등을 제공합니다.

02 소프트웨어야 놀자

www.playsw.or.kr

커넥트재단에서 제공하는 프로그램으로 아이들이 재미있는 창의적 도구로 소프트웨어를 쉽게 경험할 수 있도록 하고, 학부모와 선생님에게 소프트웨어 교육의 장기적인 가이드라인을 제공합니다.

03 Korea SW

koreasw.org

초·중학생 대상 온라인 소프트웨어 교육 시스템으로 창의적 컴퓨팅에 관심 있는 모든 사람을 위한 커뮤니티입니다.

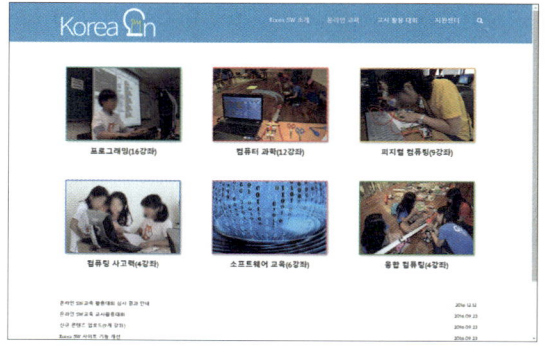

04 삼성 주니어 소프트웨어 아카데미

www.juniorsw.com

삼성전자의 사회 공헌 프로그램 중 하나로 전국 초·중·고등학생들에게 소프트웨어를 통한 창의, 융합 교육을 제공합니다.

05 오픈 튜토리얼스

opentutorials.org

온라인 무료 소프트웨어 학습을 위한 여러 가지 예제 및 튜토리얼을 제공합니다.

06 Code.org

code.org

미국의 비영리단체로 '일주일에 한 시간, 코딩을 공부하자!'라는 캠페인을 하고 있으며, 한국어 프로그래밍 교육도 지원합니다.

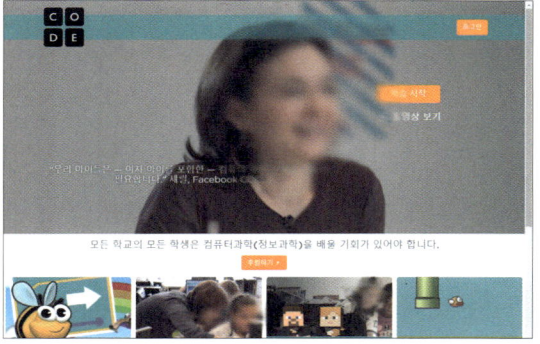

07 스크래치

scratch.mit.edu

미국 MIT 미디어랩의 Lifelong Kindergarten Group에서 운영하는 프로젝트로 누구나 쉽게 프로그램을 만들 수 있도록 개발된 교육용 프로그래밍 언어이자 환경입니다.

엔트리 시작하기

이제부터 이야기와 게임, 애니메이션을 만들고 전 세계 친구들과 공유하기 위해 엔트리(Entry)를 알아보면서 함께 즐기려고 합니다. 준비된 여러 가지 색상의 블록을 연결하여 만드는, 재미있는 프로그래밍 세계로 떠나 볼까요?

01 엔트리란?

엔트리(Entry)는 누구나 무료로 소프트웨어 교육을 받을 수 있도록 개발된 소프트웨어 교육 플랫폼입니다. 엔트리를 이용해 학생들은 소프트웨어를 쉽고 재미있게 배울 수 있고, 선생님은 효과적으로 학생들을 가르치고 관리할 수 있습니다.

단순한 모양의 블록(Block) 연결을 통해 다양한 인터렉티브 스토리, 게임, 애니메이션 등을 만들 수 있고, 직접 만든 작품을 엔트리 온라인 커뮤니티에 공유할 수 있습니다.

엔트리는 창의적으로 생각하고, 논리적으로 추론하며, 다른 사람들과 협동하는 능력 등을 배우는 데 도움을 줍니다.

컴퓨터 프로그램을 작성하는 능력은 오늘날 필수적인 능력 중 하나입니다. 엔트리를 이용하여 프로그램 작성법을 배운다면 창의적으로 문제를 해결하고, 프로젝트를 설계하며, 다른 사람들과 아이디어를 나눌 때 중요한 전략을 익힐 수 있습니다.

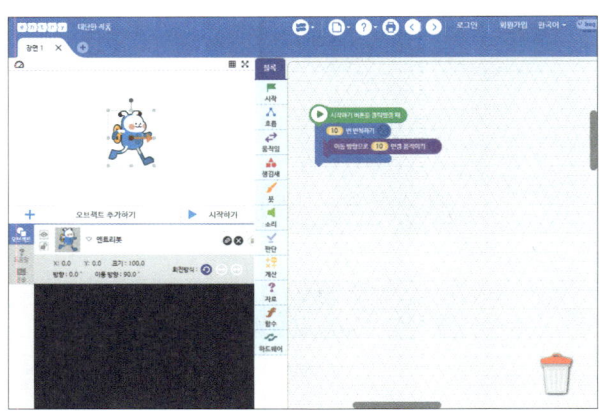

02 엔트리 홈페이지 회원 가입

인터넷 브라우저에서 엔트리 홈페이지에 접속하고 회원으로 가입합니다. 물론 회원 가입 없이 엔트리 작품을 만들고 즐길 수 있지만, 직접 만든 엔트리 작품을 온라인에 저장하거나 커뮤니티에 공유하기 위해서는 회원 가입이 필요합니다.

01 엔트리 홈페이지(https://playentry.org)로 이동하고 오른쪽 위 〈회원가입〉 버튼을 클릭합니다.

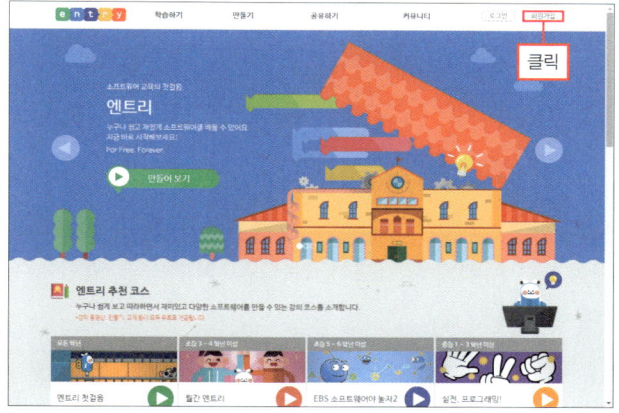

02 학생 또는 선생님으로 가입할 것인지 선택한 다음 이용약관과 개인정보 수집 및 이용에 동의한다는 내용을 체크 표시하고 〈다음〉 버튼을 클릭합니다.

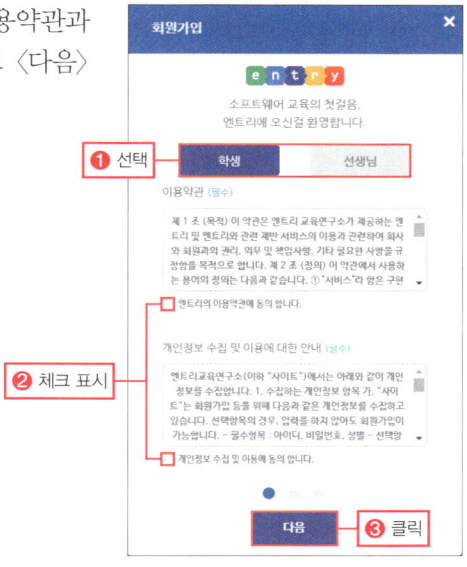

03 엔트리 회원 아이디와 안전한 조합의 비밀번호를 두 번 입력하고 〈다음〉 버튼을 클릭합니다. 설정한 아이디와 비밀번호는 잊지 마세요.

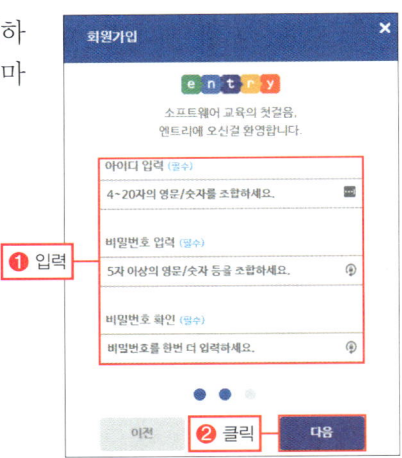

04 학생이라면 '학급(초등/중등/일반)'을 지정한 다음 성별과 자주 사용하는 이메일을 입력하고 〈다음〉 버튼을 클릭합니다.

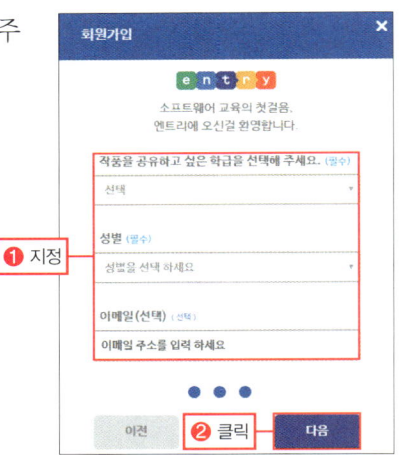

05 회원 가입이 완료되면 〈확인〉 버튼을 클릭해서 바로 온라인 회원으로 활동할 수 있습니다.

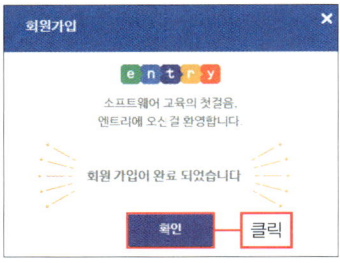

03 엔트리 홈페이지 메뉴 구성

엔트리 홈페이지의 메뉴는 크게 네 가지 영역으로 구성됩니다. 학습하기, 만들기, 공유하기 그리고 커뮤니티(학급 기능)입니다.

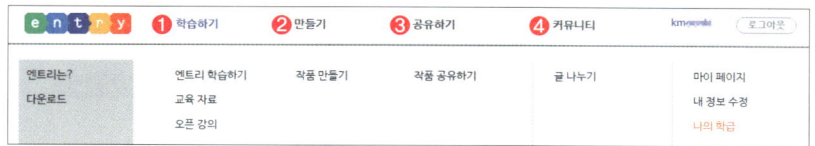

▲ 주요 메뉴

01 학습하기

컴퓨터를 활용해 논리적으로 문제를 해결할 수 있는 다양한 학습 콘텐츠가 있습니다. 게임을 하듯 주어진 미션들을 컴퓨터 프로그래밍으로 해결하고, 동영상을 보면서 소프트웨어의 원리를 재미있게 배울 수 있습니다.

02 만들기

미국 MIT에서 개발한 스크래치(Scratch)와 같은 블록형 프로그래밍 언어를 이용하여 엔트리를 처음 접하는 사람들도 쉽게 자신만의 창작물을 만들 수 있습니다.

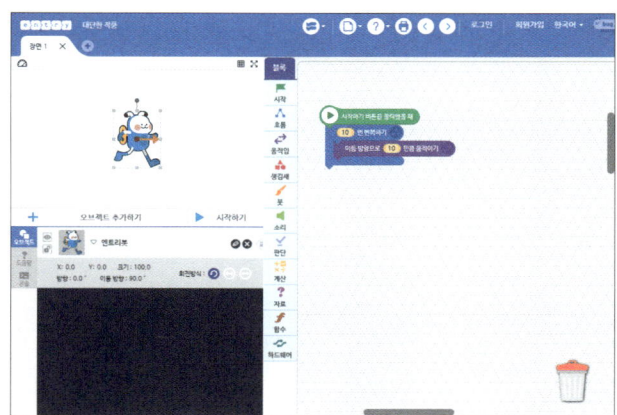

03 공유하기

엔트리에서 제작한 작품을 친구들과 공유할 수 있습니다. 공유된 작품이 어떻게 구성되었는지 살펴보고, 이를 발전시켜 또 다른 멋진 작품으로 만들 수 있습니다. 친구들과 함께 작업하여 더 멋진 작품을 만들 수도 있습니다.

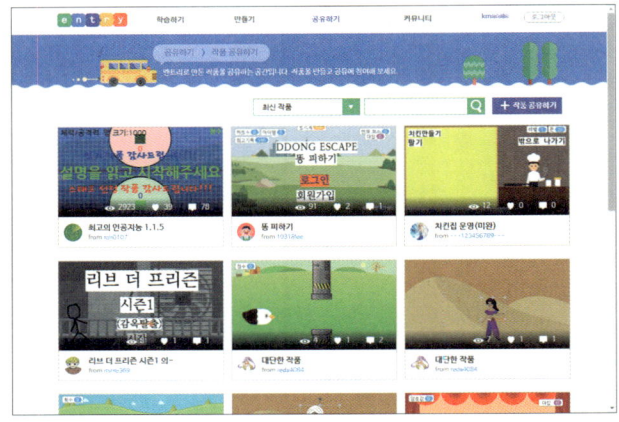

04 커뮤니티(학급 기능)

선생님이 학급별로 학생들을 관리하는 기능입니다. 학급만의 학습하기, 만들기, 공유하기를 만들 수 있으며 과제를 만들고 학생들의 결과물을 확인할 수 있습니다.

04 엔트리 오프라인 에디터 설치

엔트리 홈페이지에서 [만들기] 메뉴를 선택하면 엔트리 온라인 에디터 (편집기)를 이용할 수 있습니다. 온라인 에디터와 같은 화면으로 구성된 오프라인 에디터를 직접 컴퓨터에 설치하여 이용할 수도 있습니다.

엔트리 오프라인 에디터를 설치하면 인터넷에 연결하지 않아도 엔트리를 이용할 수 있으며, 설치된 컴퓨터 사양에 따라 빠르게 작업할 수도 있습니다. 하지만 [공유하기] 메뉴를 이용하여 온라인에 바로 등록할 수 없습니다.

온라인 또는 오프라인 중에서 어떤 에디터를 이용해도 작품의 결과는 같으므로 원하는 방식의 엔트리 에디터를 이용합니다.

오프라인 에디터는 엔트리 홈페이지에서 [다운로드] 메뉴를 선택한 다음 컴퓨터 운영체제(OS)에 맞는 설치 파일을 다운로드하여 실행하세요. 이 책에서 설명하는 엔트리 오프라인 에디터 프로그램의 버전은 1.5.1 입니다. 컴퓨터 시스템 환경(윈도우, 맥, 리눅스 등)에 알맞은 설치 파일을 다운로드하여 실행하세요.

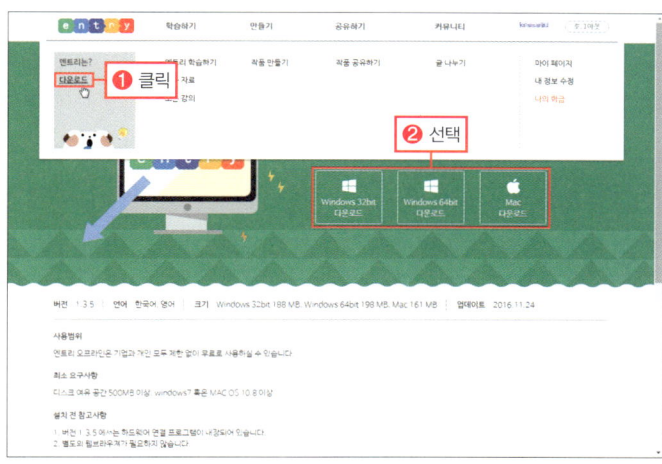

엔트리 용어와 화면 구성

엔트리와 친해지기 위해 자주 사용하는 용어와 에디터의 화면 구성에 대하여 차근차근 설명합니다. 처음 만나는 친구를 알아가는 것처럼 프로그램에서도 용어를 이해하는 것이 매우 중요합니다. 새로운 용어라 낯설지만 익숙해지도록 잘 살펴보세요.

01 엔트리 기본 용어

엔트리에서 자주 사용하는 기본적인 용어는 다음과 같습니다.

구성	설명
오브젝트(Object)	블록으로 제어할 수 있는 엔트리의 구성원입니다.
블록(Block)	시작, 흐름, 움직임, 생김새, 붓, 소리, 판단, 계산, 자료, 함수, 하드웨어를 제어하는 명령어입니다.
장면(Scene)	엔트리의 흐름을 나누어 구분할 수 있는 단위입니다.

- 오브젝트는 연극에서 무대 위 등장인물과 비슷합니다. 블록 명령으로 형태를 바꾸거나 동작할 수 있고 사람, 동물, 식물, 물건, 환경, 인터페이스, 배경 등이 있습니다.
- 스크래치(Scratch)에서는 오브젝트를 스프라이트(Sprite)와 배경(Background)으로 구분하여 사용합니다. 스프라이트는 일종의 등장인물로 생각할 수 있습니다.
- 장면은 연극에서 줄거리의 진행이 끊어지는 부분을 말하는 막(Act, 幕)과 같습니다.

02 엔트리 화면 구성

엔트리 온라인 에디터 또는 컴퓨터에 설치한 오프라인 에디터를 실행해 엔트리 화면이 어떻게 생겼는지 살펴봅니다. 이 책에서는 오프라인 에디터로 설명합니다.

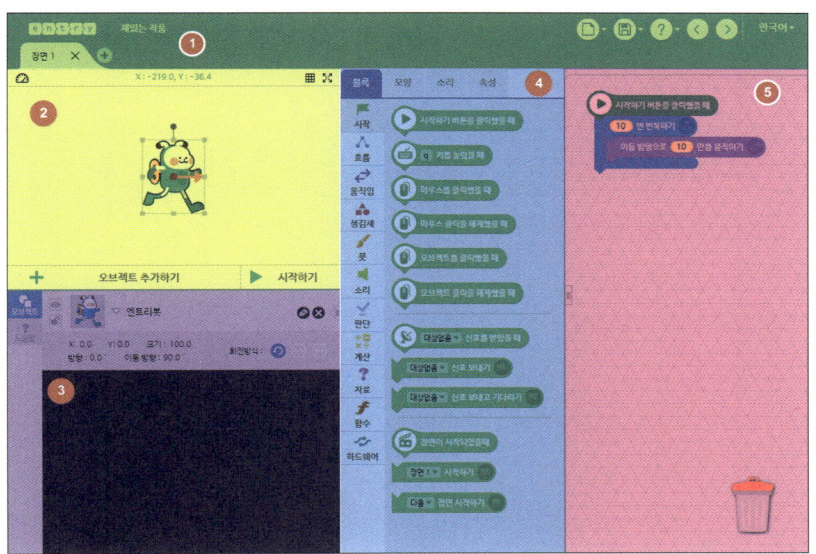

구성	설명
❶ 메뉴	엔트리를 새롭게 시작하거나, 저장 또는 도움말 등을 참고하는 영역입니다.
❷ 실행 화면	블록으로 오브젝트를 실행하는 영역입니다.
❸ 오브젝트 목록	실행 화면에 나타난 각 오브젝트의 속성을 관리하고 제어하는 영역입니다.
❹ 블록 꾸러미	실행 화면에서 결과를 만들어낼 여러 가지 블록, 모양, 소리, 속성의 재료가 있는 영역입니다.
❺ 블록 조립소	블록 꾸러미에서 다양한 블록 등을 선택하고 이동하여 실행 화면에서 동작을 만드는(프로그래밍) 영역입니다.

01 메뉴

엔트리를 새롭게 시작하거나 저장하고 여러 가지 도움말을 참고할 수 있는 실행 메뉴가 있습니다. 또한, 이전 또는 다음 작업으로 이동할 수 있으며, 장면을 추가해서 엔트리를 확장하는 메뉴 및 저장이나 도움말 등을 참고하는 영역으로 구성됩니다.

02 실행 화면

연극의 무대, 드라마나 영화의 세트장과 같으며, 블록 등을 구성하여 오브젝트가 실행되는 영역입니다. 배경, 사람, 동물, 식물, 물건 등 여러 등장인물(오브젝트)의 움직임과 상태를 직접 눈으로 확인할 수 있는 영역입니다.

❶ 속도 조절하기(🖳) : 오브젝트 속도를 단계별로 조절할 수 있습니다.

❷ 좌표(▦) : 실행 화면에서 배경에 좌표를 표시합니다. 좌표는 오브젝트가 활동하는 범위를 나타내며 X축(가로) 방향으로 '−240~240', Y축(세로) 방향으로 '−135~135'로 구성됩니다. 즉, 너비 480, 높이 270 크기의 화면이 실행 화면에 보이는 부분입니다.
오브젝트 위치는 오브젝트 중심점의 좌표로 지정합니다. 보통 오브젝트 중심점은 가운데지만, 오브젝트를 선택했을 때 나타나는 갈색 점입니다.

❸ 확대(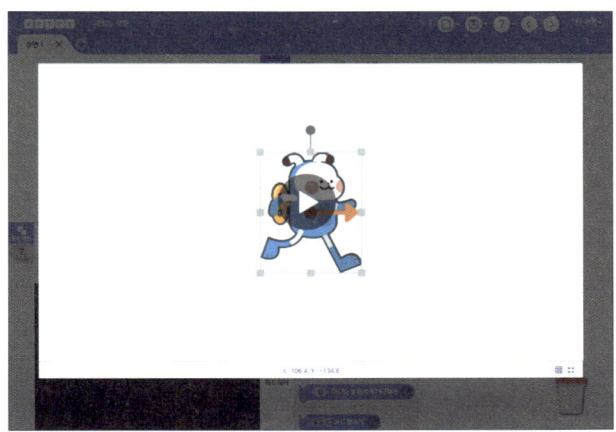) : 실행 화면을 크게 확대해서 보고 싶을 때 이용합니다.

03 오브젝트 목록

실행 화면에 등장하는 모든 오브젝트를 관리하는 영역으로 오브젝트의 위치, 크기, 방향, 이동 방향, 회전방식 등 블록에 따라 초기 설정을 조절합니다.

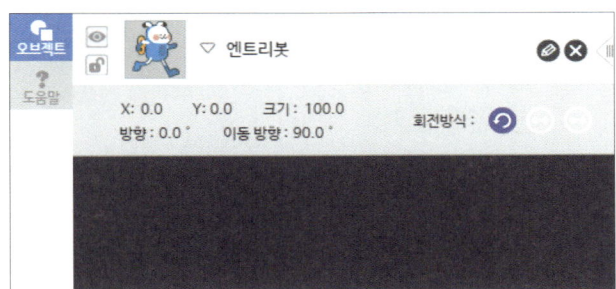

04 블록 꾸러미

실행 화면으로 가져온 오브젝트를 제어하는 다양한 블록 등 여러 가지 프로그래밍 재료를 제공합니다.

구성	설명
블록	오브젝트를 제어하기 위한 블록 형태의 명령어 모둠
모양	오브젝트에 모양을 추가하거나 변경하기 위한 편집 기능
소리	소리 편집
속성	변수, 신호, 함수, 리스트 등의 속성 설정

블록	모양	소리	속성

시작
- 시작하기 버튼을 클릭했을 때
- ⌨ 키를 눌렀을 때
- 마우스를 클릭했을 때
- 마우스 클릭을 해제했을 때
- 오브젝트를 클릭했을 때
- 오브젝트 클릭을 해제했을 때
- 대상없음 ▼ 신호를 받았을 때
- 대상없음 ▼ 신호 보내기
- 대상없음 ▼ 신호 보내고 기다리기
- 장면이 시작되었을때
- 장면 1 ▼ 시작하기
- 다음 ▼ 장면 시작하기

흐름
움직임
생김새
붓
소리
판단
계산
자료
함수
하드웨어

▲ 블록

 블록	모양	소리	속성

▲ 모양

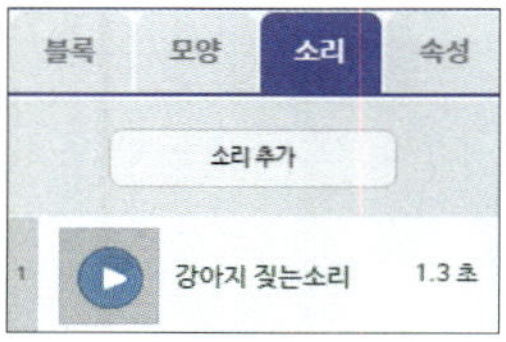

블록	모양	소리	속성

소리 추가

1 강아지 짖는소리   1.3 초

▲ 소리

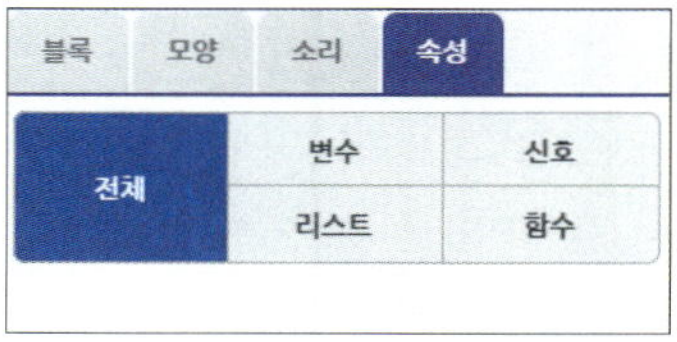

블록	모양	소리	속성
전체	변수	신호
전체	리스트	함수

▲ 속성

05 블록 조립소

블록 꾸러미에서 선택한 여러 블록을 연결하여 다양한 실행 조건과 환경으로 구성하는 블록 조립 영역입니다. 오브젝트 형태에 따라 제공하는 블록이 다르며, 모양이나 소리, 속성에 따라 사용할 수 있는 블록도 다릅니다.

03 엔트리 블록 구성

엔트리 작품을 만들기 위해서는 여러 종류의 블록을 조립해야 합니다.
블록은 사용에 따라 열두 가지로 나뉘며, 종류별로 여러 개의 블록으로
구성됩니다.

블록	설명
시작	블록의 실행 조건을 설정합니다(이벤트 트리거*라고 합니다).
흐름	블록을 반복하거나 조건에 따라 이야기 흐름을 결정합니다.
움직임	오브젝트 위치나 방향 등의 움직임을 선택합니다.
생김새	오브젝트 모양 등 외형에 관한 블록입니다.
붓	선을 이용하여 그림 등을 그리는 기능을 제공합니다.
글상자	글상자 형태로 글자를 표현할 수 있습니다.
소리	가져온 소리를 실행하거나 멈출 수 있습니다.
판단	조건에 대한 판단을 위한 블록으로, 변수와 함께 사용합니다.
계산	사칙연산 등을 통해 계산합니다.
자료	속성의 변수, 신호, 리스트 등을 추가할 때 이를 제어합니다.
함수	자주 이용하는 형태의 블록을 등록하여 재활용합니다.
하드웨어	아두이노, 햄스터 등 외부 하드웨어를 제어할 때 사용합니다.

▶ **알아두기**

• *트리거(Trigger)는 총의 방아쇠라는 뜻으로, 방아쇠를 당겨야 총알이 발사되듯이 블록을 실행할 때의 상황을 의미합니다. 예를 들어, 오브젝트를 클릭하거나 키보드의 특정 키를 누를 때 선택할 수 있습니다.
• 글상자 블록은 〈오브젝트 추가하기〉 버튼을 클릭하고 [글상자] 탭을 이용하여 글상자를 추가할 때 나타납니다. 평소에는 블록 꾸러미에 나타나지 않습니다.
• 메뉴에서 물음표(?) 아이콘을 클릭하여 [블록 도움말]을 실행하고 블록 꾸러미의 블록을 선택하면 해당 블록에 관한 설명을 확인할 수 있습니다.

Part 02

엔트리 기본편

기본 동작하기

무작정 엔트리를 시작해 봅니다. 간단한 블록을 이용하여 실행 화면의 오브젝트를 움직여 보겠습니다. 이 책에서는 오프라인 에디터를 이용하여 설명합니다. 엔트리 홈페이지에서 [만들기] 메뉴를 선택하고 [작품 만들기] 메뉴를 실행하여 온라인 에디터를 사용해도 결과는 같습니다. 원하는 에디터를 이용해 지금 바로 시작해 보세요.

STEP #1

🔅 코딩 순서

[파일]-[새로 만들기] 메뉴를 실행하면 나타나는 기본 블록을 이해하는 것부터 출발합니다.

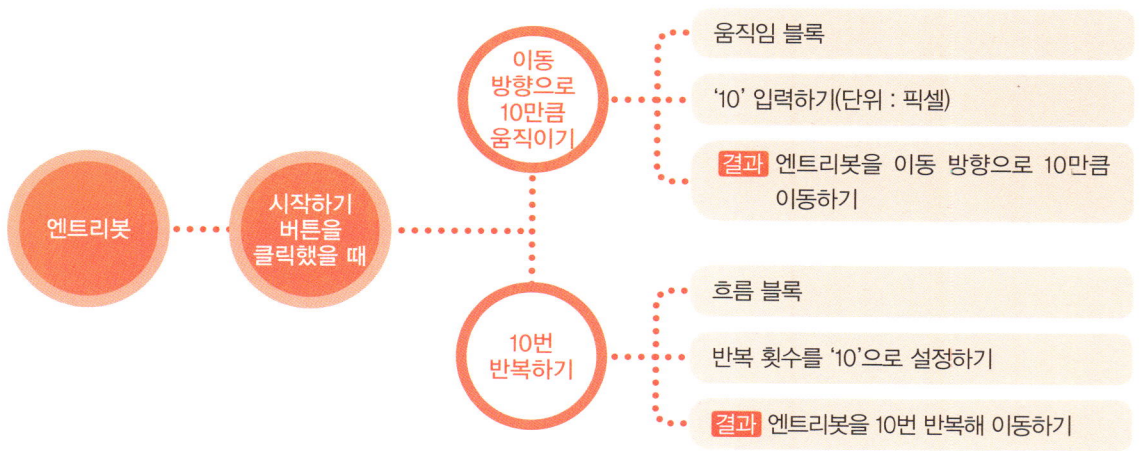

엔트리봇 ⟶ 시작하기 버튼을 클릭했을 때

이동 방향으로 10만큼 움직이기
- 움직임 블록
- '10' 입력하기(단위 : 픽셀)
- 결과 엔트리봇을 이동 방향으로 10만큼 이동하기

10번 반복하기
- 흐름 블록
- 반복 횟수를 '10'으로 설정하기
- 결과 엔트리봇을 10번 반복해 이동하기

● 방향과 이동 방향, 회전방식

오브젝트 속성에는 위치를 나타내는 오브젝트 중심점의 X/Y, 오브젝트 크기(초기값인 100을 기준으로 크기 표현)와 회전방식, 그리고 방향과 이동 방향이 있습니다.

방향은 오브젝트를 만들 때 처음 모양을 0으로 하여 방향을 지정합니다. 이동 방향은 오브젝트를 이동하려는 방향을 설정하며 기본값은 오른쪽으로 90°로 표현합니다.

위쪽 0°를 기준으로 시계 방향으로 360°까지 표현합니다. 이동 방향은 실행 화면에서 오브젝트를 선택하여 나타나는 영역에 주황색 화살표로 나타냅니다.

회전방식에는 세 가지 아이콘이 있는데, 각각 '회전하기', '왼쪽－오른쪽', '회전하지 않기'로 지정할 수 있습니다. 각각의 아이콘을 클릭하면서 어떻게 달라지는지 확인해 보세요.

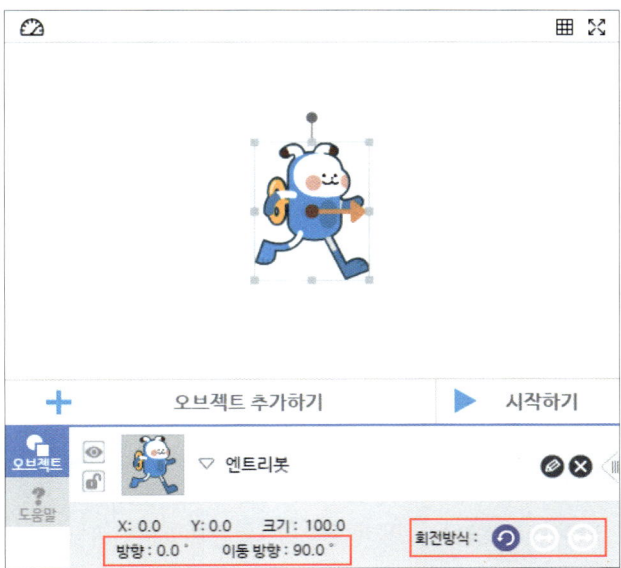

[파일]−[새로 만들기] 메뉴를 실행하면 블록 조립소에 기본 블록이 구성되어 있습니다.

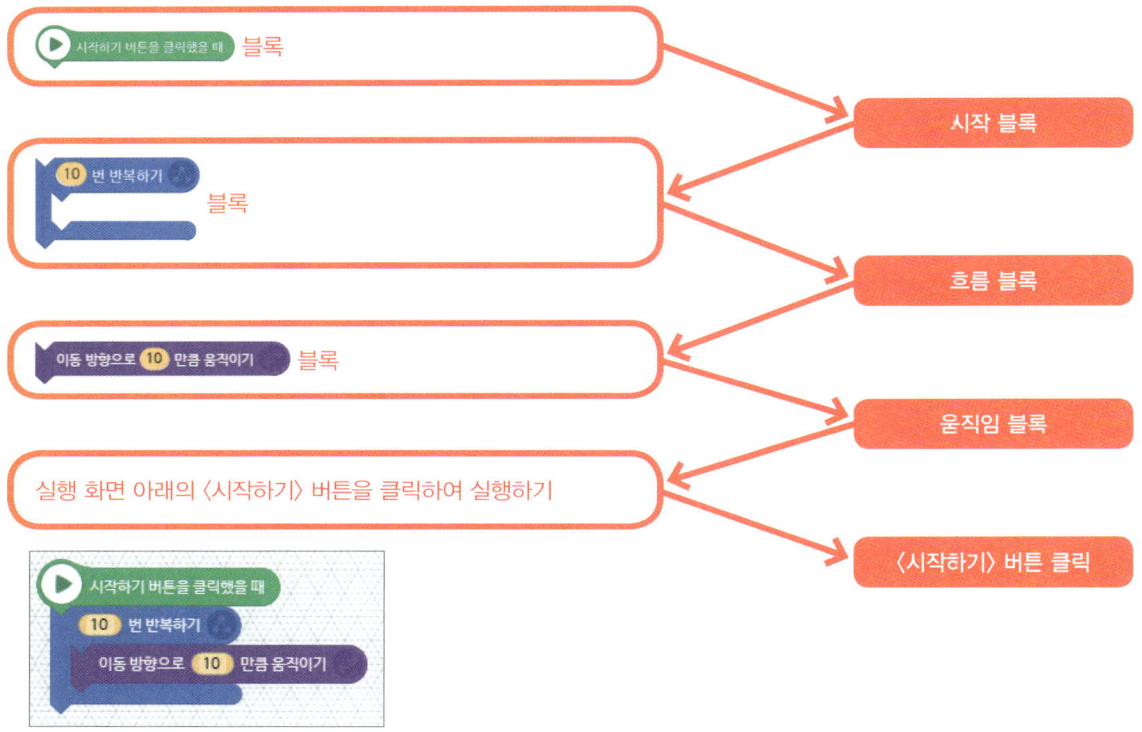

● 픽셀

픽셀(Pixel : Picture Element, 화소(畵素))은 화면을 구성하는 기본 단위로 보통 모니터, 카메라, 텔레비전 등에서 나타내는 이미지 해상도를 표시할 때 사용합니다. 디스플레이 해상도가 1280×1024라면 가로 픽셀 수를 1280개, 세로 픽셀 수를 1024개로 나타낼 수 있다는 의미입니다.

픽셀은 간단하게 사각형 모양의 점이라고 생각할 수 있습니다. cm나 kg처럼 절대적인 크기가 아니라 모니터 크기와 해상도에 따라 달라지는 상대적인 크기이자 단위입니다. 해상도가 높을수록 깨끗한 화면을 보여줍니다. 최근 4K(4K, UHD : Ultra High Definition) 해상도 제품이 출시되었는데 가로 해상도가 4000(4K) 픽셀에 달하는 제품으로 깨끗하고 생생한 화면을 자랑합니다.

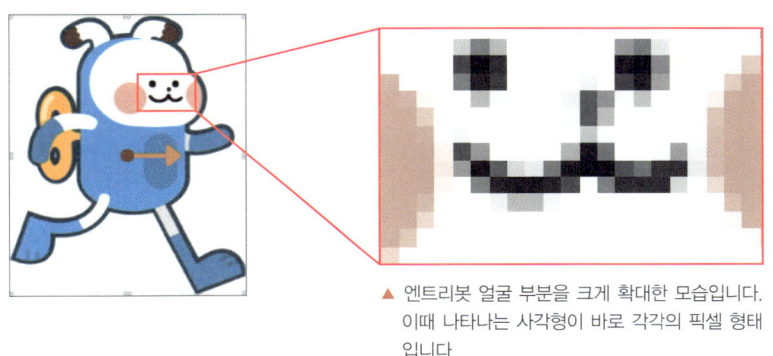

▲ 엔트리봇 얼굴 부분을 크게 확대한 모습입니다. 이때 나타나는 사각형이 바로 각각의 픽셀 형태 입니다.

💡 블록 알아두기

🚩 시작 블록	설명
▶ 시작하기 버튼을 클릭했을 때	〈시작하기〉 버튼을 클릭하면 아래에 연결된 블록들을 실행합니다.
⌨ q 키를 눌렀을 때	지정된 키를 누르면 아래에 연결된 블록들을 실행합니다.
🖱 마우스를 클릭했을 때	마우스 버튼을 클릭했을 때 아래에 연결된 블록들을 실행합니다.
🖱 마우스 클릭을 해제했을 때	마우스 버튼 클릭을 해제했을 때 아래에 연결된 블록들을 실행합니다.
🖱 오브젝트를 클릭했을 때	해당 오브젝트를 클릭했을 때 아래에 연결된 블록들을 실행합니다.
🖱 오브젝트 클릭을 해제했을 때	해당 오브젝트의 클릭을 해제했을 때 아래에 연결된 블록들을 실행합니다.

🏳 시작 블록	설명
대상없음 신호를 받았을 때	해당 신호를 받으면 연결된 블록들을 실행합니다.
대상없음 신호 보내기	목록에 선택한 신호를 보냅니다.
대상없음 신호 보내고 기다리기	목록에 선택한 신호를 보낸 다음 해당 신호를 받는 블록들의 실행이 끝날 때까지 기다립니다.
장면이 시작 되었을 때	장면이 시작되면 아래에 연결된 블록들을 실행합니다.
장면 1 시작하기	선택한 장면을 시작합니다.
이전 장면 시작하기	이전 장면 또는 다음 장면을 시작합니다.

STEP #2

01 블록 확인하기

'문서' 아이콘을 클릭하고 [새로 만들기]
메뉴를 실행하면 기본 블록이 나타납니다.
기본으로 구성된 블록을 실행하는 것부터
출발합니다.

▶ **알아두기**

첫 번째 블록 ▶ 시작하기 버튼을 클릭했을 때 의 '시작하기'는 실행 화면의 〈시작하기〉 버튼으로, 해당 버튼을 클릭하면 연결된 아래
블록을 실행합니다.

02 블록 실행하기

실행 화면 아래의 〈시작하기〉 버튼을 클릭
하면 엔트리봇이 오른쪽으로 이동합니다.
눈 깜짝할 사이에 이동 방향인 오른쪽으로
10픽셀만큼 10번 이동했습니다.

03 이동 거리와 반복 횟수 수정하기

❶ 블록 조립소의 블록에서 노란색 숫자를 클릭하여 선택하고 각각 '20'으로 수정
   합니다.
❷ 실행 화면에서 엔트리봇을 왼쪽 끝으로 드래그하여 이동합니다.

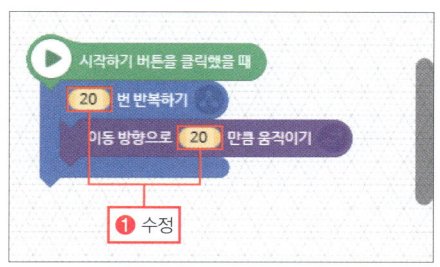

04 이동 방향 바꾸기

엔트리봇의 이동 방향을 반대로 바꾸기 위해 세 번째 줄의 보
라색 움직임 블록에서 숫자 앞에 '마이너스(−)' 부호를 붙여
'−20'으로 설정합니다.

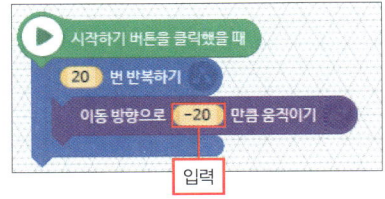

05 엔트리 실행하기

실행 화면에서 〈시작하기〉 버튼을 클릭하면
엔트리봇이 오른쪽이 아닌 왼쪽으로 이동하
여 사라집니다.

바뀐 이동 방향에 따라 엔트리봇을 회전하고
위치를 변경하려면 어떻게 해야 할지 생각해
보세요.

혼자 해보기

이번에는 직접 블록 꾸러미에서 블록을 선택하고 블록 조립소로 가져와서 프로그래밍 해 보세요. 움직임을 잠시 멈추도록 구성해 봅니다.

[블록] 탭의 흐름 블록을 선택하고 `2 초 기다리기` 블록을 블록 조립소로 드래그합니다. 블록 조립소의 보라색 `이동 방향으로 10 만큼 움직이기` 블록의 아래쪽 경계로 드래그하면 공간이 생기면서 블록 위치가 표시됩니다. 이때 마우스 버튼에서 손을 떼면 해당 위치에 블록이 쏙 들어갑니다.

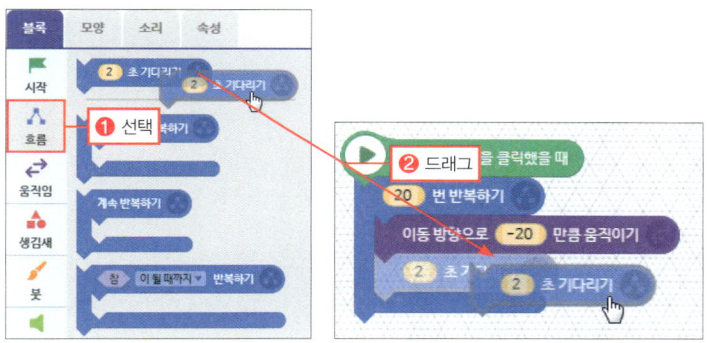

기다리기 블록의 시간을 '1'초로 바꾸고 〈시작하기〉 버튼을 클릭하여 실행 결과를 확인합니다. 1초마다 이동 방향의 반대인 왼쪽으로 20픽셀 만큼 20번 움직입니다.

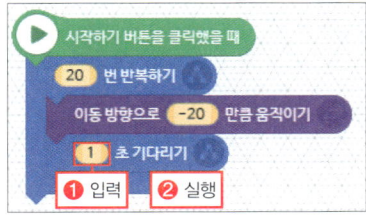

정말 쉽죠? 이제부터 생각을 정리하여 블록으로 구성하면 엔트리를 더 재밌게 즐길 수 있을 것입니다.

소리 내기

영상에서 소리가 빠지면 아마도 재미없을 것입니다. 이번에는 소리 블록을 이용하여 동작에 소리를 더하겠습니다. 기본 동작 블록을 바탕으로 그럴듯하게 소리를 활용합니다.

STEP #1

 코딩 순서

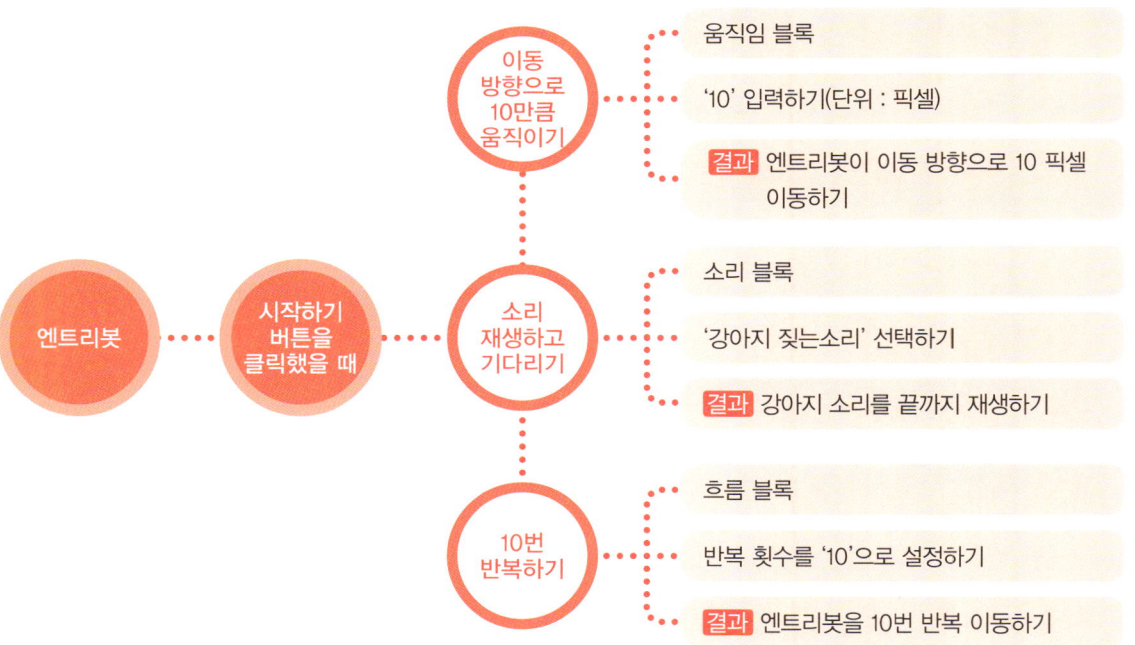

💡 블록 미리 보기

블록들을 결합하면 하나의 묶음(모둠)으로 지정되어 실행할 때 위에서
부터 차례대로 블록 내용이 실행됩니다.

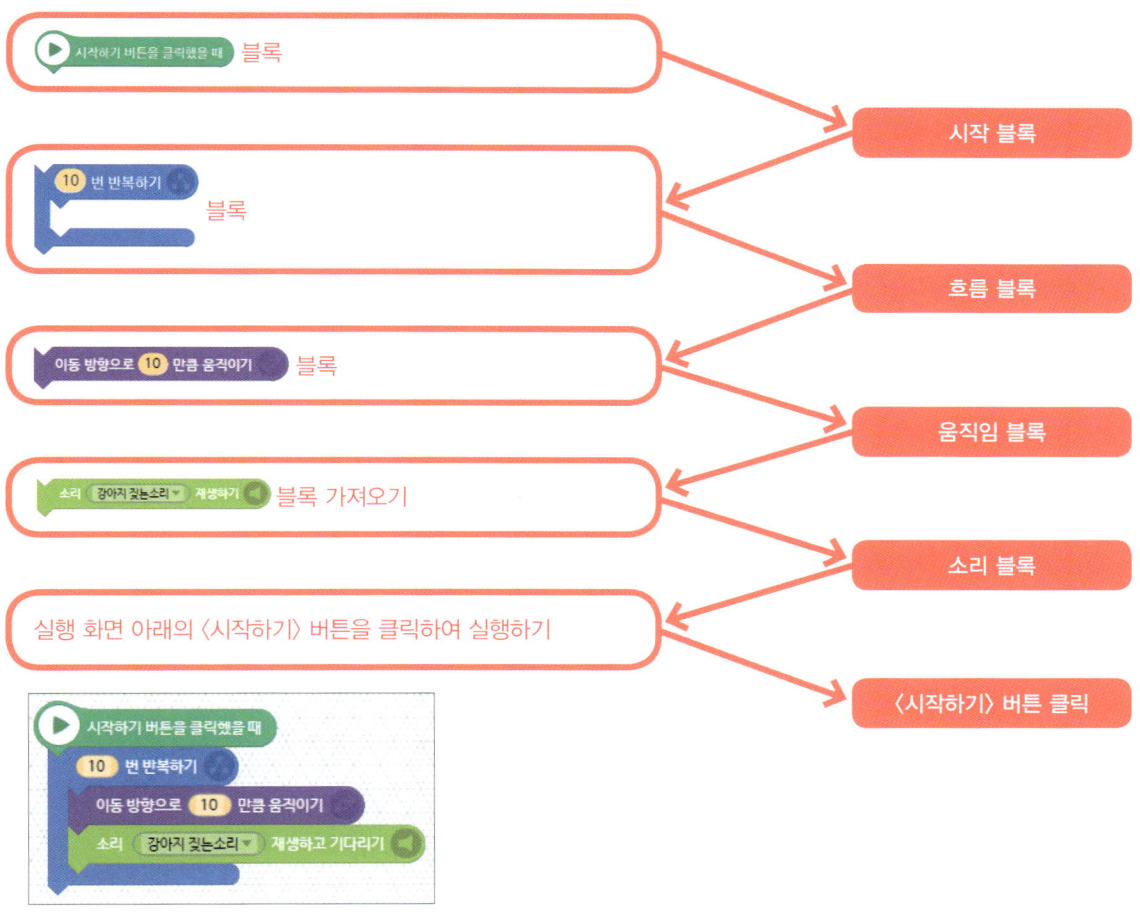

시작 블록

흐름 블록

움직임 블록

소리 블록

〈시작하기〉 버튼 클릭

🔆 블록 알아두기

⋀ 흐름 블록	설명
2 초 기다리기	설정한 시간만큼 기다리고 다음 블록을 실행합니다.
10 번 반복하기	설정한 횟수만큼 포함된 블록들을 반복 실행합니다.
계속 반복하기	포함된 블록들을 계속 반복 실행합니다.
참 이 될 때까지 반복하기 참 인 동안 반복하기	• 판단이 참이 될 때까지 포함된 블록들을 반복 실행합니다. • 판단이 참인 동안 포함된 블록들을 반복 실행합니다.
반복 중단하기	이 블록이 포함된 가장 가까운 반복 블록의 반복을 중단합니다.
만일 참 이라면	만약 판단이 참이면 포함된 블록들을 실행합니다.
만일 참 이라면 아니면	만약 판단이 참이면 첫 번째에 포함된 블록들을 실행하고, 거짓이면 두 번째에 포함된 블록들을 실행합니다.
참 이(가) 될 때까지 기다리기	판단이 참이 될 때까지 실행을 멈추고 기다립니다.
모든 코드 멈추기 자신의 코드 멈추기 이 코드 멈추기 자신의 다른 코드 멈추기	• 모든 : 모든 오브젝트의 코드가 실행을 멈춥니다. • 자신의 : 해당 오브젝트의 모든 코드가 실행을 멈춥니다. • 이 : 이 블록이 포함된 코드가 실행을 멈춥니다. • 자신의 다른 : 해당 오브젝트의 코드 중 이 블록이 포함된 코드를 제외한 모든 코드가 실행을 멈춥니다.

 흐름 블록	설명
처음부터 다시 실행하기	처음부터 다시 실행합니다.
복제본이 처음 생성되었을때	해당 오브젝트의 복제본이 새롭게 생성되었을 때 아래에 연결된 블록들을 실행합니다.
자신 의 복제본 만들기	선택한 오브젝트의 복제본을 만듭니다.
이 복제본 삭제하기	복제본이 처음 생성되었을때 블록과 함께 사용하여 생성된 복제본을 삭제합니다.
모든 복제본 삭제하기	해당 오브젝트의 모든 복제본을 삭제합니다.

STEP #2

01 소리 확인하기

'문서' 아이콘을 클릭하고 [새로 만들기] 메뉴를 실행합니다. 엔트리에는 기본 블록과 소리가 있습니다.

❶ [소리] 탭을 선택합니다.
❷ '강아지 짖는소리' 왼쪽의 재생(▶) 아이콘을 클릭하여 소리를 듣습니다.

스피커와 볼륨을 확인하고 재생 아이콘을 클릭해 보세요. 강아지 소리가 잘 들리나요?

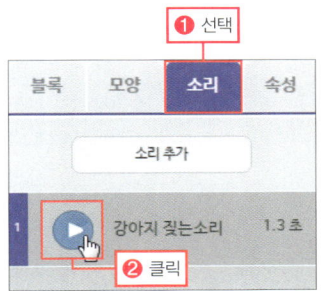

02 소리 블록 적용하기

[블록] 탭을 선택하고 연두색의 '소리'를 선택합니다.

소리 블록 중 `소리 강아지 짖는소리 재생하기` 를 블록 조립소로 드래그하여 보라색 블록 아래에 붙입니다.

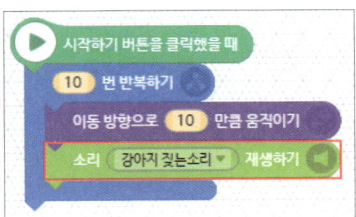

▸ **알아두기**

블록 꾸러미의 블록을 블록 조립소에 연결된 블록 가까이 가져가면 붙일 수 있다는 불투명 블록이 나타나는데 이때 마우스 버튼에서 손을 떼면 붙습니다.

03 결과 확인하기

〈시작하기〉 버튼을 클릭하여 결과를 확인
합니다. 강아지 짖는 소리가 이전처럼 깨끗
하게 들리지 않고 여러 마리가 동시에 짖는
듯 시끄럽게 들립니다.

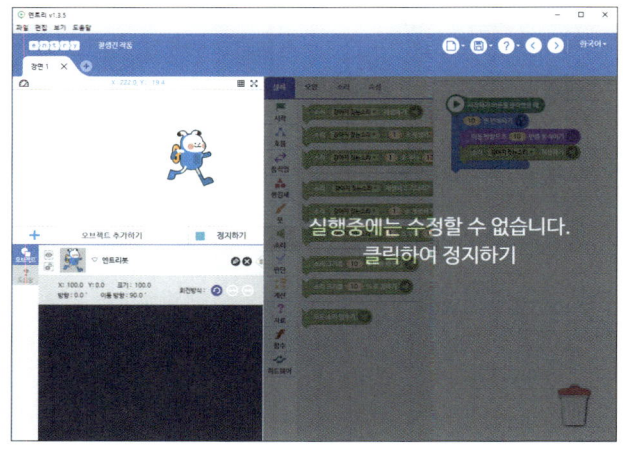

▶ 왜 그럴까요?

강아지 소리가 겹쳐 들리는 것은 블록의 실행 속도 때문입니다. 실행 화면 왼쪽 위의 '속도 조절하기' 아이콘을 클릭하
여 어느 정도 조절할 수 있지만, 기본적으로 블록 실행 속도(시간)가 소리 재생 시간보다 빨라서 소리가 완전히 재생되기
전, 반복하기 블록에 의해 다시 재생되어 그렇습니다. 소리가 반복되어 마치 여러 마리의 강아지가 짖는 것처럼 들립니다.

04 소리 블록 위치 바꾸기

소리 블록을  밖으로 이동하고 맨 아래에 붙입니다.

다시 실행 화면 아래의 〈시작하기〉 버튼을 클릭하면 강아지 소리
가 깨끗하게 들리지만 이번에는 한 번밖에 들리지 않습니다.

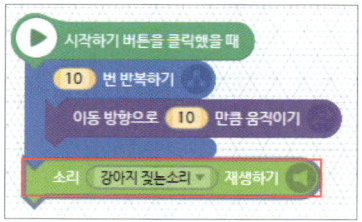

05 소리 재생하고 기다리기

엔트리봇이 10픽셀만큼 이동할 때마다 강아지가 짖도록 코드를 수정합니다.

❶ 블록 조립소에서 맨 아래의  소리 강아지 짖는소리 ▼ 재생하기 블록을 여백으로 이동합니다.

❷ 소리 블록의 소리 강아지 짖는소리 ▼ 재생하고 기다리기 블록을 추가하여 소리가 완전히 재생될 때까지 기다린 다음 진행하도록 합니다.

06 코드 실행하기

〈시작하기〉 버튼을 클릭하면 엔트리봇이 10픽셀만큼 움직이고 소리를 완전히 재생한 다음 다시 10픽셀만큼 움직이는 것을 10번 반복합니다.

처음보다 실행 시간이 늘어나고, 반복하여 움직이는 동작이 눈에 보일 정도로 느려졌지만, 정확하게 10픽셀만큼 움직이고 소리가 깨끗하게 재생됩니다.

07 코드 삭제하기

블록 조립소 여백의 소리 강아지 짖는소리 ▼ 재생하기 블록은 필요 없으므로 오른쪽 아래의 휴지통으로 드래그하여 삭제합니다.

또는 삭제하려는 블록에서 마우스 오른쪽 버튼을 클릭하고 [코드 삭제] 메뉴를 실행해도 됩니다.

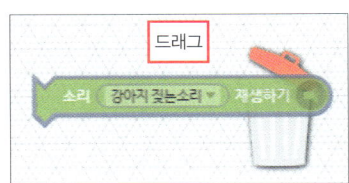

▶ 알아두기

　블록에서 마우스 오른쪽 버튼을 클릭하여 나타나는 메뉴는 블록의 어떤 부분을 클릭하느냐에 따라, 실행 내용에 따라서도 달라집니다.

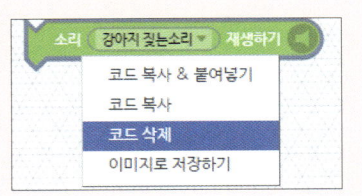

이번에는 소리 크기를 조절해 볼까요?

소리 블록 중에는 [소리 크기를 10 % 만큼 바꾸기] 와 [소리 크기를 10 % 로 정하기] 가 있습니다. 여기서는 [소리 크기를 10 % 만큼 바꾸기] 블록을 이용하여 소리를 재생하고 [소리 강아지 짖는소리 ▾ 1 초 재생하고 기다리기] 블록 아래에 연결하여 결과를 확인합니다. 이때 처음에는 소리 크기를 작게 설정한 다음 조절해야 합니다. 엔트리 작품을 실행할 때마다 소리 크기가 조금씩 크게 들리나요?

● **소리 크기 바꾸기와 정하기의 차이점**

소리 바꾸기와 정하기는 어떻게 다를까요?

'바꾸기'는 기존 값에서 해당 값만큼 더하거나 빼며, 마이너스(−) 부호를 붙이면 그만큼 소리 크기가 작아집니다. 또한, 소리를 크거나 작게 하는 것을 모두 포함합니다. '정하기'는 소리 크기를 나타냅니다. 예를 들어, 텔레비전 볼륨(소리)을 1씩 올리는(바꾸기) 것과 13으로 정하는 것의 차이입니다.

말풍선으로 말하기

만화나 웹툰처럼 말풍선을 이용하여 엔트리봇이 말하는 것처럼 나타낼 수 있습니다. 말풍선 내용을 생각하고 엔트리봇이 어떻게 하면 말하게 할 수 있는지 따라 합니다.

STEP #1

💡 실행 미리 보기

이야기 형식의 프로그램을 구성할 때 말풍선을 이용하면 매우 유용합니다. 오브젝트끼리 서로 대화하거나 묻고 답하기 또는 이야기 흐름을 설명할 때 효과적입니다.

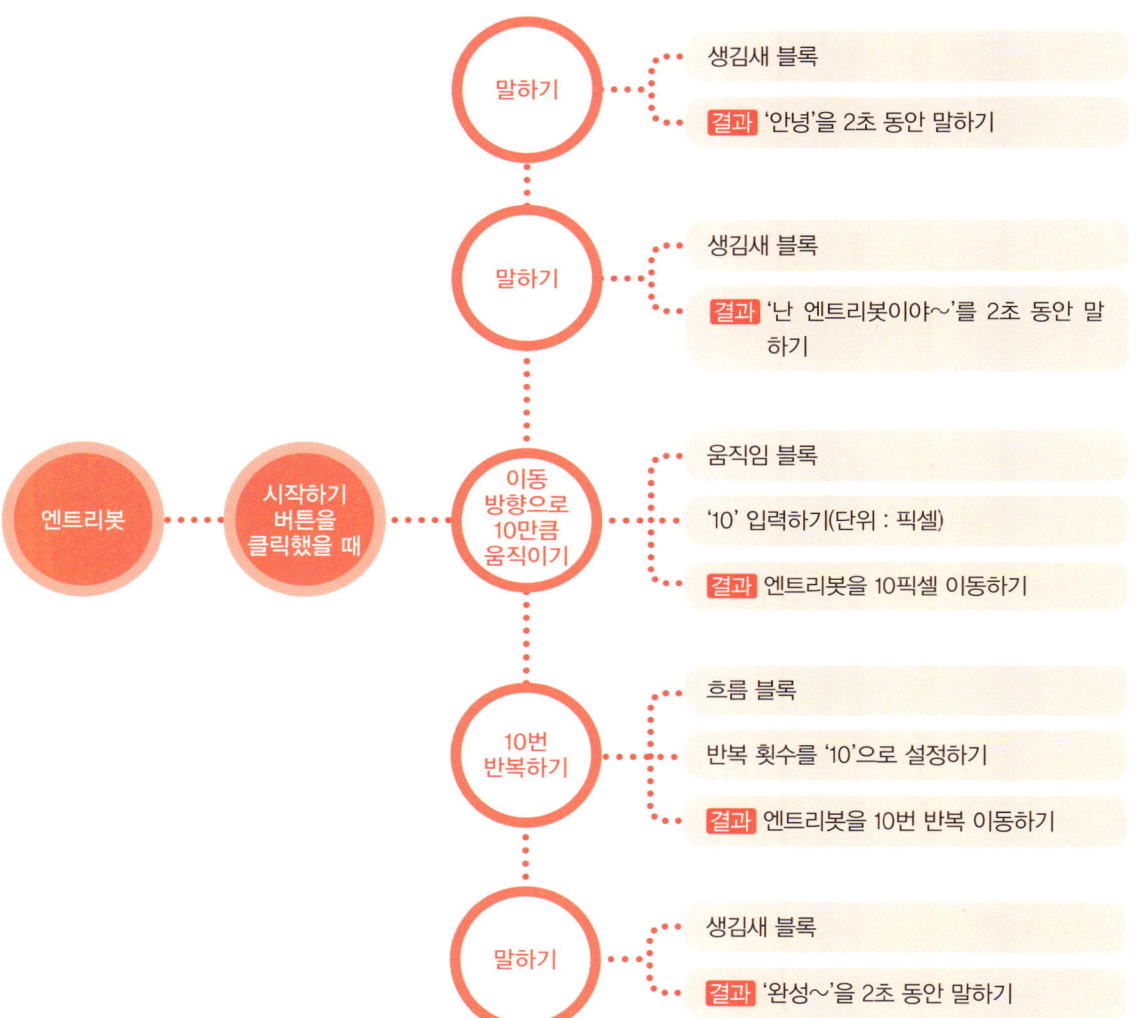

🔆 블록 미리 보기

▶ 시작하기 버튼을 클릭했을 때 블록 → 시작 블록

안녕! 을(를) 4 초 동안 말하기 블록을 두 번 가져오기
첫 번째는 '2'초로 설정하고, 두 번째는 '난 엔트리봇이야~'를 '2'초 동안 말하도록 설정하기 → 생김새 블록

10 번 반복하기 블록 → 흐름 블록

이동 방향으로 10 만큼 움직이기 블록 → 움직임 블록

안녕! 을(를) 말하기 블록을 가져와 '완성~'을 입력하기 → 생김새 블록

▶ 시작하기 버튼을 클릭했을 때
안녕! 을(를) 2 초 동안 말하기
난 엔트리봇이야~ 을(를) 2 초 동안 말하기
10 번 반복하기
이동 방향으로 10 만큼 움직이기
완성~ 을(를) 말하기

💡 블록 알아두기

⇄ 움직임 블록	설명
이동 방향으로 10 만큼 움직이기	설정한 값만큼 오브젝트가 이동 방향에 따라 움직입니다.
화면 끝에 닿으면 튕기기	오브젝트가 화면 끝에 닿으면 튕깁니다.
x 좌표를 10 만큼 바꾸기	오브젝트의 X 좌표를 설정한 값만큼 바꿉니다.
y 좌표를 10 만큼 바꾸기	오브젝트의 Y 좌표를 설정한 값만큼 바꿉니다.
2 초 동안 x: 10 y: 10 만큼 움직이기	오브젝트가 입력한 시간에 걸쳐 X와 Y 좌표를 설정한 값만큼 바꿉니다.
x: 10 위치로 이동하기	오브젝트가 중심점을 기준으로 입력한 X 좌표로 이동합니다.
y: 10 위치로 이동하기	오브젝트가 중심점을 기준으로 입력한 Y 좌표로 이동합니다.
x: 0 y: 0 위치로 이동하기	오브젝트가 중심점을 기준으로 입력한 X와 Y 좌표로 이동합니다.
2 초 동안 x: 10 y: 10 위치로 이동하기	오브젝트가 중심점을 기준으로 입력한 시간에 걸쳐 지정한 X, Y 좌표로 이동합니다.
엔트리봇 ▾ 위치로 이동하기	오브젝트가 중심점을 기준으로 선택한 오브젝트 또는 마우스 포인터 위치로 이동합니다.
2 초 동안 엔트리봇 ▾ 위치로 이동하기	오브젝트가 중심점을 기준으로 입력한 시간에 걸쳐 선택한 오브젝트 또는 마우스 포인터의 위치로 이동합니다.
방향을 90° 만큼 회전하기	오브젝트가 중심점을 기준으로 입력한 각도만큼 시계 방향으로 회전합니다.
이동 방향을 90° 만큼 회전하기	오브젝트의 이동 방향을 입력한 각도만큼 회전합니다.
2 초 동안 방향을 90° 만큼 회전하기	오브젝트의 중심점을 기준으로 입력한 시간에 걸쳐 입력한 각도만큼 시계 방향으로 회전합니다.
2 초 동안 이동 방향 90° 만큼 회전하기	해당 오브젝트의 이동 방향을 입력한 시간에 걸쳐 입력한 각도만큼 시계 방향으로 회전합니다.

⇄ 움직임 블록	설명
방향을 90° (으)로 정하기	해당 오브젝트의 방향을 입력한 각도로 정합니다.
이동 방향을 90° (으)로 정하기	해당 오브젝트의 이동 방향을 입력한 각도로 정합니다.
엔트리봇 ▾ 쪽 바라보기	해당 오브젝트가 다른 오브젝트 또는 마우스 포인터 쪽을 바라봅니다. 오브젝트 이동 방향이 선택된 항목을 향하도록 오브젝트 방향을 회전합니다.
90° 방향으로 10 만큼 움직이기	설정한 각도 방향으로 입력한 값만큼 움직입니다. 실행 화면 위쪽이 0°이며, 시계 방향으로 갈수록 각도가 커집니다.

STEP #2

01 새로 시작하기

❶ '문서' 아이콘을 클릭합니다.

❷ [새로 만들기] 메뉴를 실행합니다. 또는 [파일]−[새로 만들기] 메뉴를 실행하여 새로운 엔트리 작품을 시작합니다.

다음과 같이 기본 블록이 구성되어 있습니다.

02 시작할 때 인사말 하기

❶ 생김새 블록을 선택하고 [안녕! 을(를) 4 초 동안 말하기] 블록을 두 번

드래그하여 시작 블록 아래에 붙입니다.

❷ 각각 '2초'로 설정합니다.

❸ 인사말을 입력합니다.

예제에서는 '안녕!'과 '난 엔트리봇이야~'를 입력했습니다.

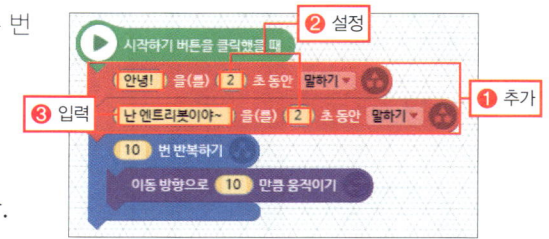

▶ **알아두기**

생김새 블록 중에는 말풍선(말하기)과 관련된 세 가지 블록이 있습니다.
다음과 같이 일정 시간 동안 말하는 블록과 계속 말풍선을 보여주는 블록,
말풍선 내용을 지우는 블록이 있습니다.

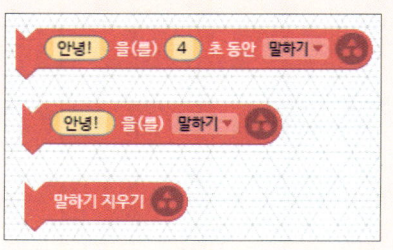

03 블록 완성하기

❶ 생김새 블록에서 [안녕! 을(를) 말하기] 를 블록 맨 아래에 연결합
니다.

❷ '안녕!'을 지우고 '완성~'을 입력합니다.

04 말풍선 확인하기

〈시작하기〉 버튼을 클릭하면 말풍선을 통해 엔트리봇이 인사말과 소개를 한 다음 오른쪽으로 이동하고 '완성~'을 외칩니다.

혼자 해보기

말풍선을 모두 보여준 다음 지워볼까요?

흐름 블록의 `2 초 기다리기` 와 생김새 블록의 `말하기 지우기` 를 연결합니다. 기존 블록에 붙이면 말풍선을 보여준 다음 2초간 멈췄다가 말풍선을 모두 지우는 것을 확인할 수 있습니다.

▶ 알아두기

`안녕! 을(를) 4 초 동안 말하기` 블록은 `안녕! 을(를) 말하기` , `2 초 기다리기` , `말하기 지우기` 블록을 연결한 것과 같습니다.

● 블록 조립소에서 여러 개의 블록을 한 번에 움직이기

여러 개의 블록으로 구성된 블록 모음을 이동할 때는 해당 블록의 맨 위 블록을 드래그합니다. 또한 블록 모음을 분리할 때는 중간에 분리하려는 블록을 드래그하면 바로 위 블록과 분리할 수 있어 편리합니다.

신나게 춤추기

이번에는 움직임을 추가해 볼까요? 오브젝트에 조금씩 다른 움직임을 반복해서 적용하면 춤추는 것처럼 보입니다. 이처럼 재미있는 작은 생각들이 모여 새로운 형태를 이루며, 이것이 곧 아이디어입니다.

STEP #1

실행 미리 보기

이동 방향으로 10만큼 움직이고 엔트리봇 모양을 바꿔 제자리에서 10만큼 움직이고 다시 모양을 바꿉니다. 이러한 과정을 10번 반복합니다.

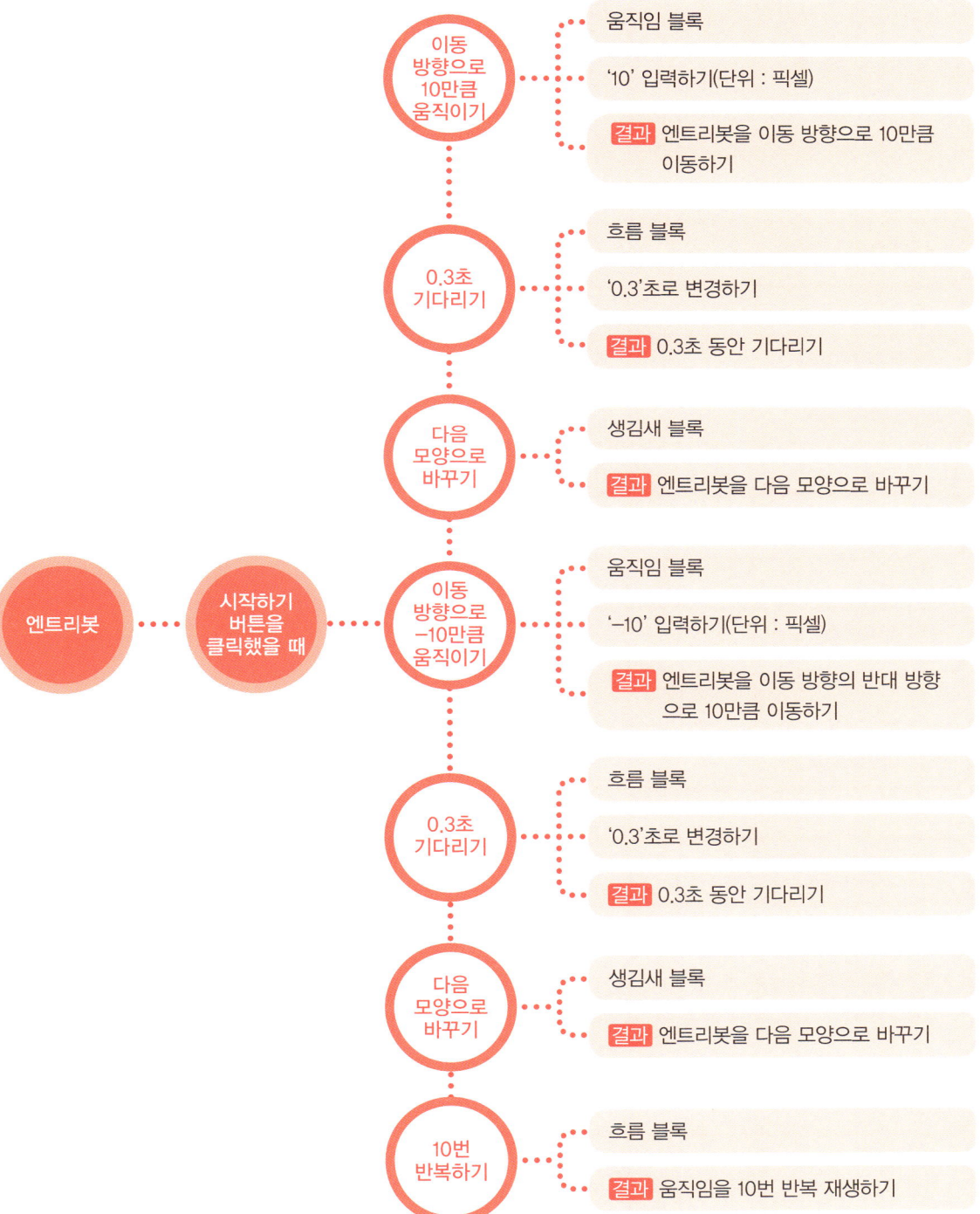

엔트리봇

시작하기 버튼을 클릭했을 때

이동 방향으로 10만큼 움직이기
- 움직임 블록
- '10' 입력하기(단위 : 픽셀)
- **결과** 엔트리봇을 이동 방향으로 10만큼 이동하기

0.3초 기다리기
- 흐름 블록
- '0.3'초로 변경하기
- **결과** 0.3초 동안 기다리기

다음 모양으로 바꾸기
- 생김새 블록
- **결과** 엔트리봇을 다음 모양으로 바꾸기

이동 방향으로 −10만큼 움직이기
- 움직임 블록
- '−10' 입력하기(단위 : 픽셀)
- **결과** 엔트리봇을 이동 방향의 반대 방향으로 10만큼 이동하기

0.3초 기다리기
- 흐름 블록
- '0.3'초로 변경하기
- **결과** 0.3초 동안 기다리기

다음 모양으로 바꾸기
- 생김새 블록
- **결과** 엔트리봇을 다음 모양으로 바꾸기

10번 반복하기
- 흐름 블록
- **결과** 움직임을 10번 반복 재생하기

블록 미리 보기

오브젝트 모양을 변경하고 움직여서 마치 춤을 추듯이 연출할 수 있습니다. 이동 거리와 기다리는 시간을 변경하여 더 재미있게 꾸며보세요.

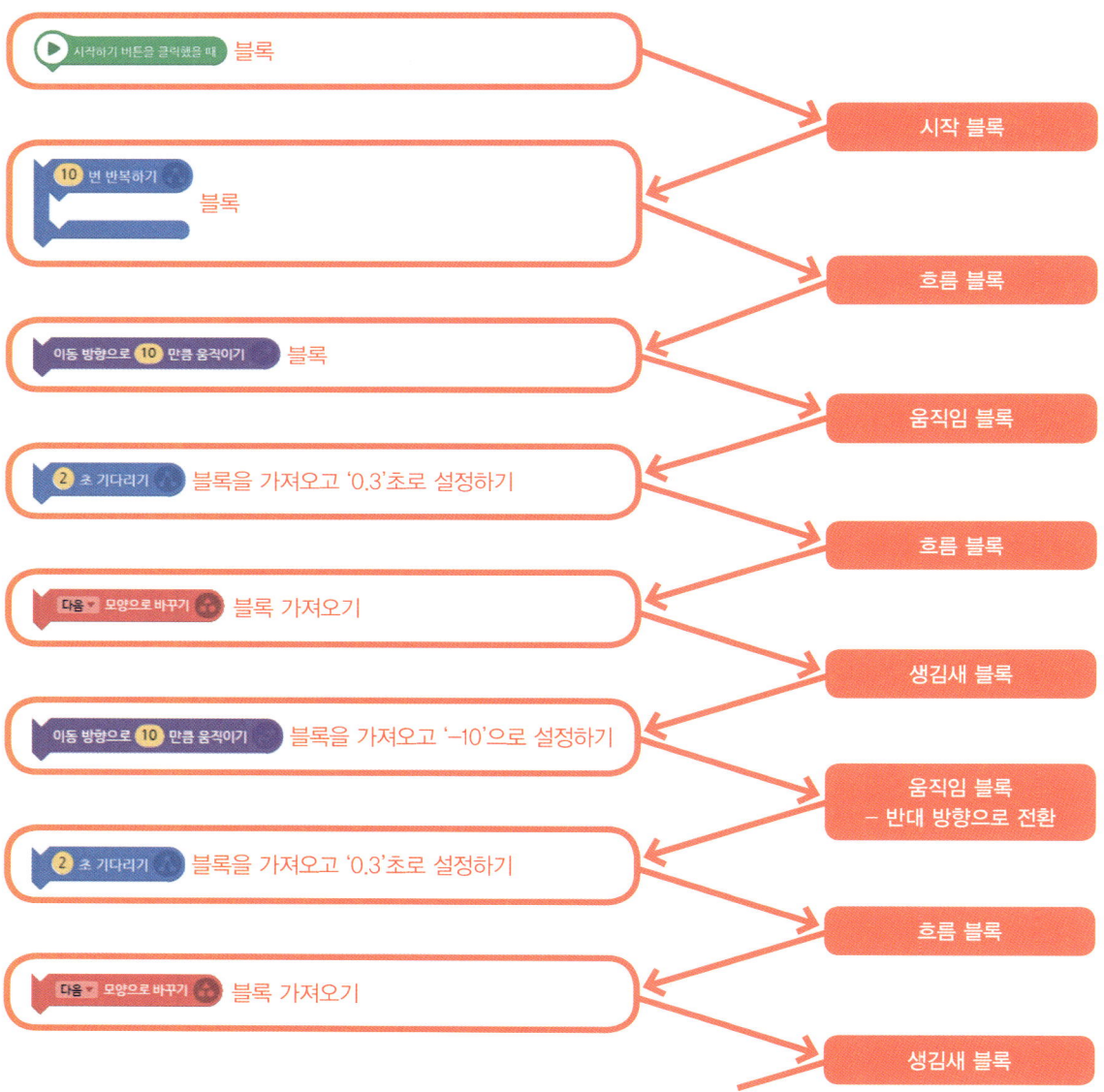

실행 화면 아래의 〈시작하기〉 버튼을 클릭하여 실행하기

〈시작하기〉 버튼 클릭

● 오브젝트(Object)

오브젝트는 블록, 모양, 소리 그리고 속성으로 구성됩니다. 사람의 팔, 다리처럼 신체의 여러 부분과 다양한 몸짓, 표정, 목소리 그리고 특징으로 구성되는 것처럼 말이죠.

프로그램은 우리가 알고 있는 세상의 모든 복잡한 과정을 단순화하여 표현하기 위해서 만든 것이므로 모든 것에 연결할 수 있습니다. 이러한 표현을 추상화 또는 일반화라고 합니다. 복잡한 관계 등을 중요한 줄거리로 간략하게 표현한 셈이죠.

프로그램에서는 마주하는 모든 대상을 오브젝트로 바라보며, 오브젝트 간의 관계로 실행합니다. 오브젝트별로 사용할 수 있는 블록과 속성 등에는 조금씩 차이가 있습니다. 사람은 뛰고 걷는 등 움직이지만, 식물이나 사물은 움직일 수 없는 것과 같습니다.

● 모양

오브젝트 중에서 모양은 다양한 모습을 표현하기 위해 사용합니다. 엔트리에서 오브젝트는 이미지로 표현하므로 다른 모습을 보여주기 위해서는 다른 이미지가 필요합니다.

생김새 블록의 모양을 다루는 블록을 통해서 오브젝트 모양을 다룰 수 있습니다. 하나의 오브젝트는 여러 개의 모양으로 구성되는데, 각종 웹 사이트에서 흔히 움짤(움직이는 짤막한 영상 : 인터넷 신조어)이라고 하는 짧은 애니메이션의 각 장면이라고 생각하면 쉽습니다. 또한 인터넷에서 자주 사용하는 이미지 압축 포맷 중 움직이는 GIF(Animated GIF) 애니메이션 형식과도 같습니다.

애니메이션에서 장면을 프레임(Frame)이라고 합니다. 스프라이트의 각 모양을 보여주는 방법을 제어하면 애니메이션을 쉽게 나타낼 수 있습니다.

💡 블록 알아두기

🔺 생김새 블록	설명
모양 보이기	오브젝트를 화면에 나타냅니다.
모양 숨기기	오브젝트를 화면에서 숨깁니다.
안녕! 을(를) 4 초 동안 말하기	오브젝트가 입력한 내용을 입력한 시간 동안 말풍선으로 말하고 다음 블록이 실행됩니다.
안녕! 을(를) 말하기	오브젝트가 입력한 내용을 말풍선으로 말하는 동시에 다음 블록이 실행됩니다.
말하기 지우기	오브젝트가 말하고 있는 말풍선을 지웁니다.
엔트리봇_걸기1 ▼ 모양으로 바꾸기	오브젝트를 선택한 모양으로 바꿉니다. 내부 블록을 분리하면 모양 번호를 사용하여 모양을 선택할 수 있습니다.
다음 ▼ 모양으로 바꾸기	오브젝트를 다음 모양으로 바꿉니다.
색깔 ▼ 효과를 10 만큼 주기	• 오브젝트에 색깔 효과를 입력한 값만큼 줍니다. 0~100 주기로 반복됩니다.
밝기 ▼ 효과를 10 만큼 주기	• 오브젝트에 밝기 효과를 입력한 값만큼 줍니다. −100~100 사이의 범위를 설정할 수 있습니다. −100 이하는 −100, 100 이상은 100으로 처리됩니다.
투명도 ▼ 효과를 10 만큼 주기	• 오브젝트에 투명도 효과를 입력한 값만큼 줍니다. 0~100 사이의 범위를 설정할 수 있으며, 0 이하는 0으로, 100 이상은 100으로 처리됩니다.

🔺 생김새 블록	설명
색깔 효과를 100 로 정하기	• 오브젝트의 색깔 효과를 입력한 값으로 정합니다. 0~100을 주기로 반복됩니다.
밝기 효과를 100 로 정하기	• 오브젝트의 밝기 효과를 입력한 값으로 정합니다. −100~100 사이의 범위를 설정할 수 있습니다. −100 이하는 −100, 100 이상은 100으로 처리됩니다.
투명도 효과를 100 로 정하기	• 오브젝트의 투명도 효과를 입력한 값으로 정합니다. 0~100 사이의 범위를 설정할 수 있습니다. 0 이하는 0, 100 이상은 100으로 처리됩니다.
효과 모두 지우기	오브젝트에 적용된 효과를 모두 지웁니다.
크기를 10 만큼 바꾸기	오브젝트 크기를 입력한 값만큼 바꿉니다.
크기를 100 (으)로 정하기	오브젝트 크기를 입력한 값으로 정합니다.
상하 모양 뒤집기	오브젝트 상하 모양을 뒤집습니다.
좌우 모양 뒤집기	오브젝트 좌우 모양을 뒤집습니다.
맨 앞으로 보내기	• 해당 오브젝트를 화면의 맨 앞으로 가져옵니다.
앞으로 보내기	• 해당 오브젝트를 한 단계 앞으로 가져옵니다.
뒤로 보내기	• 해당 오브젝트를 한 단계 뒤로 보냅니다.
맨 뒤로 보내기	• 해당 오브젝트를 화면의 맨 뒤로 보냅니다.

STEP #2

01 새로 시작하기

❶ '문서' 아이콘을 클릭합니다.

❷ [새로 만들기] 메뉴를 실행합니다. 또는 [파일]−[새로 만들기] 메뉴를 실행하여 새로운 엔트리 작품을 시작합니다.

기본 블록이 구성되어 있습니다.

02 오브젝트 모양 확인하기

[모양] 탭을 선택하면 엔트리봇의 이미지 두 개가 나타납니다. 엔트리에서는 이것을 모양이라고 합니다.

엔트리봇은 '엔트리봇_걷기1'과 '엔트리봇_걷기2'라는 모양으로 구성되어 있습니다. 물론 삭제해서 하나만 남길 수 있으며, 여러 개의 모양으로 구성할 수도 있습니다.

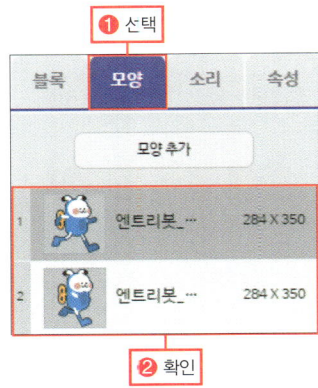

03 오브젝트 속도를 조절하고 모양 바꾸기

❶ [블록] 탭을 선택하고 '생김새' 블록을 선택한 다음 **다음▼ 모양으로 바꾸기** 블록을 가져와 **이동 방향으로 10 만큼 움직이기** 블록 아래에 붙입니다.

❷ 〈시작하기〉 버튼을 클릭해 동작을 확인합니다. 너무 빠르므로 약간 늦추겠습니다.

❸ 흐름 블록에서 **2 초 기다리기** 블록을 가져와 반복하기 블록 안에 포함하고 기다리는 시간을 '0.3'으로 설정합니다. 이 블록의 위치는 반복하기 블록 내 어디라도 상관없으며, 반복 속도를 약간 늦추기 위해서 사용합니다.

04 제자리에서 움직이기

엔트리봇을 움직이지 않고 제자리에서 춤추도록 합니다. 이때 이동 방향이 반대인 같은 블록을 추가하면 됩니다.

❶ 반복하기 블록 맨 위의 이동 방향으로 10 만큼 움직이기 블록을 선택하고 마우스 오른쪽 버튼을 클릭합니다.

❷ [코드 복사 & 붙여넣기] 메뉴를 실행합니다. 이 기능은 해당 블록 아래에 붙어 있는 블록들이 함께 복제되어 편리합니다.

❸ 블록 아래에 붙여넣습니다.

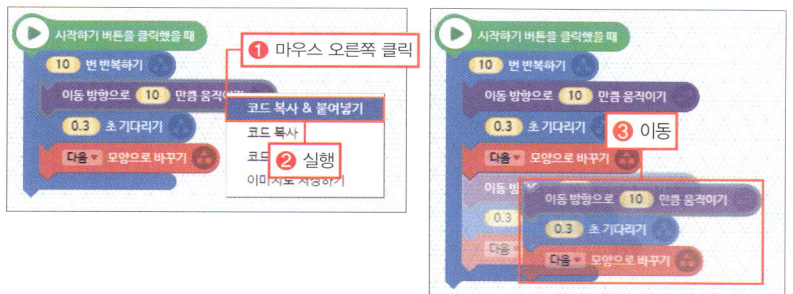

05 춤추는 동작 확인하기

❶ 두 번째 모양 바꾸기 블록에서 이동 방향을 '−10'으로 변경합니다.

❷ 실행 화면에서 〈시작하기〉 버튼을 클릭하여 엔트리봇이 어떻게 달라지는지 확인합니다.

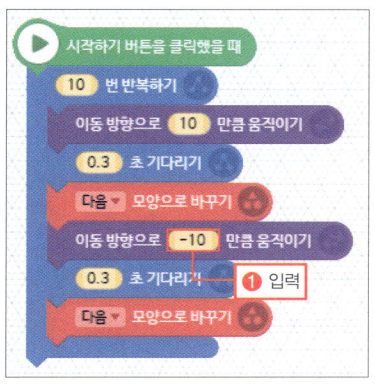

배경 바꾸기

무대 배경만 바꿔도 그럴듯한 이야기를 만들 수 있습니다. 무대 배경은 엔트리에서 기본으로 제공하는 저장소에서 가져올 수 있고, 직접 만들거나 외부 프로그램에서 작업한 이미지를 불러들일 수도 있습니다.

STEP #1

 실행 미리 보기

배경을 불러온 다음 〈시작하기〉 버튼을 클릭하면 이동 방향에 따라 계속 모양을 바꿔 10픽셀만큼 움직이며, 화면 끝에 닿으면 방향을 반대로 바꿔 계속 이동합니다.

엔트리봇

시작하기 버튼을 클릭했을 때

이동 방향으로 10만큼 움직이기
- 움직임 블록
- '10' 입력하기(단위 : 픽셀)
- 결과 엔트리봇을 이동 방향으로 10픽셀 이동하기

다음 모양으로 바꾸기
- 생김새 블록
- 결과 엔트리봇을 다음 모양으로 변경하기

화면 끝에 닿으면 튕기기
- 움직임 블록
- 결과 이동 방향으로 이동할 때 화면 끝에 닿으면 반대 방향으로 변경하기

0.1초 기다리기
- 흐름 블록
- 결과 수행 중 0.1초 간격 두기

계속 반복하기
- 흐름 블록
- 결과 블록을 계속 반복 실행하기

블록 미리 보기

시작하기 버튼을 클릭했을 때 블록 ──────────────▶ 시작 블록

계속 반복하기 블록 ◀──────────────

──────────────▶ 흐름 블록

이동 방향으로 10 만큼 움직이기 블록 ◀──────────────

──────────────▶ 움직임 블록

다음 모양으로 바꾸기 블록 가져오기 ◀──────────────

──────────────▶ 생김새 블록

화면 끝에 닿으면 튕기기 블록 가져오기 ◀──────────────

──────────────▶ 움직임 블록

2 초 기다리기 블록을 가져오고 '0.1'초로 설정하기 ◀──────────────

──────────────▶ 흐름 블록

실행 화면 아래의 〈시작하기〉 버튼을 클릭하여 실행하기 ◀──────────────

──────────────▶ 〈시작하기〉 버튼 클릭

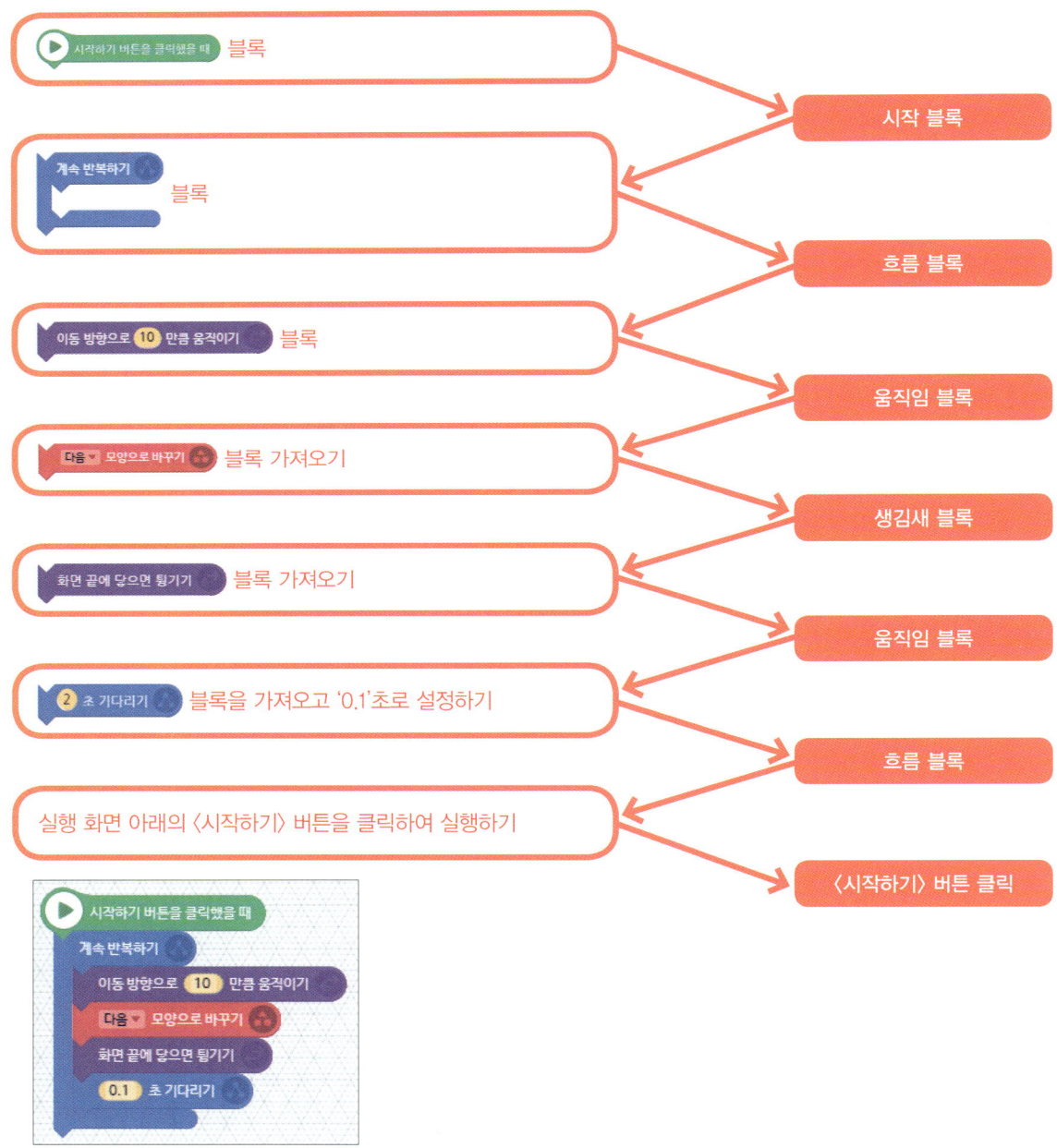

● 속도 조절하기

오브젝트를 이동하거나 흐름 블록의 반복하기 블록을 이용하여 움직이면서 오브젝트 속도를 조절할 때 실행 화면 왼쪽 위 '속도 조절하기' 아이콘을 클릭하고 슬라이더를 이용합니다.

> ▶ **알아두기**
>
> 흐름 블록에서 [2 초 기다리기] 블록을 가져와 적당한 시간 간격을 설정하여 속도를 조절할 수도 있습니다.

● 회전방식

오브젝트를 이동하면서 방향을 바꿀 때 회전하는 방식을 지정해야 합니다. 기본적으로 회전 오브젝트는 원형 회전방식으로 지정됩니다.

예제에서는 좌우로만 방향을 바꿔야 하므로 오브젝트 목록 오른쪽 아래 회전방식에서 두 번째 '왼쪽 – 오른쪽' 아이콘을 클릭합니다.

첫 번째 '회전하기' 아이콘은 원형으로 회전하는 방식이고, 세 번째 '회전하지 않기' 아이콘은 방향을 회전하지 않을 때 선택합니다.

01 새로 만들기

'문서' 아이콘을 클릭하고 [새로 만들기] 메뉴를 실행하거나 [파일]-[새로 만들기] 메뉴를 실행하여 새로운 엔트리 작품을 시작합니다.

배경을 가져오기 위해 실행 화면 아래의 〈오브젝트 추가하기〉 버튼을 클릭합니다.

▶ **알아두기**

기본적으로 실행 화면에는 배경 없이 엔트리봇만 나타납니다. 여기에 배경을 적용합니다. 엔트리에서는 배경도 오브젝트로 정의하여 사용합니다.

02 배경 추가하기

❶ 오브젝트 추가하기 창 왼쪽 메뉴에서 아래의 [배경]을 선택한 다음 배경 이미지들을 살펴봅니다.

❷ '로보트방' 배경을 선택합니다.

❸ 〈적용하기〉 버튼을 클릭합니다.

▶ **알아두기**

엔트리봇과 어울리는 배경을 선택하세요. 물론 예제와 다른 배경을 선택해도 좋습니다. 엔트리에서 제공하는 배경 중 원하는 이미지가 없으면 이미지 파일을 업로드하거나 새로 그려 만들 수도 있습니다. 파일 업로드나 새로 그리는 방법은 다음 섹션에서 자세하게 설명합니다.

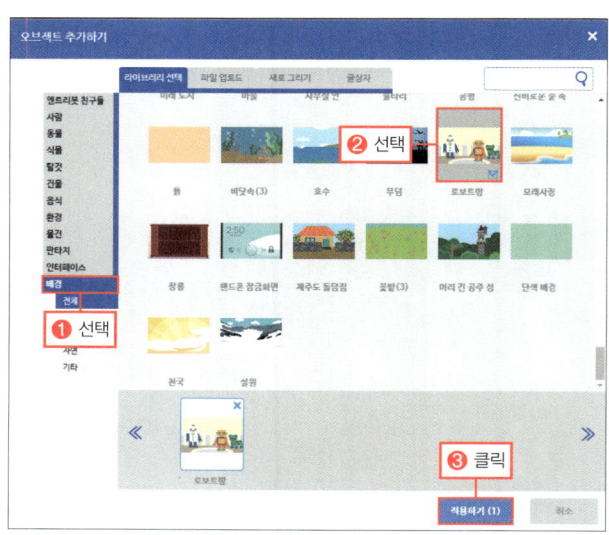

03 엔트리봇 위치 조정하기

실행 화면에서 배경과 엔트리봇이 어울리
도록 엔트리봇을 드래그하여 시작 위치를
조정합니다.

04 기본 블록 삭제하기

❶ 엔트리봇이 주인공이므로 먼저 오브젝트 목록에서 엔트리봇을 선택합니다.
❷ 배경에서 엔트리봇이 이동하는 스크립트를 만들기 전, 기본 블록에서 마우스 오
   른쪽 버튼을 클릭합니다.
❸ [코드 삭제] 메뉴를 실행하여 삭제합니다.

05 블록 구성하기

새롭게 블록을 추가합니다.

❶ 시작 블록에서 [▶ 시작하기 버튼을 클릭했을 때] 블록을 블록 조립소로 드래그합니다.

❷ 흐름 블록의 [계속 반복하기] 블록을 이어서 붙이고 [2 초 기다리기] 블록을 포함합니다.

❸ 기다리기 블록의 시간을 '0.1'초로 수정합니다.

❹ 움직임 블록에서 [이동 방향으로 10 만큼 움직이기] , [화면 끝에 닿으면 튕기기] 블록을 포함합니다. 생김새 블록에서 [다음▼ 모양으로 바꾸기] 블록을 움직임 블록 사이에 붙입니다.

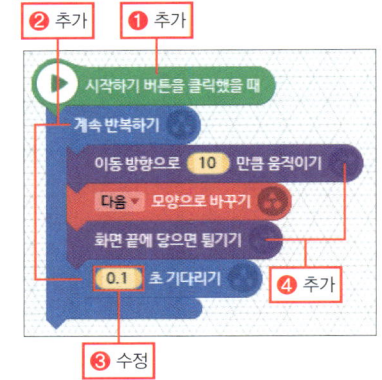

06 배경에서 엔트리봇 움직이기

실행 화면에서 〈시작하기〉 버튼을 클릭하면 엔트리봇이 직접 구성한 블록에 의해 이리저리 왔다 갔다 합니다.

오브젝트 추가하기

무대 위 등장인물(오브젝트)을 추가하겠습니다. 무대 배경은 이전 섹션에서 만든 '로보트방'으로 지정하고, 여기에 등장인물 오브젝트를 추가하여 엔트리봇과 함께 동작해 봅니다.

STEP #1

 실행 미리 보기

이전 섹션의 블록에서 오브젝트를 추가합니다. 엔트리봇에 네모로봇, 독수리를 추가하여 각각 움직이도록 만듭니다.

엔트리봇

시작하기 버튼을 클릭했을 때

이동 방향으로 10만큼 움직이기
- 움직임 블록
- 결과 이동 방향으로 10만큼 이동하기

다음 모양으로 바꾸기
- 생김새 블록
- 결과 다음 모양으로 바꾸기

화면 끝에 닿으면 팅기기
- 움직임 블록
- 결과 이동 방향으로 이동할 때 화면 끝에 닿으면 반대 방향으로 변경하기

0.1초 기다리기
- 흐름 블록
- 결과 수행 중 0.1초 간격 두기

계속 반복하기
- 흐름 블록
- 결과 위 블록을 계속 반복 수행하기

네모로봇

시작하기 버튼을 클릭했을 때

이동 방향으로 15만큼 움직이기
- 움직임 블록
- 결과 이동 방향으로 15만큼 이동하기

다음 모양으로 바꾸기
- 생김새 블록
- 결과 다음 모양으로 변경하기

화면 끝에 닿으면 팅기기
- 움직임 블록
- 결과 이동 방향으로 이동할 때 화면 끝에 닿으면 반대 방향으로 변경하기

독수리

시작하기 버튼을 클릭했을 때

0.2초 기다리기
- 흐름 블록
- **결과** 수행 중 0.2초 간격 두기

계속 반복하기
- 흐름 블록
- **결과** 위 블록을 계속 반복 수행하기

이동 방향으로 20만큼 움직이기
- 움직임 블록
- **결과** 이동 방향으로 20만큼 이동하기

다음 모양으로 바꾸기
- 생김새 블록
- **결과** 다음 모양으로 바꾸기

화면 끝에 닿으면 튕기기
- 움직임 블록
- **결과** 이동 방향으로 이동할 때 화면 끝에 닿으면 반대 방향으로 변경하기

색깔 효과를 1만큼 주기
- 생김새 블록
- **결과** 색깔 효과를 1만큼 수정하기

0.1초 기다리기
- 흐름 블록
- **결과** 수행 중 0.1초 간격 두기

계속 반복하기
- 흐름 블록
- **결과** 위 블록을 계속 반복 수행하기

블록 미리 보기

시작하기 버튼을 클릭했을 때 블록 → 시작 블록

계속 반복하기 블록 → 흐름 블록

이동 방향으로 10 만큼 움직이기 블록 → 움직임 블록

다음 모양으로 바꾸기 블록 가져오기 → 생김새 블록

화면 끝에 닿으면 튕기기 블록 가져오기 → 움직임 블록

2 초 기다리기 블록을 가져오고 '0.1'초로 설정하기 → 흐름 블록

실행 화면 아래의 〈시작하기〉 버튼을 클릭하여 실행하기 → 〈시작하기〉 버튼 클릭

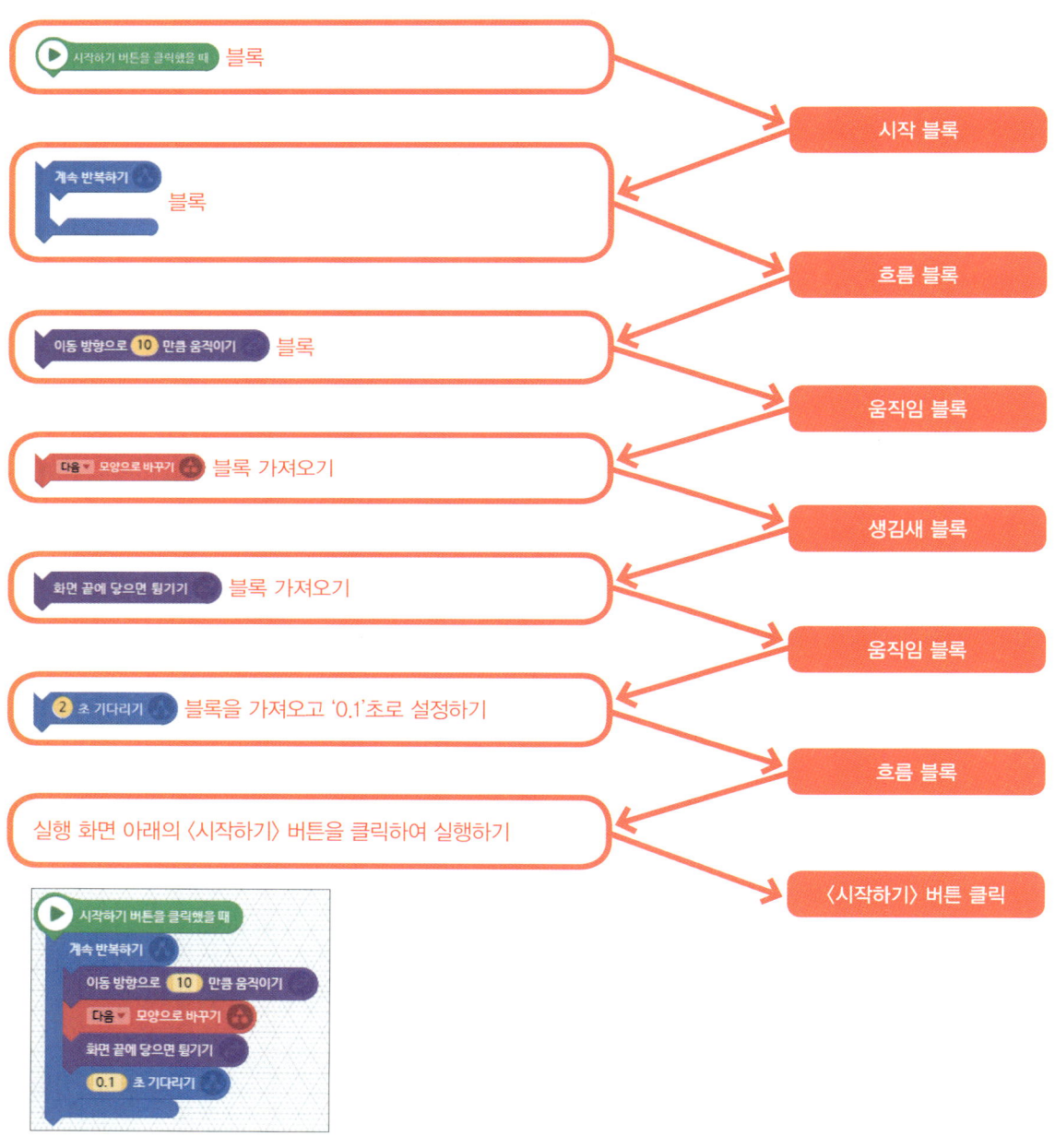

▲ 엔트리봇

▶ 시작하기 버튼을 클릭했을 때 블록 가져오기

시작 블록

계속 반복하기 블록 가져오기

흐름 블록

이동 방향으로 10 만큼 움직이기 블록을 가져와서 '15'로 설정하기

움직임 블록

다음 모양으로 바꾸기 블록 가져오기

생김새 블록

화면 끝에 닿으면 튕기기 블록 가져오기

움직임 블록

2 초 기다리기 블록을 가져오고 '0.2'초로 설정하기

흐름 블록

실행 화면 아래의 〈시작하기〉 버튼을 클릭하여 실행하기

〈시작하기〉 버튼 클릭

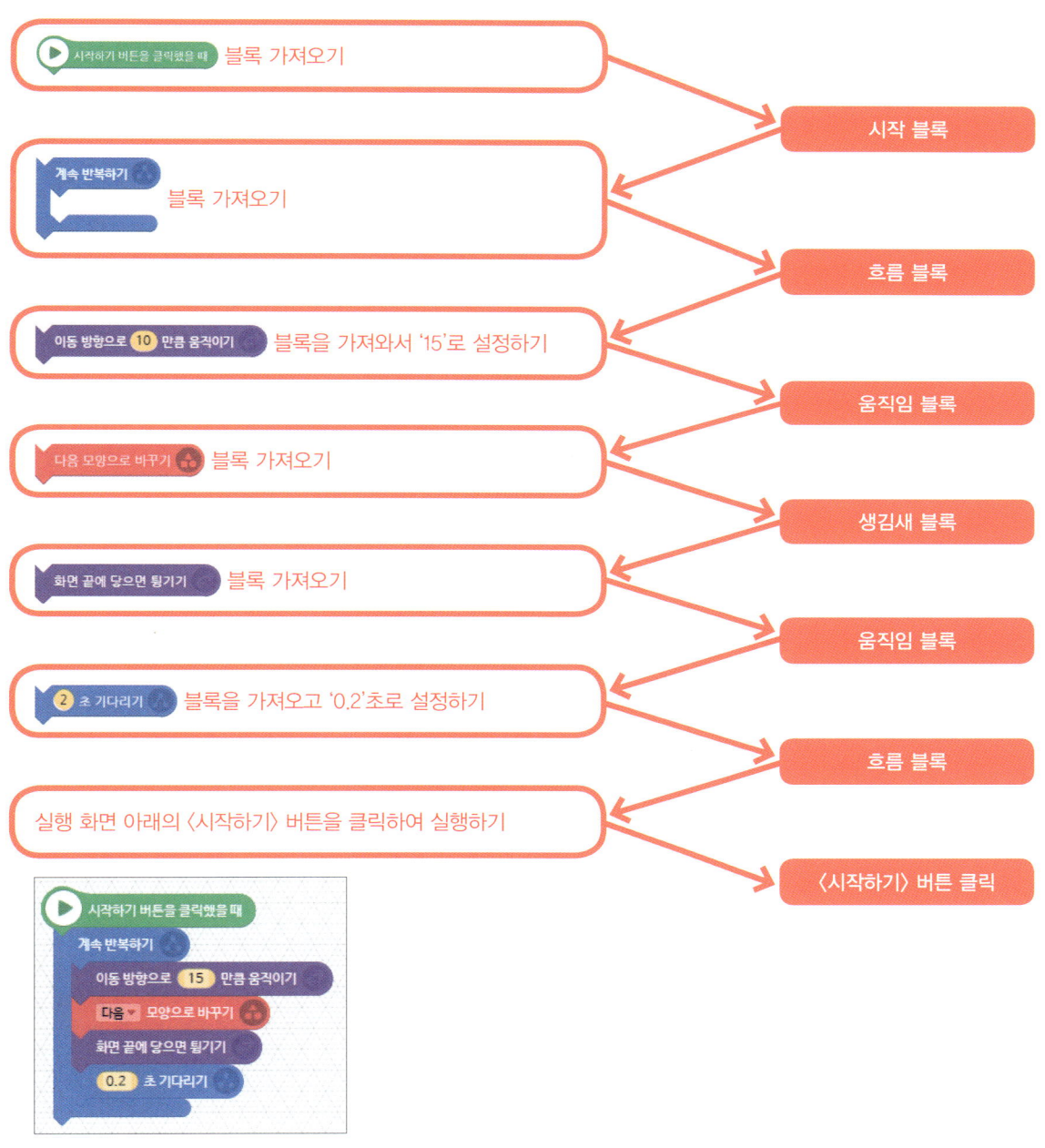

▲ 네모로봇

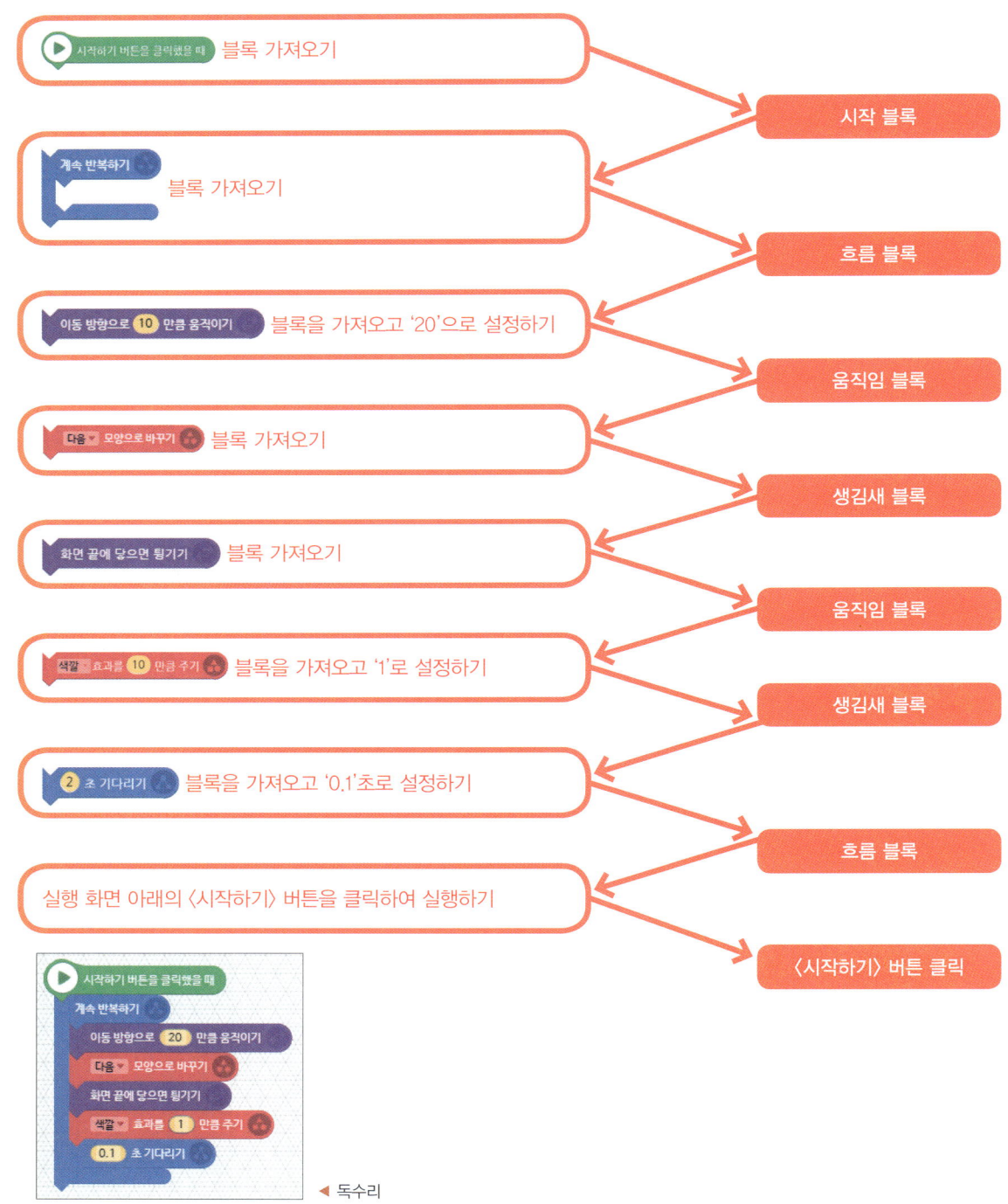

시작하기 버튼을 클릭했을 때 블록 가져오기

시작 블록

계속 반복하기 블록 가져오기

흐름 블록

이동 방향으로 10 만큼 움직이기 블록을 가져오고 '20'으로 설정하기

움직임 블록

다음▾ 모양으로 바꾸기 블록 가져오기

생김새 블록

화면 끝에 닿으면 튕기기 블록 가져오기

움직임 블록

색깔▾ 효과를 10 만큼 주기 블록을 가져오고 '1'로 설정하기

생김새 블록

2 초 기다리기 블록을 가져오고 '0.1'초로 설정하기

흐름 블록

실행 화면 아래의 〈시작하기〉 버튼을 클릭하여 실행하기

〈시작하기〉 버튼 클릭

◀ 독수리

● 효과 주기

효과 주기에 관한 블록은 생김새 블록에 있으며, 블록에 색깔, 밝기, 투명도 효과를 줄 수 있습니다. 감정을 나타내거나 게임, 이야기 흐름에서 극적인 효과를 줄 때 이용하면 재미있습니다.

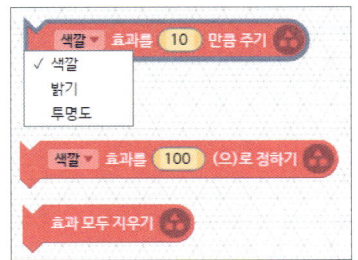

색깔 효과를 10 만큼 주기 블록은 현재 효과에서 10만큼 색깔 효과를 더 준다는 것이고 색깔 효과를 100 로 정하기 블록은 최종 색깔 효과를 100으로 정한다는 것입니다. 소리 블록의 소리 크기를 10 % 만큼 바꾸기, 소리 크기를 10 % 로 정하기 와 같은 의미입니다.

❶ 색깔 : 오브젝트에 색깔 효과를 입력한 값(0~100을 주기로 반복)만큼 설정합니다.

❷ 밝기 : 오브젝트에 밝기 효과를 입력한 값(−100~100 사이의 범위, −100 이하는 −100으로 100 이상은 100으로 처리)만큼 설정합니다.

❸ 투명도 : 오브젝트에 투명도 효과를 입력한 값만큼 설정(0~100 사이의 범위, 0이하는 0으로, 100 이상은 100으로 처리)합니다.

STEP #2

01 오브젝트 추가하기

'문서' 아이콘을 클릭하고 [새로 만들기] 메뉴를 실행하거나 [파일]−[새로 만들기] 메뉴를 실행하여 새로운 엔트리 작품을 시작합니다.

〈오브젝트 추가하기〉 버튼을 클릭합니다.

02 배경 추가하기

오브젝트 추가하기 창 왼쪽 메뉴에서 [배경]을 선택하고 '로보트방'을 선택합니다.

03 캐릭터 추가하기 1

❶ 왼쪽 메뉴에서 [판타지]를 선택합니다.
❷ 아래쪽에서 '네모로봇'을 선택합니다.

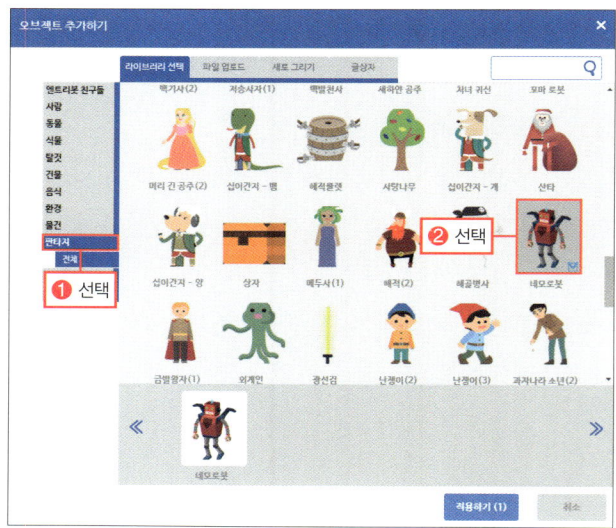

04 캐릭터 추가하기 2

❶ 왼쪽 메뉴에서 [동물]을 선택합니다.

❷ 위쪽에서 '독수리(2)'를 선택합니다.

❸ 〈적용하기〉 버튼을 클릭하여 이전에 선택한 배
경 및 캐릭터들을 불러옵니다.

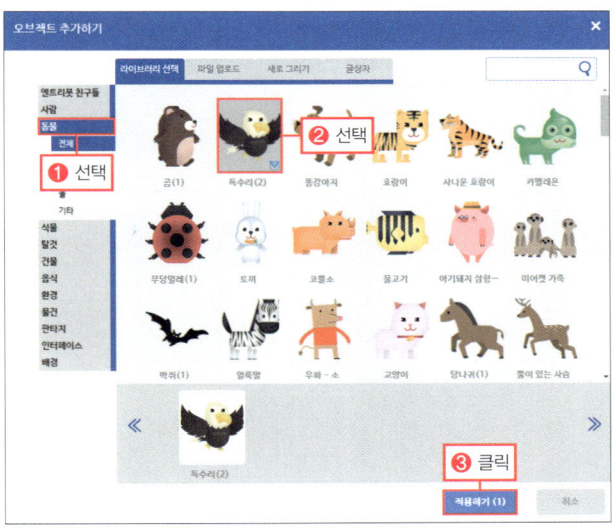

05 오브젝트 시작 위치 지정하기

실행 화면에 네 개의 오브젝트가 추가되었습니다. 각
각의 오브젝트가 배경과 어울리도록 다음과 같이 시작
위치를 지정합니다.

06 엔트리봇 코드 작성하기

❶ 엔트리봇을 선택합니다.

❷ 이전 섹션 예제에서 만든 블록대로 코드를 구성합니다.

❸ 오브젝트 목록에서 엔트리봇의 회전방식을 '왼쪽–오른쪽'으로 지정합니다.

▶ **알아두기**

실행 화면의 엔트리봇을 선택하거나 오브젝트 목록에서 엔트리봇을 선택하면 블록 조립소에 기본으로 적용된 블록이 있지만, 새롭게 가져온 네모로봇이나 독수리 오브젝트에는 구성된 블록이 없습니다.

07 코드 복사하기

'네모로봇'과 '독수리'도 '엔트리봇'과 같은 블록으로 구성하기 위해 '엔트리봇' 오브젝트의 블록을 복사합니다. 오브젝트별로 블록을 구성할 수도 있지만, 코드를 복제하면 편리합니다.

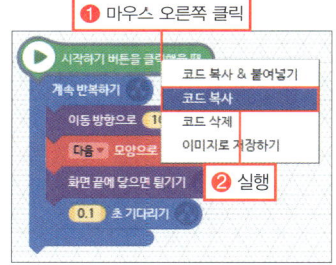

❶ 복사할 코드의 맨 위 블록에서 마우스 오른쪽 버튼을 클릭합니다.

❷ [코드 복사] 메뉴를 실행합니다.

08 코드 붙여넣기

❶ 복사한 코드를 붙여넣기 위해 먼저 오브젝트 목록에서 '네모로봇'을 선택합니다.

❷ 블록 조립소에서 마우스 오른쪽 버튼을 클릭합니다.

❸ [붙여넣기] 메뉴를 실행합니다.

❹ '독수리' 오브젝트도 같은 작업 과정을 반복해 코드를 구성합니다.

09 중간 테스트하기

❶ '네모로봇' 오브젝트도 '엔트리봇'처럼 회전방식을 '왼쪽–오른쪽'으로 지정합니다.

❷ '독수리' 오브젝트에도 회전방식을 지정합니다.

❸ 〈시작하기〉 버튼을 클릭해 각각의 오브젝트가 같게 움직이는지, 어색하지 않은지 확인합니다.

하지만 '네모로봇'의 움직임이 약간 이상하지 않나요? 움직이는 방향이 어색합니다.

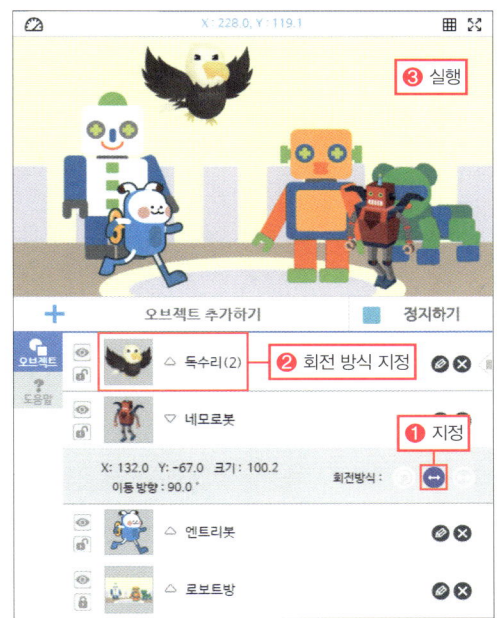

10 이동 방향 바꾸기

'네모로봇'이 다른 캐릭터와 반대 방향으로 움직여서 어색하므로 이동 방향을 '270°'로 설정합니다.

11 네모로봇 동작 코드 수정하기

'네모로봇' 오브젝트를 선택하고 엔트리봇의 움직임과 약간 다르게 이동 방향과 기다리는 시간을 변경합니다.

❶ 블록 조립소에서 이동 거리를 '15'로 수정합니다.
❷ 기다리는 시간을 '0.2'초로 수정합니다.

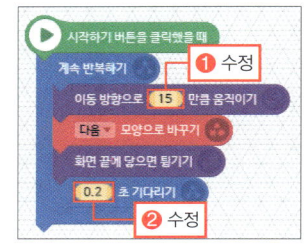

12 독수리 동작 코드 수정하기

'독수리' 오브젝트를 선택하고 블록 조립소에서 코드를 수정합니다.

❶ 이동 거리를 '20'으로 수정합니다.
❷ 생김새 블록에서 색깔 효과를 10 만큼 주기 블록을 추가합니다.
❸ 색깔 효과를 매우 빠른 '1'로 수정합니다.

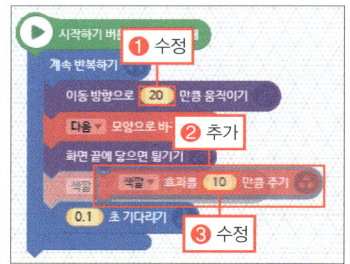

13 완성된 엔트리 작품 확인하기

세 개의 캐릭터와 한 개의 배경 오브젝트로 구성된 작품을 완성했습니다. 〈시작하기〉 버튼을 클릭하여 작품을 실행합니다.

중요한 것은 각 오브젝트에 관한 블록이 따로 구성되는 것입니다. 어렵지 않아 쉽게 응용할 수 있습니다.

▶ **알아두기**

색깔 효과는 오브젝트에 입력한 값만큼 색깔을 바꿉니다. 0~100 값을 적용할 수 있고 101이 되는 순간 다시 1이 되며, 반복 값이 됩니다.

소리 추가하기

무대 배경을 추가하고, 오브젝트를 추가한 다음 소리까지 추가하면 좀 더 실감 나는 콘서트 장면을 연출할 수 있습니다. 이번에는 소리를 추가하는 방법에 관해 살펴보겠습니다.

STEP #1

💡 실행 미리 보기

엔트리봇이 아닌 새로운 주인공을 선택하여 콘서트에 온 것처럼 이야기를 만들어 봅니다.

말하기
- 생김새 블록
- 결과 기타치는 사람이 말하기

소리
재생하기
- 소리 블록
- 결과 박수갈채 소리 재생하기

기타치는
사람 ··· 시작하기
버튼을
클릭했을 때

모양 바꾸기
- 생김새 블록
- 결과 기타치는 사람의 모양을 반복해서
변경하기

반복하기
0.5초
기다리기
- 흐름 블록
- 결과 모양 변경을 반복하고 기다리기

말하기
- 생김새 블록
- 결과 기타치는 사람이 말하기

💡 블록 미리 보기

박수갈채 소리가 재생되는 동안 기타치는 사람이 멋진 몸짓을 보여주는
상황을 만듭니다. 소리는 오브젝트별로, 각각의 특성으로 블록 꾸러미
의 [소리] 탭에서 추가할 수 있습니다. 엔트리에서 제공하는 소리를 이
용하거나 외부 파일을 업로드하여 활용할 수도 있습니다.

▶ 시작하기 버튼을 클릭했을 때 블록 가져오기

시작 블록

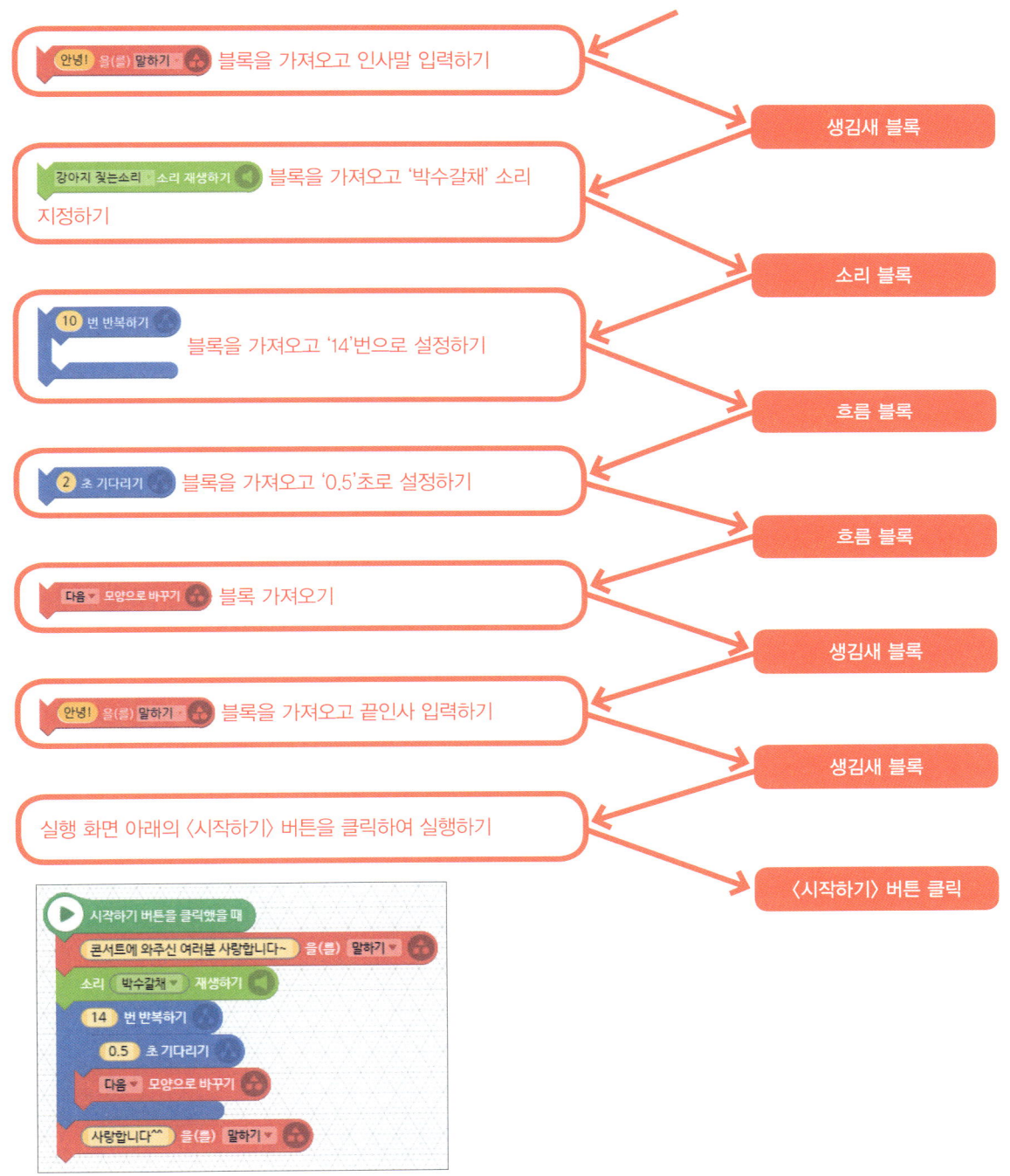

안녕! 을(를) 말하기 블록을 가져오고 인사말 입력하기

→ 생김새 블록

강아지 짖는소리 소리 재생하기 블록을 가져오고 '박수갈채' 소리 지정하기

→ 소리 블록

10 번 반복하기 블록을 가져오고 '14'번으로 설정하기

→ 흐름 블록

2 초 기다리기 블록을 가져오고 '0.5'초로 설정하기

→ 흐름 블록

다음 모양으로 바꾸기 블록 가져오기

→ 생김새 블록

안녕! 을(를) 말하기 블록을 가져오고 끝인사 입력하기

→ 생김새 블록

실행 화면 아래의 〈시작하기〉 버튼을 클릭하여 실행하기

→ 〈시작하기〉 버튼 클릭

시작하기 버튼을 클릭했을 때
콘서트에 와주신 여러분 사랑합니다~ 을(를) 말하기
소리 박수갈채 재생하기
14 번 반복하기
0.5 초 기다리기
다음 모양으로 바꾸기
사랑합니다^^ 을(를) 말하기

💡 블록 알아두기

🔊 소리 블록	설명
소리 강아지 짖는소리 ▼ 재생하기 🔊	해당 오브젝트가 선택한 소리를 재생하는 동시에 다음 블록을 실행합니다.
소리 강아지 짖는소리 ▼ 1 초 재생하기 🔊	해당 오브젝트가 선택한 소리를 입력한 시간만큼 재생하는 동시에 다음 블록을 실행합니다.
소리 강아지 짖는소리 ▼ 1 초 부터 10 초까지 재생하기 🔊	해당 오브젝트가 선택한 소리를 입력한 시간 동안 재생하는 동시에 다음 블록을 실행합니다.
소리 강아지 짖는소리 ▼ 재생하고 기다리기 🔊	해당 오브젝트가 선택한 소리를 재생하고, 소리 재생이 끝나면 다음 블록을 실행합니다.
소리 강아지 짖는소리 ▼ 1 초 재생하고 기다리기 🔊	해당 오브젝트가 선택한 소리를 입력한 시간만큼 재생하고, 소리 재생이 끝나면 다음 블록을 실행합니다.
소리 강아지 짖는소리 ▼ 1 초 부터 10 초까지 재생하고 기다리기 🔊	해당 오브젝트가 선택한 소리를 입력한 시간만 재생하고, 소리 재생이 끝나면 다음 블록을 실행합니다.
소리 크기를 10 % 만큼 바꾸기 🔊	작품에서 재생되는 모든 소리 크기를 입력한 퍼센트(%)만큼 바꿉니다.
소리 크기를 10 % 로 정하기 🔊	작품에서 재생되는 모든 소리 크기를 입력한 퍼센트(%)로 정합니다.
모든 소리 멈추기 🔊	현재 재생 중인 모든 소리를 멈춥니다.

STEP #2

01 엔트리봇 오브젝트 삭제하기

'문서' 아이콘을 클릭하고 [새로 만들기] 메뉴를 실행합니다. 기본 엔트리봇을 삭제하고 새로운 오브젝트를 가져오겠습니다. 오브젝트를 삭제하기 위해서는 오브젝트 목록에서 오른쪽 × 아이콘을 클릭합니다.

02 오브젝트 추가하기 1

〈오브젝트 추가하기〉 버튼을 클릭합니다.

❶ 오브젝트 추가하기 창의 왼쪽 메뉴에서 [배경]
    을 선택합니다.
❷ '조명이 있는 무대'를 선택합니다.

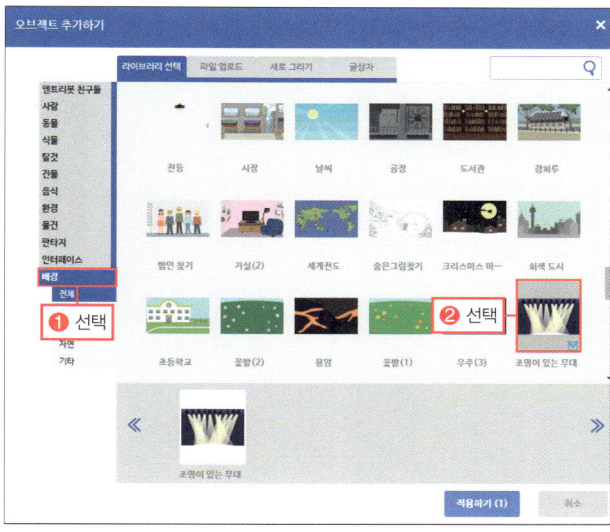

03 오브젝트 추가하기 2

❶ 왼쪽 메뉴에서 [사람]을 선택합니다.
❷ '기타치는 사람'을 선택합니다.
❸ 〈적용하기〉 버튼을 클릭합니다.

04 소리 추가하기 1

❶ 무대 배경의 '기타치는 사람' 오브젝트를 조명
   아래에 배치합니다.
❷ 오브젝트가 선택된 상태에서 블록 꾸러미의
   [소리] 탭을 선택합니다.
❸ ⟨소리 추가⟩ 버튼을 클릭합니다.

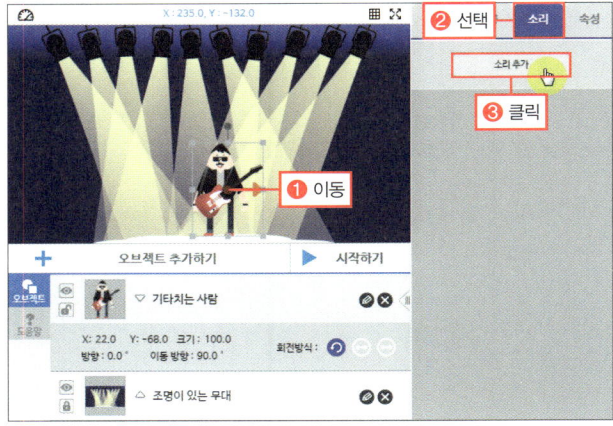

05 소리 추가하기 2

❶ 소리 추가 창에서 '박수갈채'를 선택합니다.
❷ ⟨적용하기⟩ 버튼을 클릭해 소리를 추가합니다.

▶ **알아두기**

소리는 엔트리 프로그램에서 제공하는 소리 클립이나 외부 프로그램에서 만든 MP3 형식의 소리 파일을 업로드해 사용
할 수 있습니다.

06 블록 구성하기

소리가 준비되면 콘서트 분위기가 물씬 나도록 코드를
구성합니다. '기타치는 사람'이 인사말을 하고 박수갈
채에 따라 멋진 모습을 보여주도록 오브젝트 모양을 바
꿉니다. 다음 모양으로 바꾸는 주기는 '박수갈채' 소리
의 재생 길이에 맞춥니다.

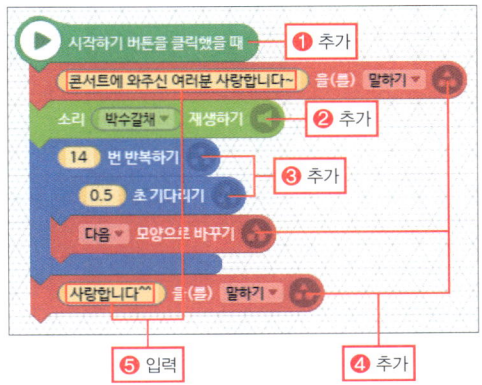

❶ 시작 블록의 ▶ 시작하기 버튼을 클릭했을 때 블록을 블록 조립소에 추가
합니다.

❷ 소리 블록의 소리 박수갈채 ▼ 재생하기 🔊 블록을 붙입니다.

❸ 흐름 블록의 10 번 반복하기, 2 초 기다리기 포함하고 반복

횟수를 '14'번, 기다리는 시간을 '0.5'초로 수정합니다.

❹ 생김새 블록의 안녕! 을(를) 말하기 🔼 를 두 번, 다음 ▼ 모양으로 바꾸기 🔄 을 해당 위치
에 붙입니다.

❺ 두 번째 말하기 블록에는 '콘서트에 와주신 여러분 사랑합니다~'를 입력하고,
마지막 말하기 블록에는 '사랑합니다^^'를 입력합니다.

07 완성된 엔트리 작품 확인하기

소리를 추가하여 멋진 콘서트 장면을 연출
했습니다. 〈시작하기〉 버튼을 클릭하여 작
품을 확인합니다.

소리를 추가하여 범인을 찾는 이야기를 만들어 봅니다.

'07.소리 추가하기2.ent' 파일처럼 캐릭터를 선택하면 블록이 수행되도록 만듭니다. 앞서 만든 '소리 추가하기' 예제와 비슷한 코드이므로 참고합니다. '07.소리 추가하기2.ent' 파일의 코드를 확인하면서 어떻게 실행할지 생각하면 재미있는 도전이 될 것입니다.

▲ 배경 – 범인 찾기

▲ 간호사

▲ 인사하는 사람

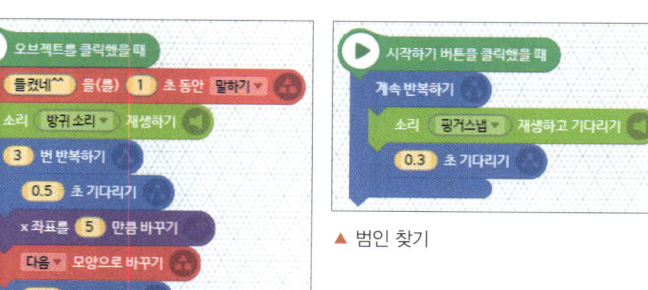

▲ 범인 찾기

작품 저장하고 공유하기

직접 만든 엔트리 작품을 저장하고 온라인에서 공유하는 방법에 관해 함께 살펴보겠습니다. 내가 만든 작품과 다른 친구들이 만든 작품을 함께 살펴보면서 여러 사람의 생각을 확인하면 실력이 좀 더 향상될 것입니다.

01 오프라인 에디터에서 저장하기

오프라인 에디터에서 이전에 만들었던 엔트리 작품을 저장하겠습니다.

❶ 작업 화면 왼쪽 위의 [파일]−[저장하기]([Ctrl]+[S]) 메뉴를 실행하거나 '저장' 아이콘을 클릭하여 [저장하기] 메뉴를 실행합니다.

❷ 저장하기 창에서 저장 위치를 지정합니다.

❸ 〈저장〉 버튼을 클릭하여 저장합니다. 저장 파일 포맷은 '.ent'입니다.

02 온라인 에디터에서 저장하기

❶ 온라인 에디터에서 엔트리 작품을 만들었다면 먼저 '저장' 아이콘을 클릭합니다.

❷ [저장하기] 메뉴를 실행하여 저장할 수 있습니다. 온 라인 에디터에서 저장하면 엔트리 홈페이지에 저장 됩니다.

03 작품 불러오기

❶ 오프라인 즉, 컴퓨터에 저장된 파일을 불러오려면 먼 저 온라인 에디터의 '문서' 아이콘을 클릭합니다.

❷ [오프라인 작품 불러오기] 메뉴를 실행합니다.

04 온라인 공유하기 – 마이페이지

온라인에 저장된 작품은 아이디를 선택한 다음 [작품 조회] 메뉴를 실 행하고 '나의 작품'에서 확인할 수 있습니다. 작품의 공개 여부를 선택 할 수 있으며, 작품이 저장될 때 기본 저장은 '나만보기'입니다.

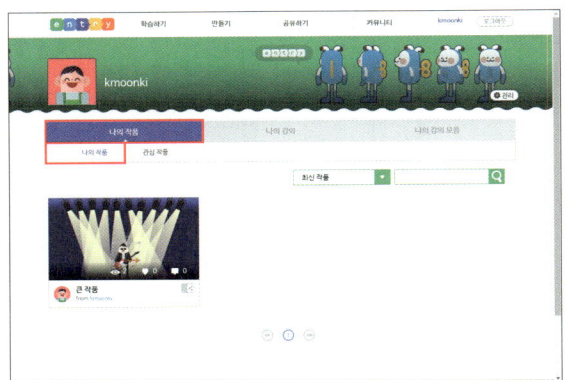
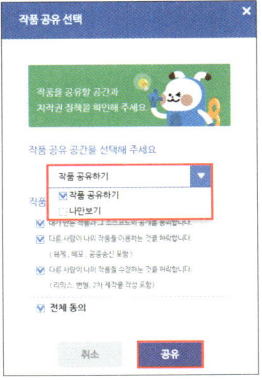

05 온라인 공유하기 – 공유하기

[공유하기] 메뉴를 통해서 작품을 공유할 수도 있습니다. [공유하기]
메뉴를 실행하여 나타나는 화면에서 〈작품 공유하기〉 버튼을 클릭하여
나의 작품 중에서 선택하여 공유할 수 있습니다.

06 공유 확인하기

공유한 나의 작품은 [공유하기] 메뉴에서
확인할 수 있습니다.

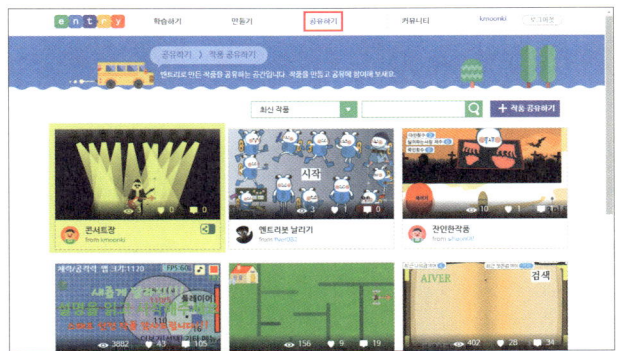

🌐 혼자 해보기

[공유하기] 메뉴를 실행하여 공유된 다른 사용자의 작품을 살펴보면서
재미있는 이야기나 아이디어를 참고하세요. 서로의 작품을 공유하면서
생각지 못했던 좋은 아이디어나 문제 해결 방법을 배울 수 있으며 다른
사람에게 도움을 줄 수도 있습니다.

● 피지컬 컴퓨팅

'피지컬 컴퓨팅'은 아두이노, 센서보드, 햄스터 등과 같은 하드웨어를 컴퓨터 프로그램에 연동해 코딩을 배우는 방법을 말합니다. 실제로 만질 수 있고, 현장감이 있어 모니터의 그림(그래픽)형태로 보는 것보다 이해와 재미를 더 할 수 있습니다. 엔트리 홈페이지에서 피지컬 컴퓨팅(하드웨어) 교육 자료를 제공하여 쉽게 접근할 수 있습니다.

엔트리 X 하드웨어 교육자료 모음

초급	중급	고급
E 센서보드	E 센서보드	아두이노 1
햄스터	코드이노	아두이노 2
비트브릭	오렌지보드	
오렌지보드(조이스틱)		

▲ https://playentry.org/tt#!/basic/materials

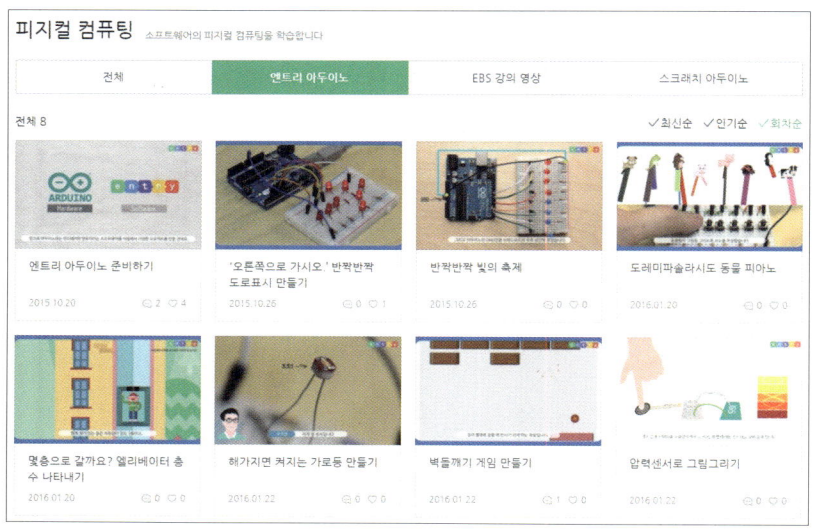

▲ http://www.playsw.or.kr/repo/entry_arduino

엔트리에서 아두이노, 센서보드 등의 하드웨어와 연결하기 위해서는 하드웨어 블록을 선택하고 〈연결 프로그램 열기〉 버튼을 클릭한 다음 연결하고자 하는 하드웨어를 선택합니다.

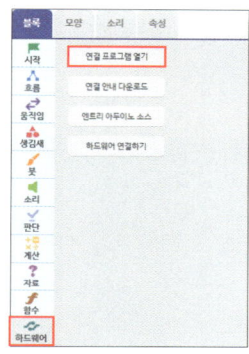

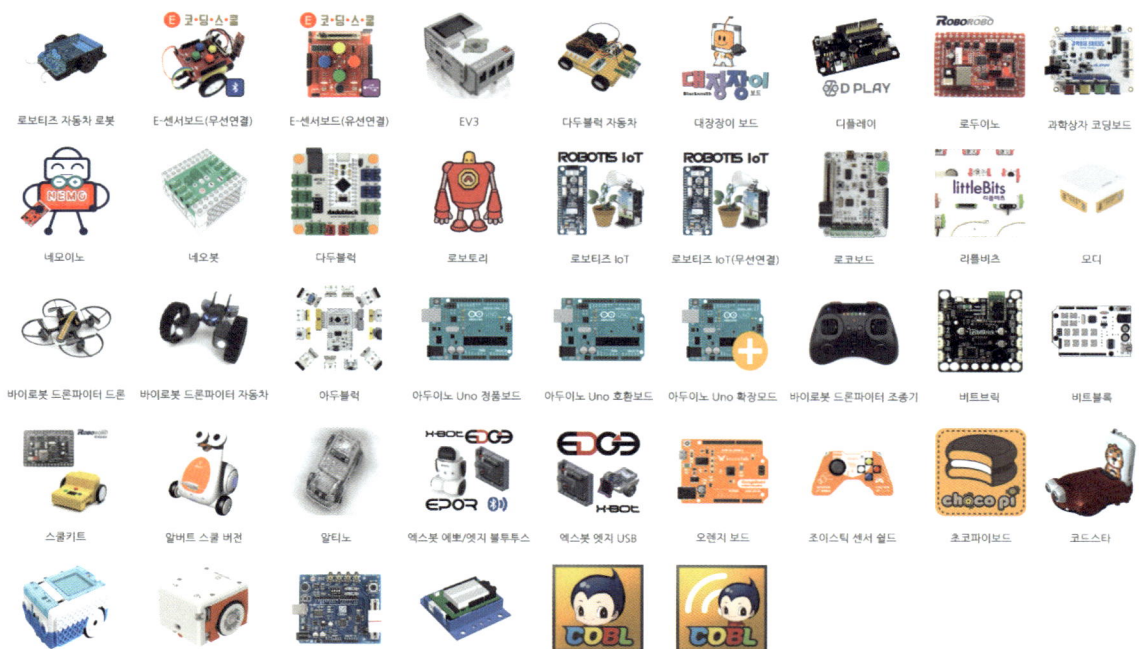

▲ 엔트리에서 연결 가능한 하드웨어

Part 03

엔트리 스토리텔링

엔트리 환영 인사 만들기

엔트리에서 가장 기본적으로 활용하는 스토리와 애니메이션을 만들어 보겠습니다. 보통 애니메이션이라고 하면 동영상을 떠올리는데요. 동영상은 정지된 이미지를 연속해서 보여주는 방법입니다. 영화관이나 텔레비전에서 1초 동안 정지된 이미지 24~30장 정도를 연속적으로 보여주면 멈추지 않고 움직이는 느낌이 듭니다. 이러한 방법을 '스톱 이미지 애니메이션(Stop Image Animation)'이라고 합니다. 유튜브 (youtube.com)에서 이 단어를 검색하면 흥미로운 동영상을 찾을 수 있습니다.

STEP #1

 실행 미리 보기

엔트리에서 제공하는 오브젝트가 아닌, 직접 '반가워엔트리' 문자 오브젝트를 만들면 특별한 나만의 오브젝트를 구성할 때 유용합니다.

 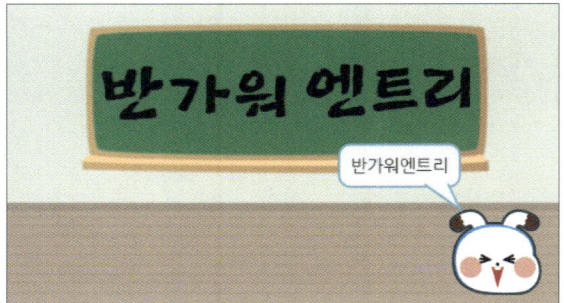

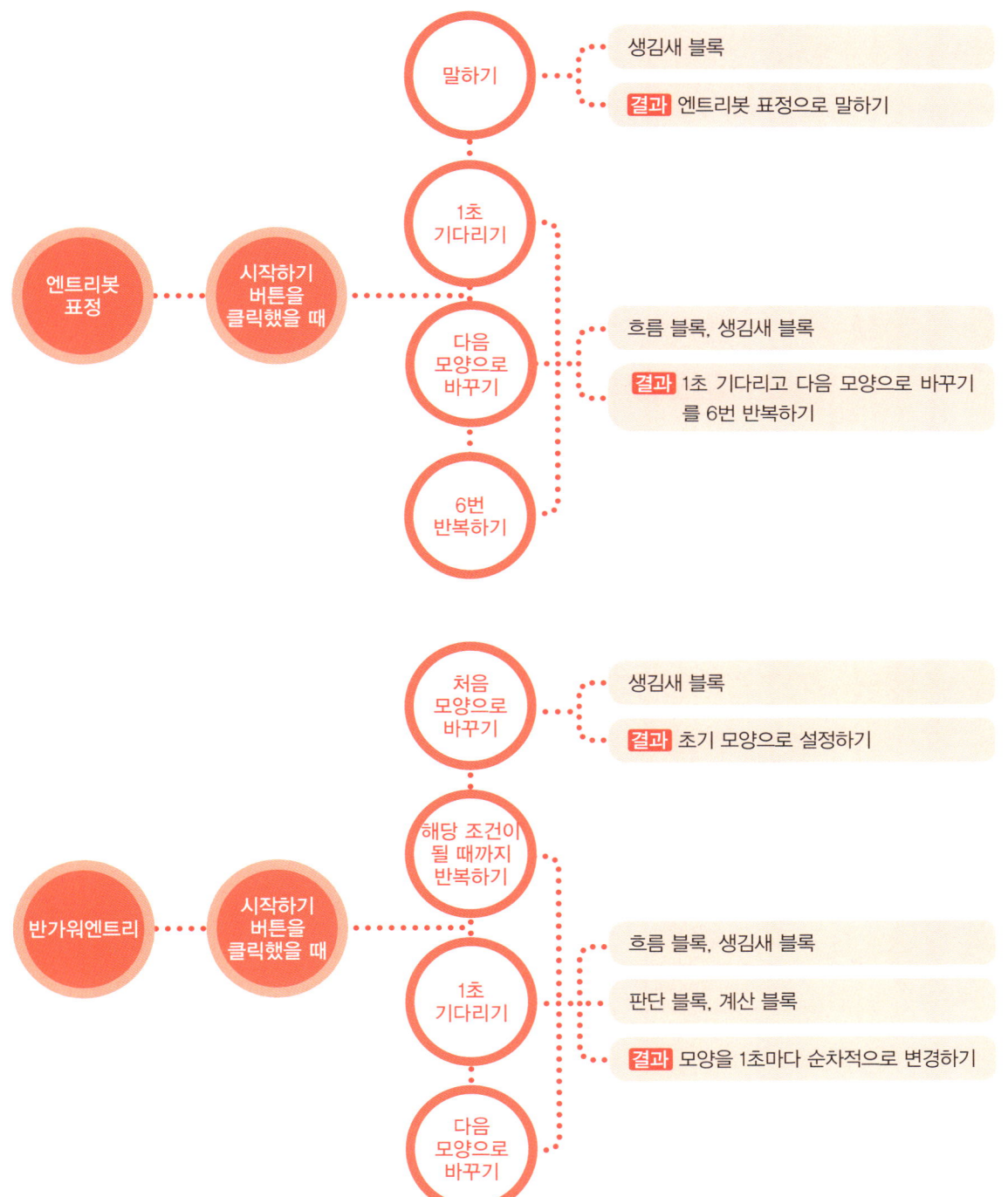

엔트리봇 표정

시작하기 버튼을 클릭했을 때

말하기
- 생김새 블록
- **결과** 엔트리봇 표정으로 말하기

1초 기다리기

다음 모양으로 바꾸기
- 흐름 블록, 생김새 블록
- **결과** 1초 기다리고 다음 모양으로 바꾸기를 6번 반복하기

6번 반복하기

반가워엔트리

시작하기 버튼을 클릭했을 때

처음 모양으로 바꾸기
- 생김새 블록
- **결과** 초기 모양으로 설정하기

해당 조건이 될 때까지 반복하기

1초 기다리기
- 흐름 블록, 생김새 블록
- 판단 블록, 계산 블록
- **결과** 모양을 1초마다 순차적으로 변경하기

다음 모양으로 바꾸기

블록 미리 보기

직접 문자 오브젝트를 만들고 특정 조건에서 블록을 실행하는 방법을
익힙니다.

실행 및
초기
설정하기

시작 블록

시작하기 버튼을 클릭했을 때 · 블록 가져오기

생김새 블록

• '엔트리봇 표정' 오브젝트
안녕! 을(를) 말하기 · 블록을 가져오고 '반가워엔트리' 입력하기
• '반가워엔트리' 오브젝트
반가워1 · 모양으로 바꾸기 · 블록을 가져오기

6번
반복하여
계속 모양
바꾸기

흐름 블록
생김새 블록

• 2 초 기다리기 · 블록을 가져오고 '1'초로 설정하기
• 다음 모양으로 바꾸기 · 블록 가져오기

흐름 블록

• 10 번 반복하기 · 블록을 가져오고 '6'번으로 설정하기

모양
번호가 6이
될 때까지
반복하기

흐름 블록
생김새 블록

• 2 초 기다리기 · 블록을 가져오고 '1'초로 설정하기
• 다음 · 모양으로 바꾸기 · 블록 가져오기

- 엔트리봇▾ 의 모양 번호▾ 블록을 가져오고 '반가워엔트리'로 지정한 다음 현재 오브젝트의 모양 번호 확인하기
- 10 = 10 블록을 가져오고 오른쪽 항을 '6'으로 설정하여 모양 번호가 6인지 판단하기(조건식)
- 참 이 될 때까지▾ 반복하기 블록을 가져와 계산/판단 블록을 추가하여 조건식이 참이 될 때까지 계속 모양 바꾸기

계산 블록
판단 블록
흐름 블록

시작하기 버튼을 클릭했을 때
반가워엔트리 을(를) 말하기▾
6 번 반복하기
1 초 기다리기
다음▾ 모양으로 바꾸기

▲ 엔트리봇 표정

시작하기 버튼을 클릭했을 때
반가워1▾ 모양으로 바꾸기
반가워엔트리▾ 의 모양 번호▾ = 6 이 될 때까지▾ 반복하기
1 초 기다리기
다음▾ 모양으로 바꾸기

▲ 반가워엔트리

● 스톱 이미지 애니메이션(Stop Image Animation)

정지된 물체를 1프레임마다 조금씩 이동하여 카메라로 촬영해서 마치 계속 움직이는 것처럼 보여주는 영화 촬영 기술 또는 기법입니다. 정지 동작, 움직이는 영상을 필요한 순간에 필요한 시간만큼 정지한 상태의 화면 또는 그 기법을 말합니다.

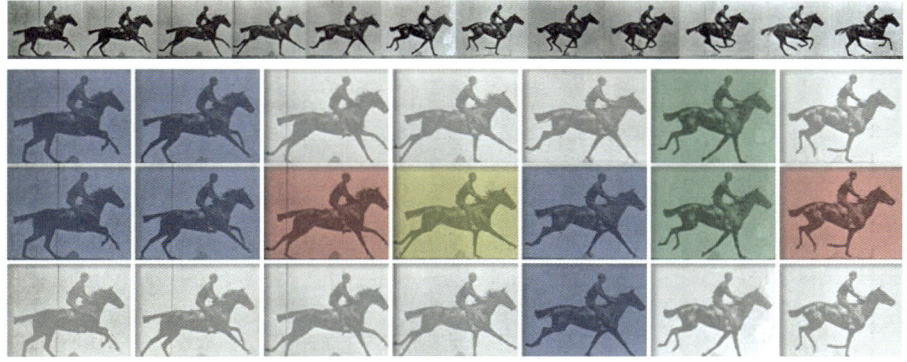

출처 : http://www.google.com/doodles/eadweard-j-muybridges-182nd-birthday

● **비트맵 그래픽과 벡터 그래픽**

비트맵은 사진처럼 픽셀(화소)이 모여 이미지를 구성하는 방식으로 확대하면 픽셀의 경계선이 나타나 이미지가 깨끗하지 않게 보이는 단점이 있습니다. 래스터 그래픽스(Raster Graphics) 또는 점 방식이라고도 하며, 대표적으로 포토샵에서 이용하는 이미지 형식입니다.

벡터는 수학적 공식에 의해 이미지를 처리하는 방식으로 확대해도 이미지 손실이 없을 뿐만 아니라 비트맵보다 저장 용량도 적어 장점이 많습니다. 대표적으로 일러스트레이터에서 사용하는 이미지 형식입니다.

엔트리에서는 아직 벡터 그래픽을 이용할 수 없습니다. 파일을 업로드할 때도 GIF, PNG, JPG 등 래스터 이미지 형태만 사용할 수 있습니다.

▲ 래스터 이미지   ▲ 벡터 이미지

💡 블록 알아두기

✅ 판단 블록	설명
마우스를 클릭했는가?	마우스를 클릭했을 때 '참'으로 판단합니다.
q 키가 눌러져 있는가?	선택한 키를 누르면 '참'으로 판단합니다.
마우스포인터 에 닿았는가?	해당 오브젝트가 선택한 항목에 닿으면 '참'으로 판단합니다.
10 = 10	= : 왼쪽 항과 오른쪽 항이 같으면 '참'으로 판단합니다.
10 > 10	〉: 왼쪽 항이 오른쪽 항보다 크면 '참'으로 판단합니다.
10 < 10	〈 : 왼쪽 항이 오른쪽 항보다 작으면 '참'으로 판단합니다.
10 ≥ 10	〉= : 왼쪽 항이 오른쪽 항보다 크거나 같으면 '참'으로 판단합니다.
10 ≤ 10	〈= : 왼쪽 항이 오른쪽 항보다 작거나 같으면 '참'으로 판단합니다.
참 그리고 참	두 가지 판단이 모두 참일 때 '참'으로 판단합니다.
참 또는 거짓	두 가지 판단 중 하나라도 참이 있을 때 '참'으로 판단합니다.
참 (이)가 아니다	해당 판단이 참이면 거짓, 거짓이면 참으로 만듭니다.

➕ 계산 블록	설명
10 + 10	+ : 입력한 두 개의 수를 더한 값입니다.
10 - 10	− : 입력한 두 개의 수를 뺀 값입니다.
10 x 10	x : 입력한 두 개의 수를 곱한 값입니다.
10 / 10	/ : 입력한 두 개의 수를 나눈 값입니다.
0 부터 10 사이의 무작위 수	입력한 두 개의 수 사이에서 선택된 무작위 수의 값입니다. 두 개의 수 모두 정수를 입력하면 정수로, 두 개의 수 중 하나라도 소수를 입력하면 소수로 무작위 수가 선택됩니다.

＋ㅁ 계산 블록	설명
마우스 x 좌표 마우스 y 좌표	마우스 포인터의 X 또는 Y 좌표 값을 의미합니다.
반가워엔트리 의 x좌푯값 반가워엔트리 의 y좌푯값 엔트리봇 의 방향 엔트리봇 의 이동방향 엔트리봇 의 모양 번호 엔트리봇 의 모양 이름	선택한 오브젝트 또는 자신의 각종 정보 값(X/Y 좌표, 방향, 이동 방향, 크기, 모양 번호, 모양 이름)입니다.
소릿값	이 블록이 실행되는 순간 소리에 저장된 값입니다.
10 / 10 의 몫 10 / 10 의 나머지	• 몫 : 왼쪽 수에서 오른쪽 수를 나누어 생긴 몫의 값입니다. • 나머지 : 왼쪽 수에서 오른쪽 수를 나누어 생긴 나머지 값입니다.
10 의 제곱 10 의 루트 10 의 사인값 10 의 코사인값 10 의 탄젠트값 10 의 아크사인값 10 의 아크코사인값 10 의 아크탄젠트값 10 의 로그값 10 의 자연로그값 10 의 소수점 부분 10 의 소수점 버림값 10 의 소수점 올림값 10 의 반올림값 10 의 펙토리얼값 10 의 절댓값	입력한 수에 관한 다양한 수학식 계산 값입니다.
초시계 값	이 블록이 실행되는 순간 초시계에 저장된 값입니다.
초시계 시작하기 초시계 정지하기 초시계 초기화하기	• 시작하기 : 초시계를 시작합니다. • 정지하기 : 초시계를 정지합니다. • 초기화하기 : 초시계 값을 '0'으로 초기화합니다. 이 블록을 블록 조립소로 가져오면 실행 화면에 초시계 창이 만들어집니다.
초시계 보이기 초시계 숨기기	초시계 창을 화면에서 숨기거나 나타냅니다.
현재 연도 현재 월 현재 일 현재 시각(시) 현재 시각(분) 현재 시각(초)	현재 연도, 월, 일, 시각처럼 시간에 관한 값입니다.
엔트리봇 까지의 거리 마우스포인터 까지의 거리	자신과 선택한 오브젝트 또는 마우스 포인터 간의 거리 값입니다.

➕➖ 계산 블록	설명
강아지 짖는소리 소리의 길이	선택한 소리의 길이(초) 값입니다.
엔트리 의 글자 수	입력한 문자 값의 공백을 포함한 글자 수입니다.
안녕! 과(와) 엔트리 를 합치기	입력한 두 자료를 결합한 값입니다.
안녕, 엔트리! 의 1 번째 글자	입력한 문자/수치 중 입력한 순서의 글자 값입니다.
안녕, 엔트리! 의 2 번째 글자부터 5 번째 글자까지의 글자	입력한 문자/수치에서 입력한 범위 내 문자/수치입니다.
안녕, 엔트리! 에서 엔트리 의 시작 위치	입력한 문자/수치에서 지정한 문자/수치가 처음으로 등장하는 위치 값입니다. 왼쪽의 '안녕, 엔트리!'에서 엔트리의 시작 위치는 '5'입니다.
안녕, 엔트리! 의 안녕 을(를) 반가워 로 바꾸기	입력한 문자/수치에서 지정한 문자/수치를 찾아 추가로 입력한 문자/수치로 모두 바꾼 값입니다. (영문을 입력할 때 대·소문자를 구분합니다.)
Hello, Entry! 의 대문자 ▾ Hello, Entry! 의 소문자 ▾	입력한 영문의 모든 알파벳을 대문자 또는 소문자로 바꾼 문자 값을 의미합니다.

STEP #2

01 새로 시작하기

❶ 엔트리 프로그램을 새로 시작하거나 [파일]-[새로 만들기] 메뉴를 실행합니다. 기본 엔트리봇을 삭제하기 위해 오브젝트 목록에서 X 아이콘을 클릭합니다.

❷ 글자를 오브젝트로 구성하기 위해 〈오브젝트 추가하기〉 버튼을 클릭합니다.

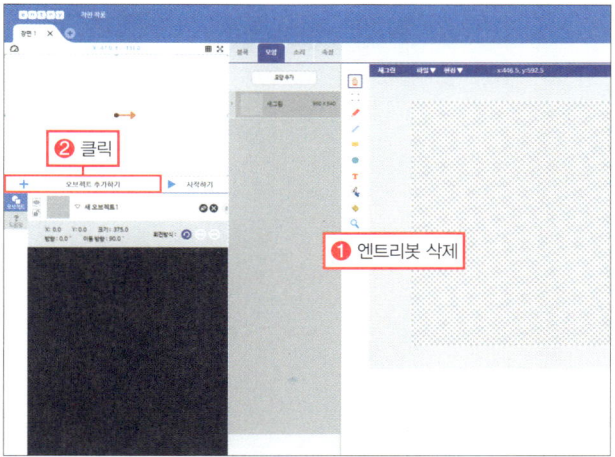

02 새로 그리기

❶ 오브젝트 추가하기 창에서 [새로 그리기] 탭을
선택합니다.

❷ 〈이동하기〉 버튼을 클릭합니다.

03 문자 스타일 설정하기

❶ 글상자 도구(T)를 선택합니다.

❷ 아래에서 글꼴과 글자 크기를 지정합니다. 예제
에서는 '한라산체'와 가장 큰 글자 크기인 '65'
를 선택했습니다.

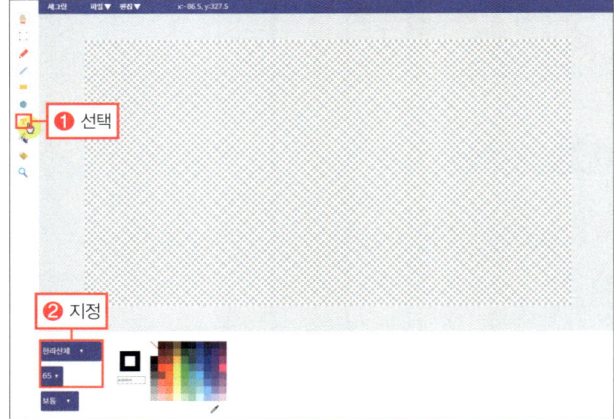

04 글자색 지정하기

'흰색'의 배경색을 선택하고 투명하게 나타
내기 위해 오른쪽 색상표에서 '투명'을 선
택합니다.

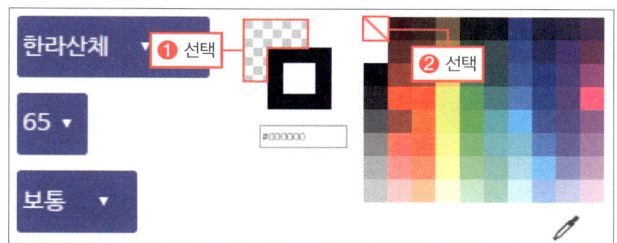

▶ 알아두기

기본적으로 왼쪽 위의 흰색은 배경색, 오른쪽 아래의 검은색이 글자색입니다.

05 문자 오브젝트 만들기

❶ 먼저 투명 영역을 클릭합니다.
❷ '반가워 엔트리' 문자의 첫 글자인 '반'을 입력합니다.
❸ [파일]−[저장하기] 메뉴를 실행하여 하나의 문자 오브젝트를 만듭니다.

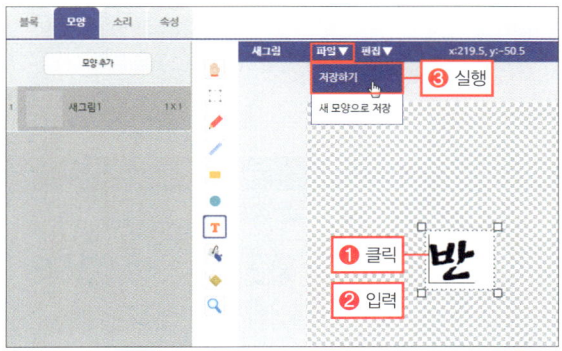

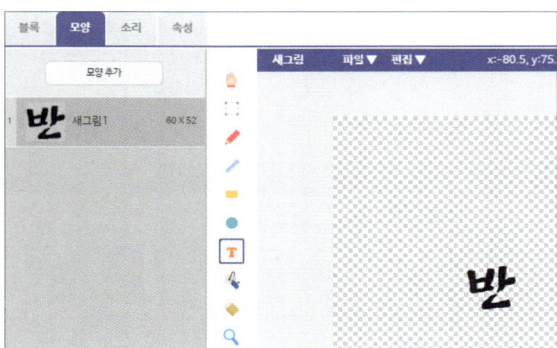

06 문자 추가하기

'반가워 엔트리' 글자가 하나씩 추가되는 애니메이션을 만들기 위해 [새 그림] 메뉴를 실행해 새 화면을 만들고, 다음과 같이 반복적으로 글자를 하나씩 추가하여 여섯 개의 모양을 만듭니다.

07 다른 오브젝트 가져오기

❶ 실행 화면에서 〈오브젝트 추가하기〉 버튼을 클릭하고 오브젝트 추가하기 창에서 '엔트리봇 표정'을 선택합니다.

❷ 왼쪽 메뉴에서 [배경]을 선택합니다.

❸ '칠판'을 선택합니다.

❹ 〈적용하기〉 버튼을 클릭합니다.

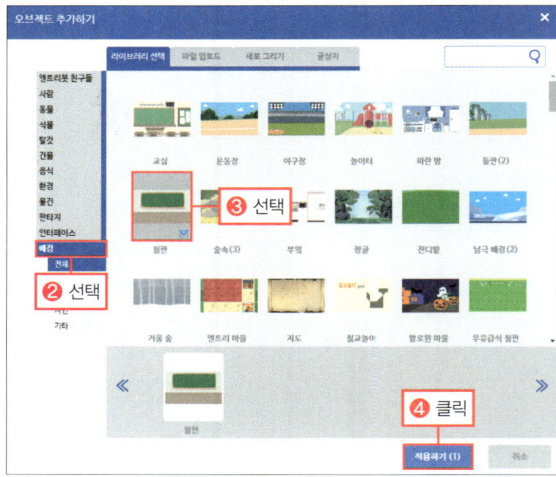

08 오브젝트 배치하기

❶ '반가워엔트리' 문자 오브젝트를 칠판 배경에
알맞게 배치합니다.

❷ '엔트리봇 표정' 오브젝트는 오른쪽 아래에 배
치합니다.

09 반가워 엔트리 문자 블록 구성하기

〈시작하기〉 버튼을 클릭하면 '반가워 엔트리' 문자가 하나씩 나타나
도록 코드를 구성합니다.

문자 오브젝트를 지정하고 다음과 같이 코드를 구성합니다.

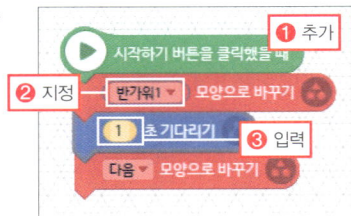

10 엔트리봇 표정 블록 구성하기

❶ '엔트리봇 표정' 오브젝트 모양이 일정 시간을 두고 바뀌도록 해당 오브젝
트를 선택한 다음 그림과 같이 코드를 구성합니다.

❷ 첫 번째 생김새 블록에 '반가워엔트리'를 입력하고 흐름 블록의 '2'초를 '1'
초로 바꿉니다.

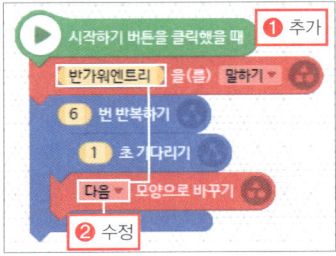

11 판단/계산 블록 추가하기

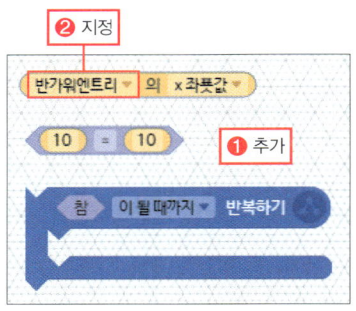

❶ 반복하기 블록에서 양쪽 값이 같은지 판단하는 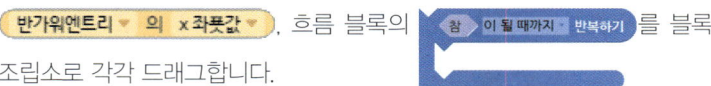 와 계산 블록의 반가워엔트리 ▼ 의 x좌푯값 ▼ , 흐름 블록의 참 이 될 때까지 ▼ 반복하기 를 블록 조립소로 각각 드래그합니다.

❷ 계산 블록에 지정된 '엔트리봇'을 '반가워엔트리'로 바꿉니다.

12 계산 블록 설정하기

❶ '반가워 엔트리'라는 6개의 문자 오브젝트가 처음부터 마지막까지 차례대로 나타나는 애니메이션을 만들기 위해 모두 6번 반복하도록 10 = 10 블록 오른쪽 항에 '6'을 입력합니다.

❷ 반가워엔트리 ▼ 의 x좌푯값 ▼ 블록의 오른쪽 좌푯값을 클릭하여 '모양 번호'로 지정합니다.

❸ 계산 블록을 드래그하여 보라색 마름모 형태의 판단 블록인 10 = 10 블록의 왼쪽 항에 추가합니다.

13 블록 연결하기

다음과 같이 계산 및 판단 블록을 차례대로 연결하면 '반가워 엔트리'
문자 오브젝트가 하나씩 실행 화면에 나타납니다.

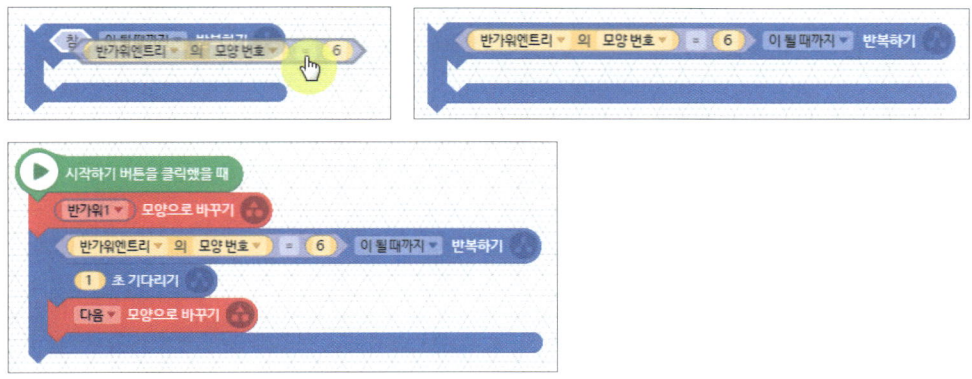

14 완성된 엔트리 작품 확인하기

〈시작하기〉 버튼을 클릭하면 직접 만든 '반
가워 엔트리' 문자 오브젝트와 라이브러리
에서 가져온 '엔트리봇 표정' 오브젝트가 1
초마다 바뀌어 애니메이션처럼 실행 화면
에 나타납니다.

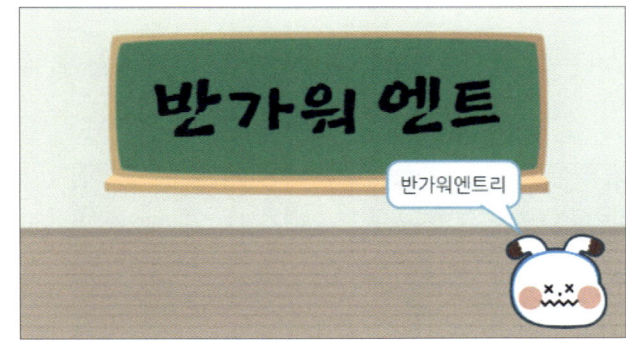

혼자 해보기

오브젝트를 직접 만들어 보세요. 예제에서는 간단한 글자 형태를 만들
었지만, 그림을 그려보세요. 모양을 추가하고 재미있는 연결 동작을 만
들어 애니메이션으로 연결해도 좋습니다.

세계 여행 애니메이션 만들기

엄마가 외출했을 때 냉장고에 붙여둔 간단한 메모를 통해 학교에서 돌아온 아이와 소통하는 것처럼 프로그램에서도 오브젝트 간 메시지를 주고받을 수 있습니다. 예를 들어, 축구 게임에서 골이 들어가면 점수를 더하는 것과 같죠. 프로그래밍에서 자유로운 의사소통을 위해 어떻게 메모를 주고받는지 함께 애니메이션을 만들어 볼까요?

STEP #1

 실행 미리 보기

〈바꾸기〉 버튼을 클릭하면 배경을 바꿔 마치 세계 여행을 떠난 것처럼 애니메이션을 만들어 봅니다.

엔트리봇 ····· 시작하기 버튼을 클릭했을 때 ····· 0.1초 기다리기 / 다음 모양으로 바꾸기 / 계속 반복하기

흐름 블록, 생김새 블록

결과 0.1초마다 엔트리봇의 모양 계속 변경하기

바꾸기 버튼 ····· 오브젝트를 클릭했을 때 ····· 바꾸기 신호 보내기

시작 블록

결과 오브젝트를 누르면 신호 전송하기

세계여행 ····· 시작하기 버튼을 클릭했을 때 ····· 처음 모양으로 바꾸기

시작 블록, 생김새 블록

결과 처음 모양으로 바꾸기

[바꾸기] 신호를 받았을 때 ····· 다음 모양으로 바꾸기

시작 블록, 생김새 블록

결과 바꾸기 신호를 받았을 때 다음 모양으로 바꾸기

엔트리봇 오브젝트 모양을 정해진 시간마다 바꿔 걷는 형태로 만들어서 생동감을 줍니다. 〈바꾸기〉 버튼을 클릭하면 신호를 보내 그 신호를 받은 배경을 바꿉니다.

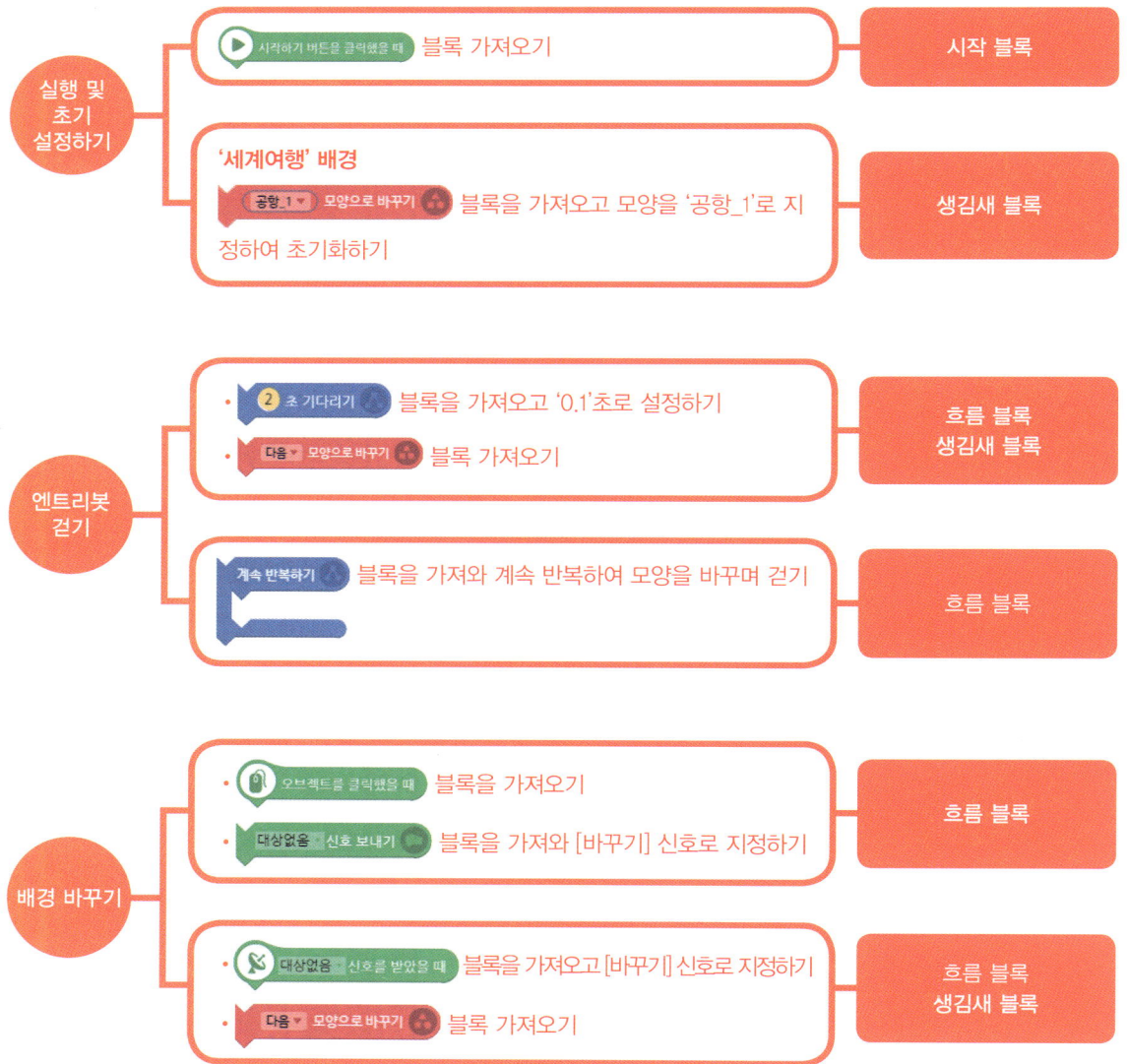

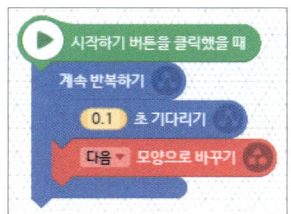

▲ 엔트리봇

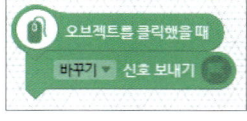

▲ 바꾸기 버튼

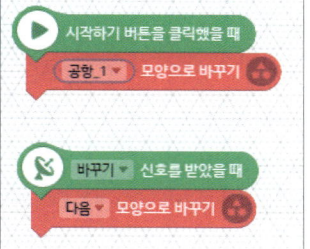

▲ 세계 여행

● 신호

신호는 오브젝트 간 의사소통(커뮤니케이션)을 위해 이용합니다. 사람들이 대화를 통해 의사소통하는 것처럼 컴퓨터에서 신호는 오브젝트 간의 원활한 소통을 가능하게 합니다. 예를 들어, 더하기 빼기 등의 사칙연산을 위한 작품을 만들 때 어떤 연산을 해야 하는지 컴퓨터에 알려주기 위해 신호를 이용할 수 있습니다.

신호에 관한 블록은 시작 블록에 신호를 보내거나 받기, 신호를 보내고 기다리기의 세 가지가 있습니다.

대상없음 신호 보내기 블록은 신호를 보내면 해당 블록의 모든 작업을 마치고 다른 블록으로 넘어가지만, 대상없음 신호 보내고 기다리기 블록은 흐름 블록이 신호를 보내고 보낸 신호에 관한 처리가 끝난 다음 다시 신호를 보낸 블록으로 돌아옵니다.

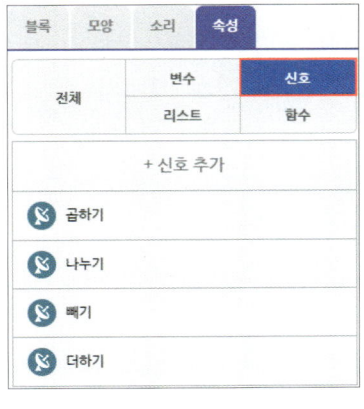

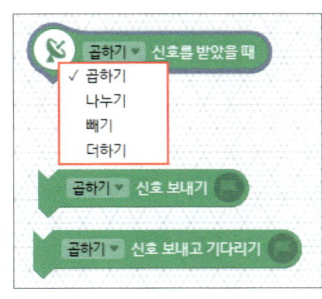

01 새로 시작하기

❶ 엔트리 프로그램을 새롭게 시작하거나 [파일]-[새로 만들기] 메뉴를 실행합니다. 기본 오브젝트인 '엔트리봇'을 삭제하고 〈오브젝트 추가하기〉 버튼을 클릭해 오브젝트 추가하기 창의 왼쪽 메뉴에서 [인터페이스]를 선택합니다.

❷ '바꾸기 버튼'을 선택합니다.

❸ 왼쪽 메뉴에서 [배경]을 선택합니다.

❹ '공항'을 선택합니다.

❺ 〈적용하기〉 버튼을 클릭하여 오브젝트들을 불러옵니다.

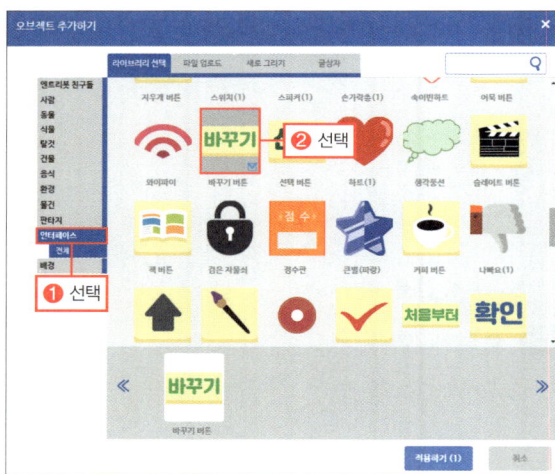

▶ **알아두기**

　[모양] 탭의 〈모양 추가〉 버튼을 클릭하면 실행 화면 아래의 〈오브젝트 추가하기〉 버튼을 클릭해 배경 메뉴에서 선택하는 것과 다르게 각각의 모양을 선택할 수 있습니다. 예제에서는 오브젝트가 아닌 단순히 모양만 추가하기 위해 이용합니다.

02 배경에 모양 추가하기

❶ 실행 화면에서 '배경'을 선택합니다.

❷ [모양] 탭을 선택하면 '공항_1' 모양을 확인할
수 있습니다.

❸ 세계 여행이라는 주제 맞게 배경을 추가하겠습
니다. 먼저 오브젝트 목록의 '공항'에서 연필 모
양의 아이콘을 클릭합니다.

❹ 오브젝트 이름을 '세계여행'으로 수정합니다.

❺ [모양] 탭에서 〈모양 추가〉 버튼을 클릭하여 새
로운 모양을 추가합니다.

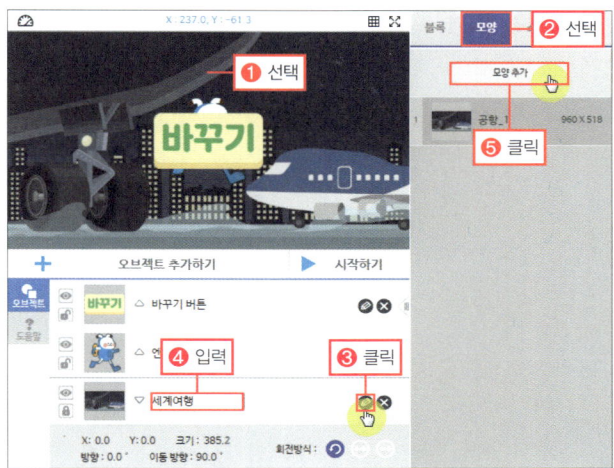

03 오브젝트 추가하기

세계 여행의 배경으로 사용할 이미지를 선택합니다.

❶ 모양 추가 창의 왼쪽 메뉴에서 [배경]을 선택합니다.

❷ 가보고 싶은 여행지를 개수에 상관없이 선택합니다. 예제에서는 '중국_1', '이집
트 풍경_1', '휴양지_1', '남극 배경(1)_1', '도시(1)_1', '우주(2)_2'를 선택했습니다.

❸ 〈적용하기〉 버튼을 클릭합니다.

04 오브젝트 배치하기

실행 화면에서 오브젝트의 시작 위치를 지정합니다. '엔트리봇'과 '바꾸기 버튼' 오브젝트를 드래그해 다음과 같이 배치합니다.

05 엔트리봇 블록 구성하기

'엔트리봇' 오브젝트를 선택하고 제자리에서 0.1초마다 모양을 바꿔 걷는 모습을 만들기 위해 블록을 구성합니다. 기다리기 블록을 '0.1'초로 설정합니다.

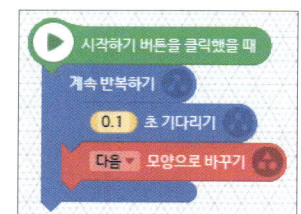

06 바꾸기 버튼 속성 지정하기

〈바꾸기〉 버튼을 클릭하면 배경을 다른 모양으로 바꾸도록 속성을 지정합니다.

❶ [속성] 탭을 선택합니다.
❷ [신호]를 선택합니다.
❸ 〈신호 추가〉 버튼을 클릭합니다.
❹ '바꾸기'를 입력합니다.

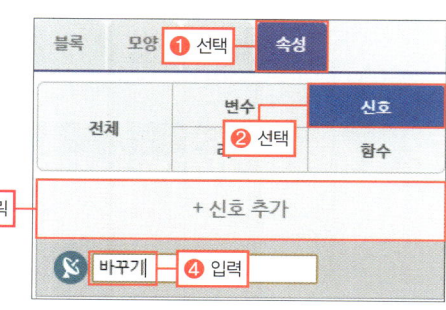

07 바꾸기 버튼 블록 구성하기

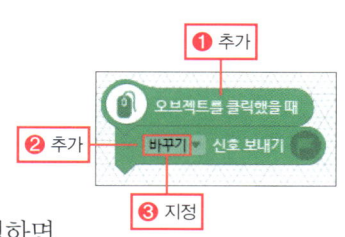

❶ 시작 블록에서 오브젝트를 클릭했을 때 블록을 가져옵니다.

❷ 대상없음 신호 보내기 블록을 붙입니다.

❸ [바꾸기] 신호로 바꿉니다.

실행 화면에서 〈시작하기〉 버튼을 클릭한 다음 〈바꾸기〉 버튼을 클릭하면
바꾸기 신호를 보냅니다. 구조를 요청하기 위해 SOS 신호를 보내는 것처럼
말이죠.

> ▶ 알아두기
>
> '바꾸기 버튼' 오브젝트를 클릭했을 때 '세계여행' 오브젝트 모양을 변경하기 위해서는 오브젝트끼리 신호를 주고받아야
> 합니다. 즉, '바꾸기 버튼'이 클릭되었다는 사실을 '세계여행' 오브젝트에 전달해야 합니다. 이때 [속성] 탭의 [신호]를 이
> 용합니다. 이것은 곧 〈바꾸기〉 버튼이 클릭되었다는 신호를 전달하며, 속성 신호는 엔트리 프로그램의 모든 오브젝트가
> 공유하므로 어떠한 오브젝트를 선택한 상태에서 추가해도 좋습니다.

08 세계 여행 블록 구성하기

'세계여행' 배경 오브젝트에는 두 가지 상황이 필요합니다. 처음에 보
여줄 배경과 [바꾸기] 신호를 전달받았을 때 변경하는 다른 배경으로,
먼저 해당 오브젝트를 선택합니다.

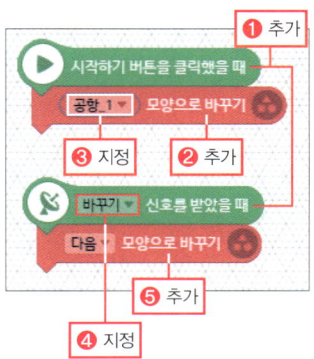

❶ 시작 블록에서 시작하기 버튼을 클릭했을 때, 대상없음 신호를 받았을 때 블록을 블록 조립소
로 가져옵니다.

❷ 시작하기 버튼을 클릭했을 때 블록에는 생김새 블록에서 처음에 보여줄 배경을 선택하
기 위한 다음 모양으로 바꾸기 블록을 연결합니다.

❸ 모양을 '공항_1'로 변경합니다.

❹ 대상없음 신호를 받았을 때 블록은 '바꾸기'로 변경합니다.

❺ 다음 모양으로 바꾸기 블록과 연결합니다.

09 완성된 엔트리 작품 확인하기

〈시작하기〉 버튼을 클릭한 다음 실행 화면의 〈바꾸기〉
버튼을 클릭하면 배경이 바뀌면서 '엔트리봇'이 마치
세계 여행을 하는 듯한 이야기가 만들어집니다.

혼자 해보기

〈바꾸기〉 버튼을 클릭할 때 소리를 추가하거나 여행에 관한 음악을 추
가하면 더 재미있는 이야기를 만들 수 있습니다. 예제에서 한 걸음 더
나아가 또 다른 아이디어를 구현해 보세요.

조각 피자를 복제해
피자 한 판 만들기

오브젝트를 복제하는 방법에 대해 알아봅니다. 오브젝트를 복제하여 각각의 오브젝트를 제어할 수 있다면, 프로그래밍으로 매우 다양한 일을 할 수 있을 것입니다. 오브젝트를 복제하는 방법에는 여러 가지가 있는데, 어떤 경우에 이용하는지 함께 알아보겠습니다. 또한 오브젝트 중심점에 대해서도 살펴봅니다.

STEP #2

💡 실행 미리 보기

〈시작하기〉 버튼을 클릭하면 조각 피자를 복제(복사)하여 피자 한 판을 만듭니다. 피자 한 조각을 여덟 조각의 피자 한 판으로 만들려면 피자 한 조각을 일곱 번 복제한 다음 회전하여 위치를 지정합니다.

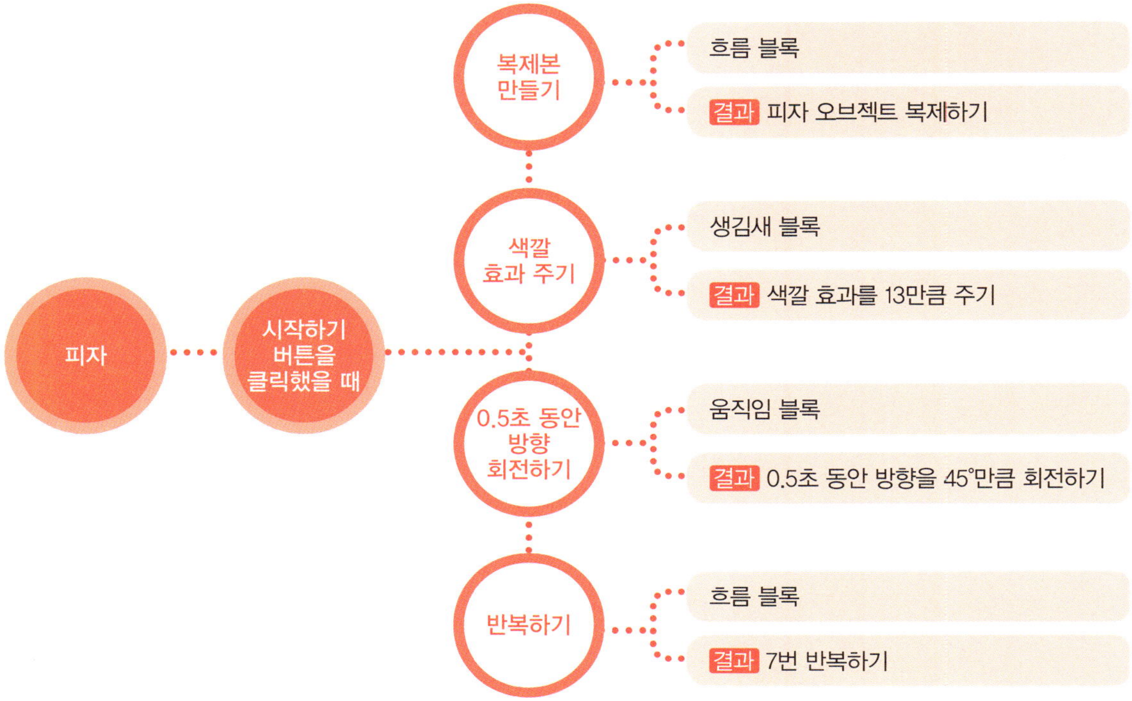

복제본
만들기

흐름 블록

결과 피자 오브젝트 복제하기

색깔
효과 주기

생김새 블록

결과 색깔 효과를 13만큼 주기

피자 ······ 시작하기
버튼을
클릭했을 때

0.5초 동안
방향
회전하기

움직임 블록

결과 0.5초 동안 방향을 45°만큼 회전하기

반복하기

흐름 블록

결과 7번 반복하기

🔆 블록 미리 보기

간단한 블록으로 구성되었지만, 복제와 중심점에 관한 이해가 필요합니다.
색깔 효과와 함께 회전하는 주체가 어떤 것인지 곰곰이 생각해 보세요.

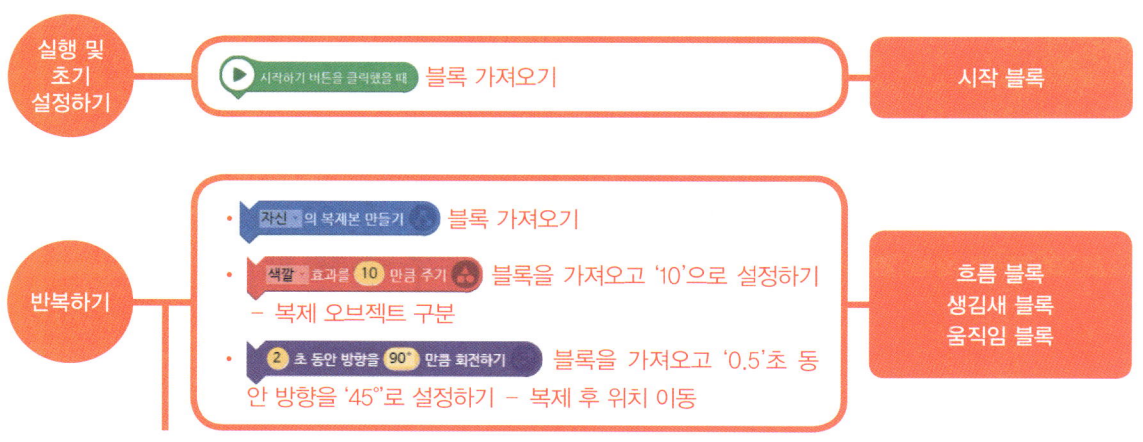

실행 및
초기
설정하기

▶ 시작하기 버튼을 클릭했을 때 블록 가져오기

시작 블록

반복하기

- 자신 의 복제본 만들기 블록 가져오기
- 색깔 효과를 10 만큼 주기 블록을 가져오고 '10'으로 설정하기
  – 복제 오브젝트 구분
- 2 초 동안 방향을 90° 만큼 회전하기 블록을 가져오고 '0.5'초 동
  안 방향을 '45°'로 설정하기 – 복제 후 위치 이동

흐름 블록
생김새 블록
움직임 블록

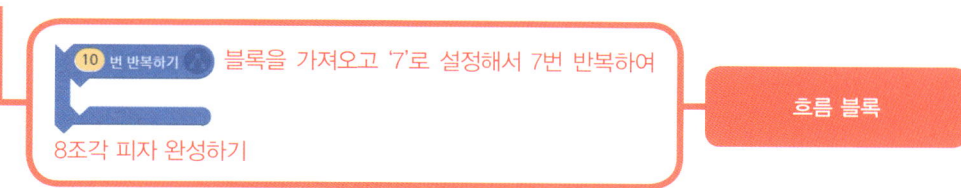

흐름 블록

`10` 번 반복하기 블록을 가져오고 '7'로 설정해서 7번 반복하여 8조각 피자 완성하기

시작하기 버튼을 클릭했을 때
`7` 번 반복하기
`자신` 의 복제본 만들기
`색깔` 효과를 `13` 만큼 주기
`0.5` 초 동안 방향을 `45°` 만큼 회전하기

● 중심점

오브젝트는 모양의 가운데를 중심점으로 지정합니다. 엔트리봇 오브젝트처럼 좌표를 (0,0)이라고 할 때 무대 가운데에 오브젝트의 중심점이 지정됩니다.

오브젝트의 중심점을 변경하기 위해서는 실행 화면에서 오브젝트 가운데에 있는 갈색 중심점을 드래그합니다.

오브젝트의 중심점을 이동하는 것은 아날로그 시계 등을 만들 때 시침, 분침, 초침 오브젝트와 회전 운동이 필요한 오브젝트가 대표적입니다.

01 피자 이미지 불러오기

❶ 엔트리 프로그램을 새롭게 시작하거나 [파일]−
[새로 만들기] 메뉴를 실행합니다. 기본 오브젝
트인 '엔트리봇'을 삭제하고 〈오브젝트 추가하
기〉 버튼을 클릭합니다. 오브젝트 추가하기 창
에서 [파일 업로드] 탭을 선택합니다.

❷ '파일추가'를 클릭합니다.

❸ samples → Part 3 폴더에서 'pizza.png' 이
미지를 선택하고 〈열기〉 버튼을 클릭하여 피자
이미지를 불러옵니다.

❹ 불러들인 이미지를 선택합니다.

❺ 〈적용하기〉 버튼을 클릭합니다.

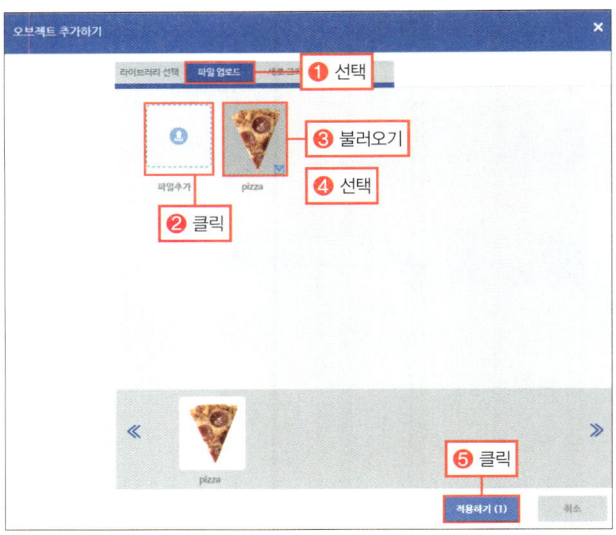

02 배경 오브젝트 추가하기

❶ 다시 한 번 〈오브젝트 추가하기〉 버튼을 클릭합
니다. 오브젝트 추가하기 창 위의 [라이브러리
선택] 탭을 선택합니다.

❷ 왼쪽 메뉴에서 [배경]을 선택합니다.

❸ '부엌'을 선택합니다.

❹ 〈적용하기〉 버튼을 클릭합니다.

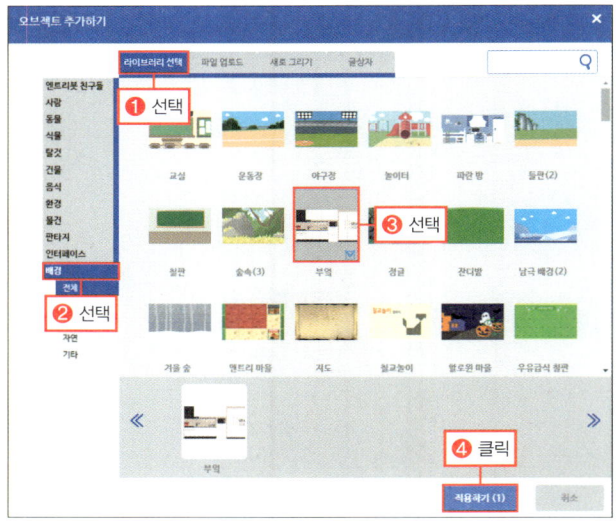

03 조각 피자 복제 블록 구성하기

〈시작하기〉 버튼을 클릭하면 'pizza' 오브젝트를 복제하여 여덟 조각의 피자 한 판을 만듭니다. 실행 화면에 피자 한 조각이 있으므로 일곱 번 반복하여 복제합니다.

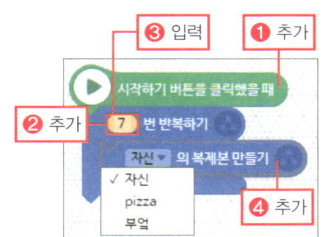

❶ 시작 블록에서 [▶ 시작하기 버튼을 클릭했을 때] 블록을 블록 조립소로 가져옵니다.

❷ 흐름 블록에서 [10 번 반복하기] 블록을 붙입니다.

❸ '7'번으로 수정합니다.

❹ [자신 ▾ 의 복제본 만들기] 블록을 포함합니다.

04 이동 방향과 각도 지정하기

❶ 움직임 블록에서 [2 초 동안 방향을 90° 만큼 회전하기] 블록을 추가합니다.

❷ '0.5'초 동안 방향을 '45'만큼 회전하기로 수정합니다.

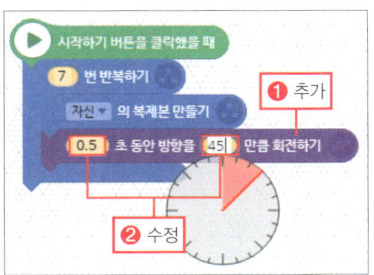

▸ **알아두기**

> [자신 ▾ 의 복제본 만들기] 블록에는 실행 화면에 있는 두 개의 오브젝트 이름과 '자신'이 있습니다. 예제에서는 'pizza'에 관한 블록을 구성하므로, '자신'은 곧 'pizza'와 같습니다. 'pizza'를 선택해도 좋지만 나중에 함수 블록을 다룰 때 '자신'으로 지정하면 다양하게 표현할 수 있어 매우 편리합니다.

05 중심점 확인하기

❶ 실행 화면의 'pizza' 오브젝트를 약간 위로 이동하여 복제 및 회전했을 때 피자 한 판이 나타나도록 조정합니다.

❷ 구성한 블록이 잘 실행되는지 〈시작하기〉 버튼을 클릭하여 테스트합니다. 그런데 원하는 형태의 피자 한 판이 만들어지지 않고 겹칩니다. 왜 그럴까요? 그 이유는 회전할 때는 회전축이 필요한데, 피자의 중심점이 조각 피자 가운데에 있어 그 중심을 기준으로 회전하여 겹친 것입니다.

06 중심점 이동하기

조각 피자의 중심점을 피자 아래쪽 모서리로 드래
그하여 이동합니다.

07 블록 완성하기

이제 블록에 색깔 효과를 추가하여 완성합니다.

❶ 생김새 블록에서 색깔 효과를 10 만큼 주기 블록을 추가합니다.

❷ 효과를 '13'으로 설정합니다.

> ▶ **알아두기**
>
> 색깔 효과는 0~100 사이 값을 가지므로 7번 복사할 때 '13' 정도
> 가 적당합니다. 이 수치는 조각 피자를 구분하기 위한 것이므로 반드
> 시 13일 필요는 없습니다.

08 완성된 엔트리 작품 확인하기

〈시작하기〉 버튼을 클릭하면 'pizza' 오브
젝트가 아래쪽 중심점을 기준으로 45°씩
회전하며 일곱 조각을 복제해서 피자 한 판
이 만들어집니다.

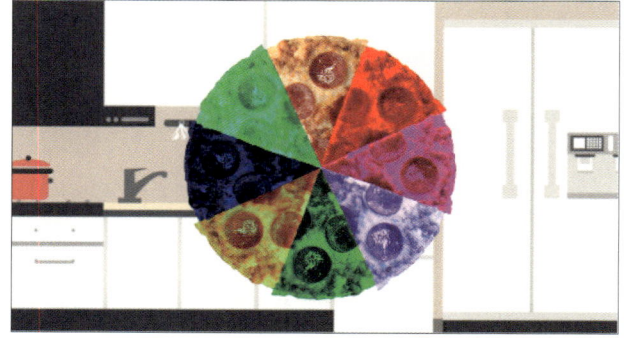

🏔 혼자 해보기 1

블록 꾸러미의 붓 블록에는 ⬭도장찍기🖊 블록이 있습니다. 이 블록을 이용해 같은 방법으로 피자 한 판을 만들어 보세요.

● 복제하기와 도장찍기의 차이점

복제하기와 도장찍기 블록의 결과는 같아 보이지만 서로 다른 특성이 있습니다. 복제하기는 복제한 오브젝트를 각각 제어할 수 있지만, 도장찍기는 복제한 오브젝트를 제어할 수 없습니다.

두 블록의 차이점을 살펴보기 위해 흐름 블록에서 ⬭모든 복제본 삭제하기💫 블록을 추가하여 코드를 구성합니다.

〈시작하기〉 버튼을 클릭하여 조각 피자를 복제한 다음 조각 피자를 클릭해 보세요. 복제되어 만들어진 조각 피자는 원본 오브젝트만 남기고 모두 삭제되지만, 도장찍기 블록으로 만들어진 조각 피자는 삭제되지 않습니다.

혼자 해보기 2

흐름 블록에서 복제에 관한 블록은 네 가지입니다. 블록을 이용하여 같은 예제를 구성하고 차이점을 살펴봅니다. '03. 피자 만들기2.ent' 파일을 참고하세요.

복제된 피자의 색깔이 바뀌면서 회전됩니다. 이전 예제처럼 이번 예제도 모두 복제된 다음 오브젝트를 클릭하여 모든 복제본 삭제하기 블록을 수행한 결과를 살펴보면 확인할 수 있습니다.

복제본이 처음 생성되었을때 블록을 이용하기 위해 변수를 사용했지만, 변수에 관해서는 뒤쪽에서 설명하겠습니다. 여기서는 복제 대상과 수행에 관해 익히면 충분합니다.

수리수리 마수리
변신 캐릭터 만들기

오브젝트의 움직임을 자유롭게 만들려면 화면의 중심(기준점), 너비와 높이를 알아야 합니다. 이것을 좌표라고 하는데요, 좌표를 잘 알아야 오브젝트 위치를 확인할 수 있으며 자유롭게 이동할 수 있습니다.

STEP #1

💡 실행 미리 보기

각각의 캐릭터 오브젝트를 클릭할 때마다 투명도, 밝기, 색을 바꾸는 마술 같은 변신 캐릭터를 만들어 봅니다.

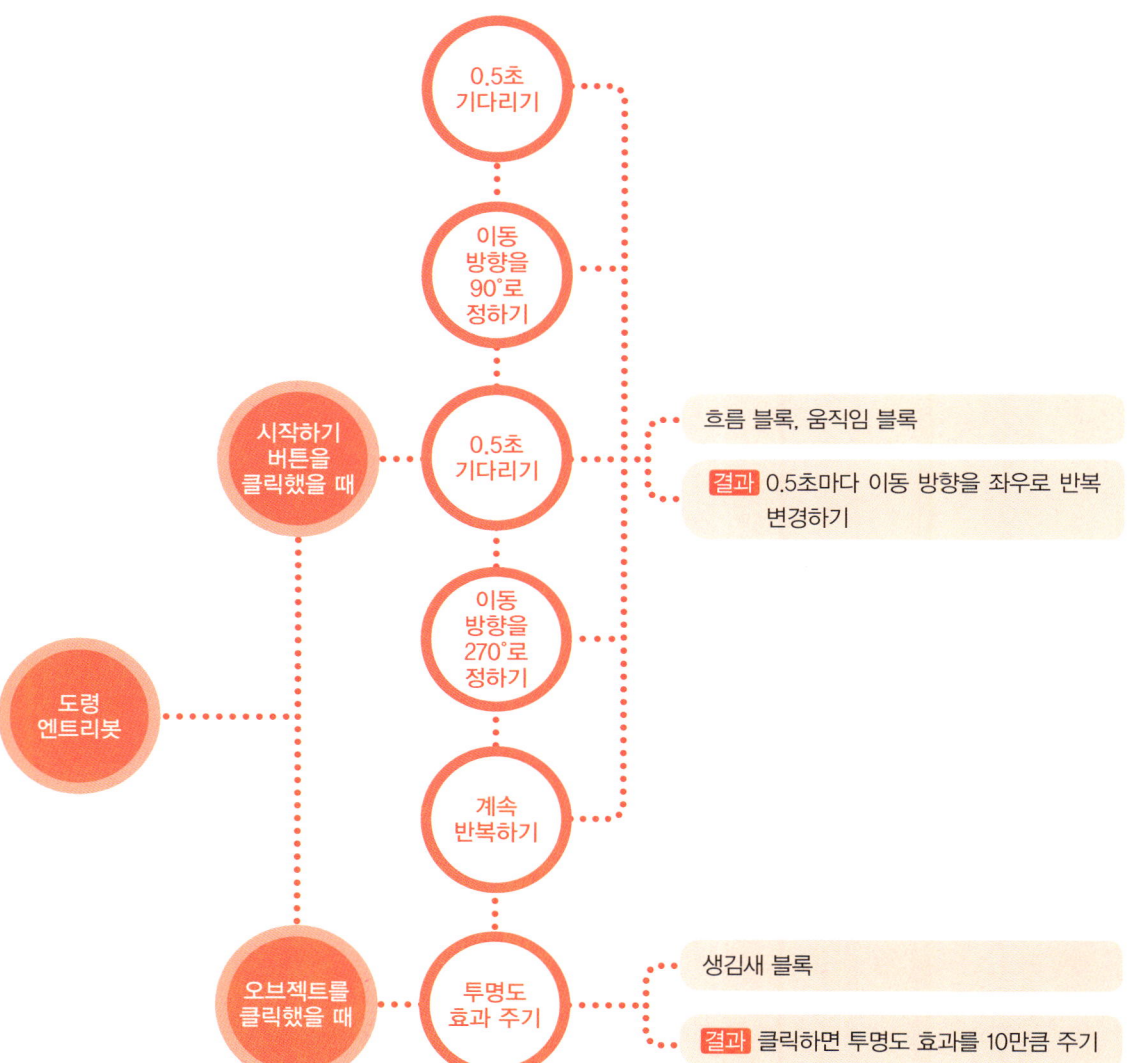

도령
엔트리봇

시작하기
버튼을
클릭했을 때

0.5초
기다리기

이동
방향을
90°로
정하기

0.5초
기다리기

흐름 블록, 움직임 블록

결과 0.5초마다 이동 방향을 좌우로 반복
변경하기

이동
방향을
270°로
정하기

계속
반복하기

오브젝트를
클릭했을 때

투명도
효과 주기

생김새 블록

결과 클릭하면 투명도 효과를 10만큼 주기

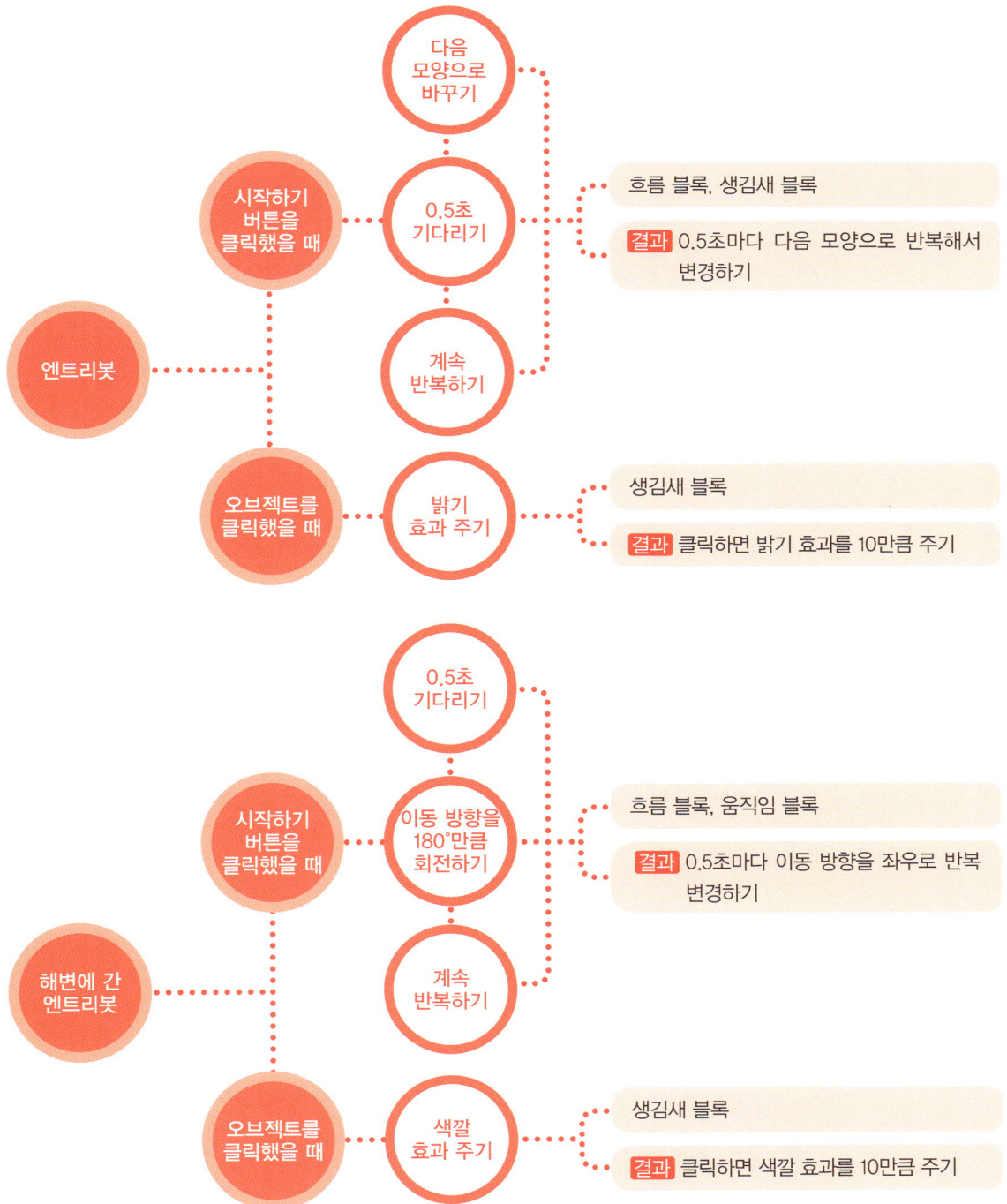

엔트리봇

시작하기
버튼을
클릭했을 때

다음
모양으로
바꾸기

0.5초
기다리기

흐름 블록, 생김새 블록

결과 0.5초마다 다음 모양으로 반복해서
변경하기

계속
반복하기

오브젝트를
클릭했을 때

밝기
효과 주기

생김새 블록

결과 클릭하면 밝기 효과를 10만큼 주기

해변에 간
엔트리봇

시작하기
버튼을
클릭했을 때

0.5초
기다리기

이동 방향을
180°만큼
회전하기

흐름 블록, 움직임 블록

결과 0.5초마다 이동 방향을 좌우로 반복
변경하기

계속
반복하기

오브젝트를
클릭했을 때

색깔
효과 주기

생김새 블록

결과 클릭하면 색깔 효과를 10만큼 주기

💡 블록 미리 보기

이동 방향과 여러 가지 효과 설정에 관해 연습합니다. 〈시작하기〉 버튼
을 클릭하여 계속 수행하는 형태와 오브젝트 클릭할 때 수행하는 일을
구분하여 블록을 구성합니다.

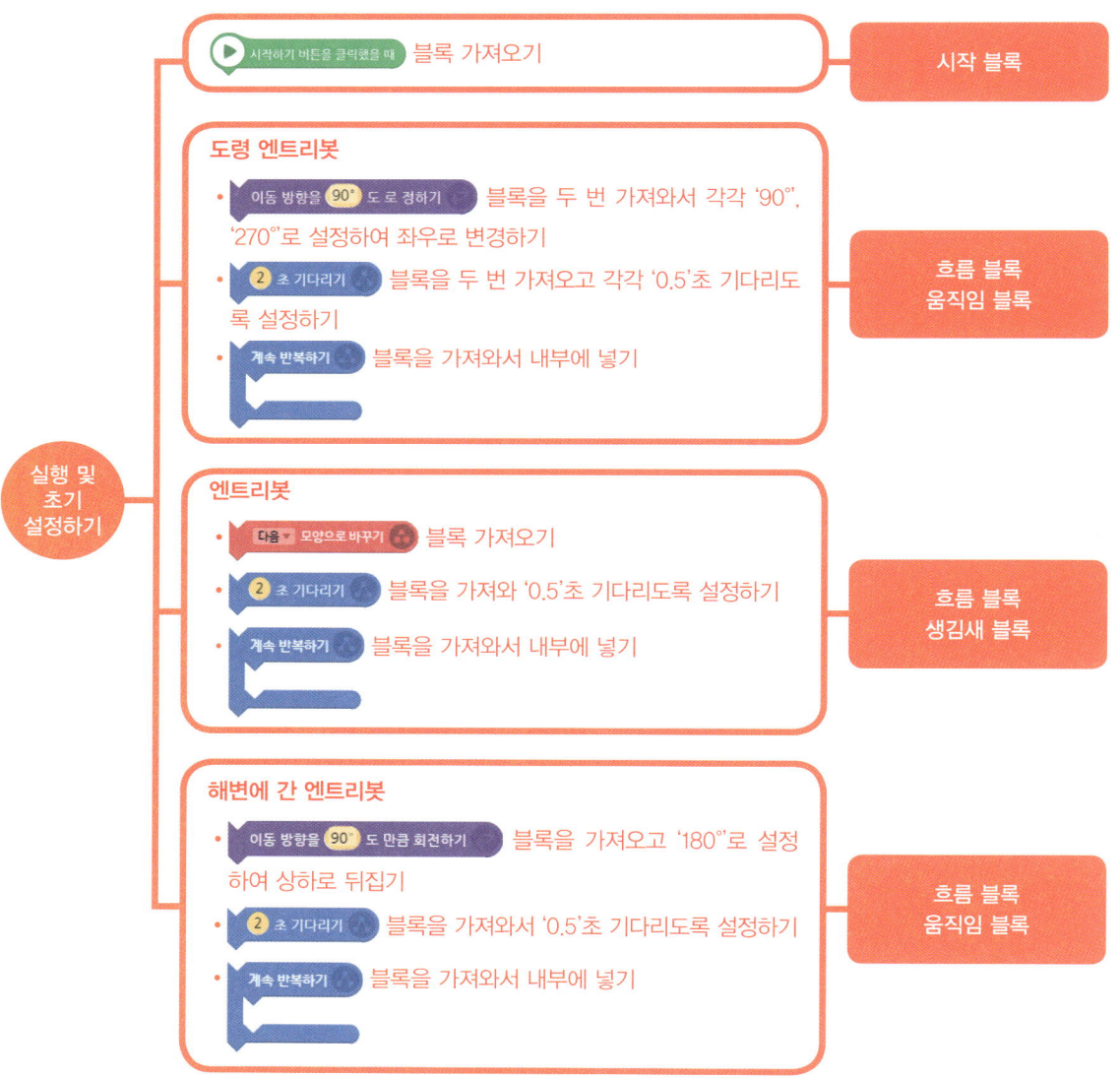

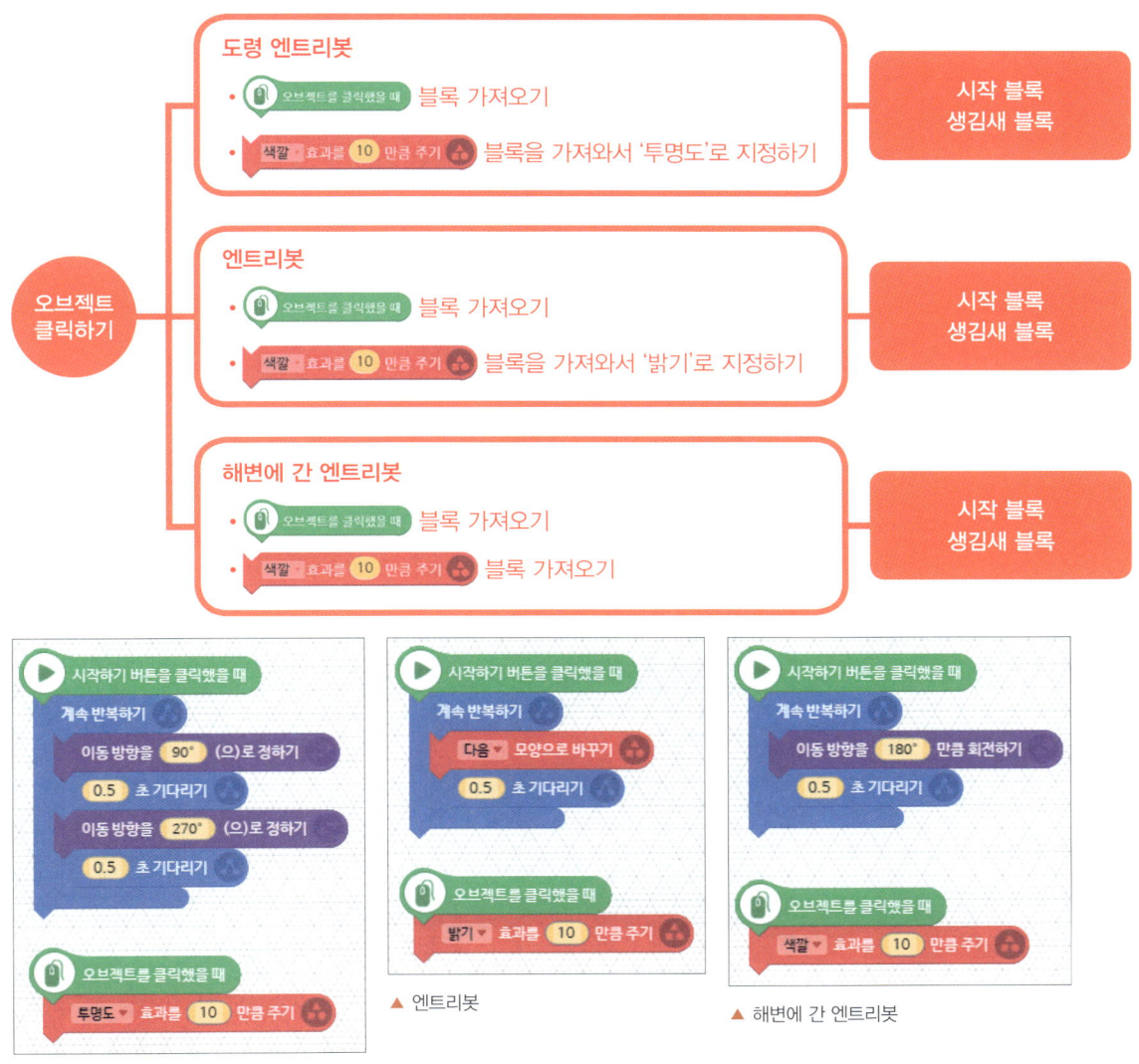

▲ 도령 엔트리봇

▲ 엔트리봇

▲ 해변에 간 엔트리봇

● 변수

이전 섹션 '피자 만들기'의 《혼자 해보기1, 2》에서 간략하게 설명했던 변수에 관해 다시 한 번 살펴봅니다.

블록 꾸러미의 [속성] 탭에서 변수를 추가하거나 설정할 수 있습니다. 변수란 어떤 값을 보관하는 그릇과도 같습니다. 그릇의 이름을 변수 명, 그릇에 담긴 내용물을 변수 값이라 하고, 변수 값의 범위를 설정할 수 있습니다. 블록 실행의 결과로 변수 값을 변경하거나 사용할 수 있어 적은 스크립트로도 다양한 실행 결과를 만들 수 있습니다.

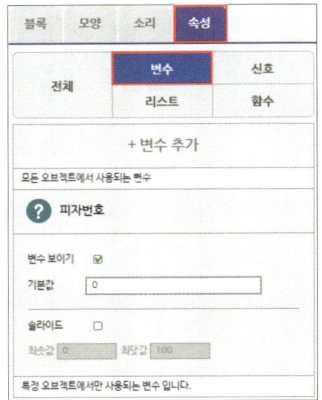

이전 섹션《혼자 해보기2》는 복제된 조각 피자의 순서를 보관하고 이를 활용하기 위해 [피자번호]라는 변수를 이용했습니다. 복제된 조각 피자 순서에 따라 색깔 효과의 정도와 회전하는 각도를 결정하기 위해서입니다.

STEP #2

01 새로 시작하기

❶ 엔트리 프로그램을 새롭게 시작하거나 [파일]-[새로 만들기] 메뉴를 실행합니다. 〈오브젝트 추가하기〉 버튼을 클릭하고 [엔트리봇 친구들]에서 '도령 엔트리봇', '해변에 간 엔트리봇'을 선택합니다.

❷ 왼쪽 메뉴에서 [배경]을 선택합니다.

❸ '잔디밭' 오브젝트를 선택합니다.

❹ 〈적용하기〉 버튼을 클릭합니다.

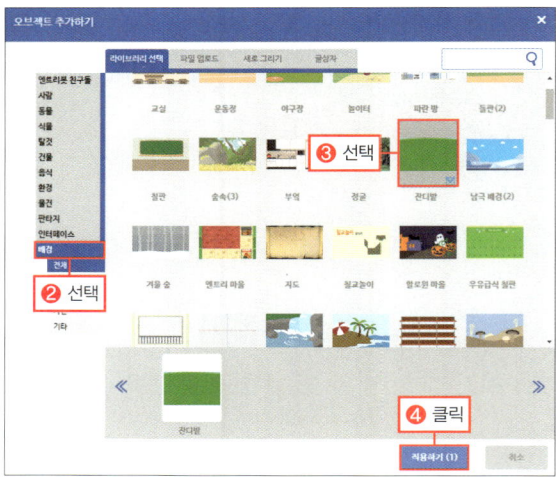

02 도령 엔트리봇 블록 구성하기

배경을 제외한 세 가지 오브젝트에 블록을 구성합니다.

먼저 도령 엔트리봇에서 〈시작하기〉 버튼을 클릭할 때 수행할 동작과 오브젝트를 클릭할 때 수행할 동작을 나눠 블록을 구성합니다.

03 엔트리봇 블록 구성하기

엔트리봇을 선택한 다음 모양을 바꾸고 밝기 효과를 주는 블록을 나눠 구성합니다.

04 해변에 간 엔트리봇 블록 구성하기

해변에 간 엔트리봇을 선택한 다음 회전하고 색깔 효과를 주는 블록을 나눠 구성합니다.

▶ 알아두기

'도령 엔트리봇'과 '해변에 간 엔트리봇' 오브젝트의 블록은 서로 다르지만 동작은 같습니다. 오브젝트를 클릭할 때 서로 다른 효과를 적용하여 프로그래밍을 연습해 봅니다.

05 캐릭터 회전 방식 지정하기

❶ 오브젝트 목록에서 '도령 엔트리봇'의 회전방식을 '왼쪽─오른쪽'으로 지정하여 오브젝트를 0.5초마다 좌우 반전합니다.
❷ '엔트리봇'은 회전방식을 기본 값인 '회전'으로 지정하여 0.5초마다 다음 모양으로 바꿉니다.
❸ '해변에 간 엔트리봇'은 회전방식을 '왼쪽─오른쪽'으로 지정하여 0.5초마다 좌우 반전합니다.

06 완성된 엔트리 작품 확인하기

〈시작하기〉 버튼을 클릭하면 엔트리봇이 계속 좌우 방향을 반전하거나 모양을 바꿉니다. 오브젝트를 클릭하면 투명도, 밝기, 색깔 효과가 적용됩니다.

부릉부릉
자동차 운전하기

키보드를 이용하여 자동차를 운전합니다. 클릭하여 실행하는 것 외에도 게임이나 2인 이상 참여하는 프로그램에 키보드의 특정키를 눌러 오브젝트를 제어하면 유용합니다.

STEP #2

💡 실행 미리 보기

꼬불꼬불한 시골길에서 키보드의 특정키를 눌러 파란 경찰차를 시작부터 끝까지 운전하는 간단한 게임입니다.

💡 블록 미리 보기

〈시작하기〉 버튼을 클릭하면 시작 화면을 위한 속성을 설정합니다. 파란 경찰차의 크기와 위치, 방향을 설정하고 이용 방법을 간단하게 알려줍니다. 키보드 방향키를 눌러 파란 경찰차를 회전하고 이동하여 꼬불꼬불한 시골길을 빠져나가도록 운전합니다.

실행 및
초기 설정

▶ 시작하기 버튼을 클릭했을 때 블록 가져오기

시작 블록

- 크기를 100 (으)로 정하기 블록을 가져오고 크기를 '30'으로 설정하기
- 엔트리봇 위치로 이동하기 블록을 가져오고 '깃발'로 지정하여 초기 위치 설정하기
- 맨 앞으로 보내기 블록을 가져와 레이어 상위로 보내기
- 방향을 90° 도로 정하기 블록을 가져와 방향을 반대인 '180°'로 설정하기
- 안녕! 을(를) 4 초 동안 말하기 블록을 가져와 엔트리 시작 메시지 입력하고 '2'초로 설정하기

생김새 블록
움직임 블록

왼쪽 화살표
키를
눌렀을 때

□ 키를 눌렀을 때 블록을 가져오고 '왼쪽 화살표'로 지정하여 해당 키 구성하기

시작 블록

- 방향을 90° 도 만큼 회전하기 블록을 가져오고 방향을 '345°'로 설정하여 왼쪽으로 15° 회전하기
- 자동차방향 를 파란 경찰차 의 방향 로 정하기 블록을 구성하여 오브젝트 방향 지정하기
- 이동 방향으로 10 만큼 움직이기 블록을 가져오고 '5'로 설정하기

움직임 블록
자료 블록

오른쪽
화살표
키를
눌렀을 때

□ 키를 눌렀을 때 블록을 가져오고 '오른쪽 화살표'로 지정하여 해당 키 구성하기

시작 블록

- 방향을 90° 도 만큼 회전하기 블록을 가져오고 방향을 '15"로 설정하여 오른쪽으로 15° 회전하기
- 자동차방향 를 파란 경찰차 의 방향 로 정하기 블록을 구성하여 오브젝트 방향 지정하기
- 이동 방향으로 10 만큼 움직이기 블록을 가져오고 '5'로 설정하기

움직임 블록
자료 블록

위쪽 화살표 키를 눌렀을 때

q 키를 눌렀을 때 블록을 가져오고 '위쪽 화살표'로 지정하여 해당 키 구성하기

시작 블록

이동 방향으로 10 만큼 움직이기 블록 가져오기

움직임 블록

아래쪽 화살표 키를 눌렀을 때

q 키를 눌렀을 때 블록을 가져오고 '아래쪽 화살표'로 지정하여 해당 키 구성하기

시작 블록

이동 방향으로 10 만큼 움직이기 블록을 가져오고 '−10'으로 설정하기

움직임 블록

● 레이어(Layer)

레이어란 오브젝트가 화면에서 겹치는 것을 말합니다. 슈팅 게임처럼 오브젝트끼리 서로 충돌하는 게임도 있지만, 대부분 오브젝트를 겹쳐 움직입니다. 이때 레이어가 필요하며, 여러 개의 레이어는 투명한 배경의 서로 다른 층에 있는 결과물을 위에서 바라보는 것과 같습니다.

위에서 아래를 볼 때 어떤 오브젝트가 위에 있어야 하는지 결정해야 하는데, 오브젝트 목록의 순서가 바로 그것입니다. 여기서 하나의 목록을 레이어라 하며, 위 레이어는 아래 레이어(또는 오브젝트)와 겹쳤을 때 아래 레이어를 가립니다.

다음과 같이 깃발이 위 레이어와 겹치면 아래 경찰차를 가립니다. 이 순서를 바꾸려면 레이어를 드래그하여 위치를 이동합니다. 블록 꾸러미의 생김새 블록 중에서 맨 앞으로 보내기 블록을 추가해도 결과는 같습니다. 프로그래밍에서는 제트 값(Z − Index)이라는 이름으로 사용합니다.

01 새로 시작하기

❶ 엔트리 프로그램을 새롭게 시작하거나 [파일]–
[새로 만들기] 메뉴를 실행합니다. 기본 오브젝
트인 '엔트리봇'을 삭제하고 〈오브젝트 추가하
기〉 버튼을 클릭합니다. 오브젝트 추가하기 창
오른쪽 위에서 '파란 경찰차', '깃발'을 검색합
니다.

❷ 검색된 '파란 경찰차', '깃발'을 각각 선택합니
다. [배경]에서 '카 레이스 배경' 오브젝트를 선
택합니다.

❸ 〈적용하기〉 버튼을 클릭합니다.

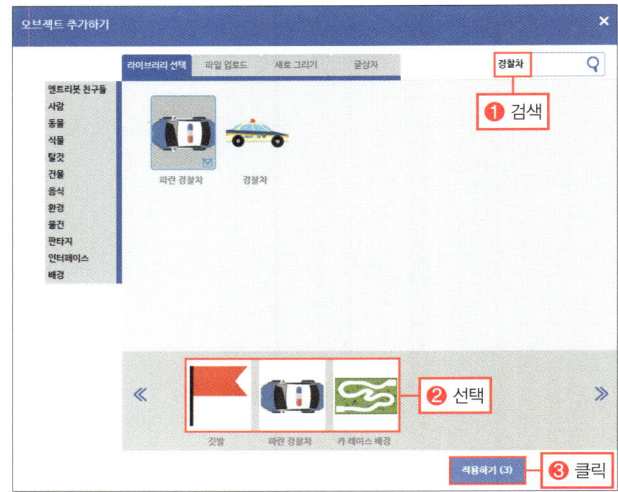

▶ **알아두기**
  오브젝트의 이름을 알고 있다면 간편하게 검색을 통해 해당 오브젝트를 선택하여 불러올 수 있습니다.

02 시작 화면 설정하기

파란 경찰차의 시작 위치를 정하기 위해 깃
발 위치를 지정합니다.

❶ 깃발 중에서 노란색 깃발을 사용하기 위해 [모
양] 탭을 선택합니다.

❷ '깃발_노란'을 선택합니다.

❸ 깃발을 배경 왼쪽 아래 시작점에 배치한 다음
크기를 약간 작게 축소합니다.

03 레이어 순서 조정하기

경찰차를 깃발 위에 나타내기 위해 오브젝트 목록에서 순서를 맨
위로 이동합니다.

04 시작 환경 설정하기

❶ 파란 경찰차를 키보드 방향키로 조정하기 위한
  시작 환경을 설정합니다. 배경의 꾸불꾸불한 길
  보다 경찰차가 작아야 하므로 오브젝트의 크기를
  '30'으로 설정합니다.
❷ 시작할 때 경찰차와 깃발의 위치를 같게 지정합
  니다.
❸ 경찰차가 오른쪽으로 나아가도록 방향을 '180°'
  로 설정하여 반전시킨 다음 시작한다는 내용을 알려줍니다.

05 키보드 이벤트 만들기

키보드 방향키를 눌러 파란 경찰차의 이동 방향과 회전 각도를 변경할
수 있도록 각각의 블록을 구성합니다.

키보드 방향키를 누를 때 환경을 만들기 위해서는 시작 블록의 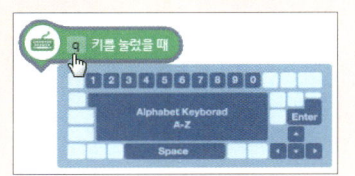 를
블록 조립소로 가져온 다음 키 부분을 클릭하면 키보드 이미지가 나타납니다.
여기에 진한 색으로 표시된 부분이 직접 누를 수 있는 키로 숫자와 알파벳, 스
페이스 바, 엔터 그리고 방향키를 지정할 수 있습니다. 키보드에서 실제 사용할
수 있는 키를 선택하면 해당 키를 눌렀을 때 환경을 설정할 수 있습니다.

06 [자동차방향] 변수 만들기

❶ 파란 경찰차의 방향을 지정하기 위해 먼저 [속성] 탭을 선택합니다.
❷ [변수]를 선택합니다.
❸ 〈변수 추가〉 버튼을 클릭합니다.
❹ 변수 이름에 '자동차방향'을 입력하고 〈확인〉 버튼을 클릭합니다.

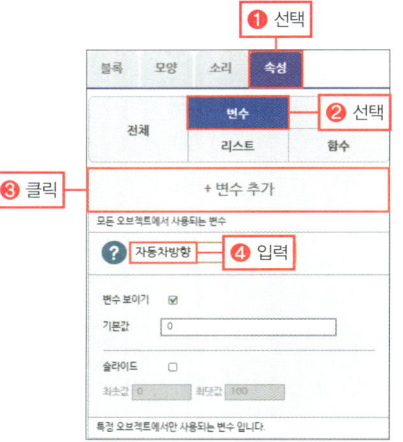

07 자동차 방향 지정하기

왼쪽 또는 오른쪽 화살표 키를 눌렀을 때 경찰차의 방향 값을 [자동차
방향] 변수에 입력합니다. 기본적으로 '변수 보이기'를 지정했으므로
왼쪽, 오른쪽 화살표 키를 누를 때마다 화면에서 [자동차방향] 값을
확인할 수 있습니다. 자료 블록과 계산 블록에서 다음과 같은 블록을
가져와 조립합니다.

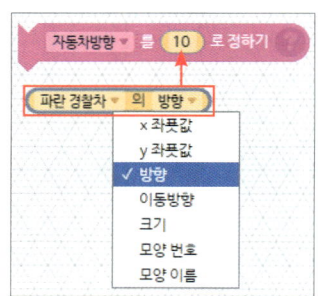

08 완성된 엔트리 작품 확인하기

〈시작하기〉 버튼을 클릭하면 파란 경찰차가
노란 깃발 위치로 이동하는 등 시작 화면이 설
정되고 게임 시작을 알리는 내용이 전달되면
키보드 방향키를 이용해 자동차를 조종할 수
있습니다.

혼자 해보기

'05.좌표이동.ent' 파일을 열고 키보드 방향키를 이용하여 '백원동전'
오브젝트를 움직입니다. 또한 변수를 추가하여 현재 X, Y 좌표를 표
시합니다. 이때 실행 화면의 영역은 좌표의 중심으로부터 가로(X축)는
−240~240, 세로(Y축)는 −135~135입니다.

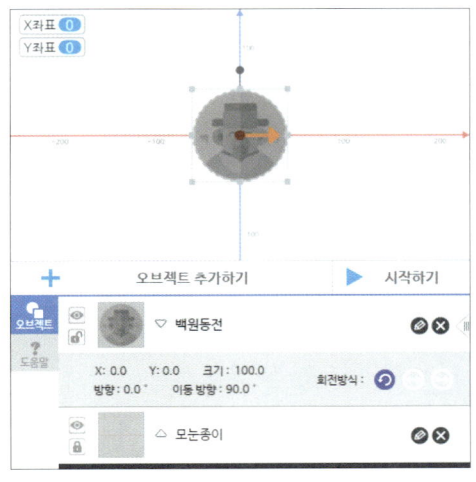

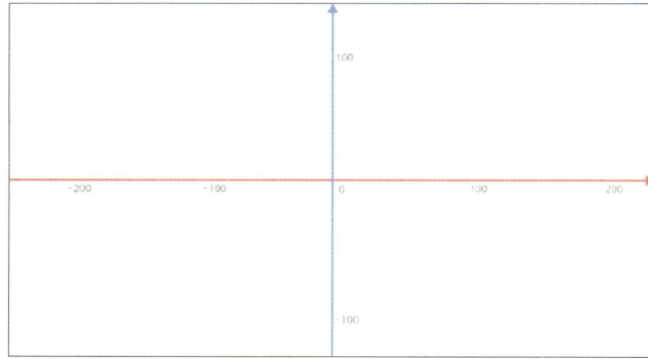

● 좌표

실행 화면의 중심점(0,0)은 무대 가운데입니다. 가로 방향을 X축, 세로 방향을 Y축이라 하며, 중심점(또는 원점)에서 가로 방향 왼쪽은 X축 음의 영역으로 −240(픽셀)까지 나타내며, 오른쪽은 X축 양의 영역으로 240(픽셀)까지 나타낼 수 있습니다. 또한 세로 방향 위쪽은 Y축 양의 영역 135(픽셀)까지 표현하며, 아래쪽은 Y축 음의 영역 −135(픽셀)까지 표현할 수 있습니다. 따라서 실행 화면의 영역은 가로 480픽셀, 세로 270픽셀의 평면입니다.

마우스 포인터 따라 다니기

오브젝트의 움직임을 자유롭게 나타내려면 화면의 중심(기준점)과 너비, 높이를 알아야 합니다. 이것을 좌표라고 하는데요, 좌표를 알아야 오브젝트의 위치를 알 수 있으며, 자유롭게 이동할 수 있습니다. 좌표에 대해서는 이전 페이지에서 소개하므로 참고하세요.

STEP #1

💡 실행 미리 보기

마우스 포인터를 이리저리 따라 다니는 꽃게를 만들고, 복제한 꽃게1 오브젝트는 꽃게를 따라 움직입니다. 이때 오브젝트가 마우스 포인터를 따라 다니는 속도를 조금씩 다르게 해야 자연스럽습니다.

꽃게 ···· 시작하기 버튼을 클릭했을 때 ···· 시작 환경 설정하기 ···· 생김새 블록

결과 크기를 50으로 정하기

마우스 포인터를 계속 따라다니기 ···· 흐름 블록, 움직임 블록

결과 마우스 포인터를 바라보면서 4만큼 이동하기

꽃게1 ···· 시작하기 버튼을 클릭했을 때 ···· 시작 환경 설정하기 ···· 생김새 블록

결과 크기를 40으로 정하고 색깔 효과를 50으로 정하기

꽃게를 계속 따라다니기 ···· 흐름 블록, 움직임 블록

결과 꽃게를 바라보면서 2만큼 이동하기

💡 블록 미리 보기

실행 및 초기 설정하기

▶ 시작하기 버튼을 클릭했을 때 블록 가져오기 — 시작 블록

꽃게
크기를 100 (으)로 정하기 블록을 가져오고 크기를 '50'으로 설정하기 — 생김새 블록

꽃게1

- 크기를 100 (으)로 정하기 ⚙ 블록을 가져오고 크기를 '40'으로 설정하기
- 색깔 효과를 100 로 정하기 ⚙ 블록을 가져오고 효과를 '50'으로 설정하여 '꽃게' 오브젝트와 구별하기

생김새 블록

꽃게

- 꽃게 ▼ 쪽 바라보기 블록을 가져오고 '마우스포인터' 쪽으로 지정하기
- 이동 방향으로 10 만큼 움직이기 블록을 가져오고 이동 방향을 '4'로 설정하기
- 계속 반복하기 ⚙ 블록을 가져오고 내부에 추가하기

흐름 블록
움직임 블록

꽃게1

- 꽃게 ▼ 쪽 바라보기 블록 가져오기
- 이동 방향으로 10 만큼 움직이기 블록을 가져오고 이동 방향을 '2'로 설정하기
- 계속 반복하기 ⚙ 블록을 가져오고 내부에 추가하기

흐름 블록
움직임 블록

계속
움직이기

```
▶ 시작하기 버튼을 클릭했을 때
크기를 50 (으)로 정하기 ⚙
계속 반복하기 ⚙
    마우스포인터 ▼ 쪽 바라보기
    이동 방향으로 4 만큼 움직이기
```

▲ 꽃게

```
▶ 시작하기 버튼을 클릭했을 때
크기를 40 (으)로 정하기 ⚙
색깔 효과를 50 (으)로 정하기 ⚙
계속 반복하기 ⚙
    꽃게 ▼ 쪽 바라보기
    이동 방향으로 2 만큼 움직이기
```

▲ 꽃게1

147

01 새로 시작하기

❶ 엔트리 프로그램을 새롭게 시작하거나 [파일]-[새로 만들기] 메뉴를 실행합니다. 기본 오브젝트인 '엔트리봇'을 삭제한 다음 〈오브젝트 추가하기〉 버튼을 클릭하고 '꽃게'를 선택합니다.
❷ 왼쪽 메뉴에서 [배경]을 선택합니다.
❸ '바닷속(3)' 오브젝트를 선택합니다.
❹ 〈적용하기〉 버튼을 클릭합니다.

02 꽃게 오브젝트 복제하기

❶ 꽃게를 복제해 따라다니도록 만들기 위해 먼저 오브젝트 목록에서 '꽃게' 오브젝트를 선택합니다.
❷ 마우스 오른쪽 버튼을 클릭합니다.
❸ [복제] 메뉴를 실행합니다.

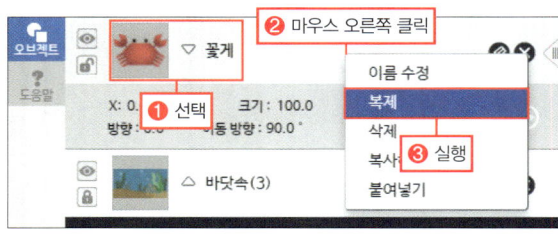

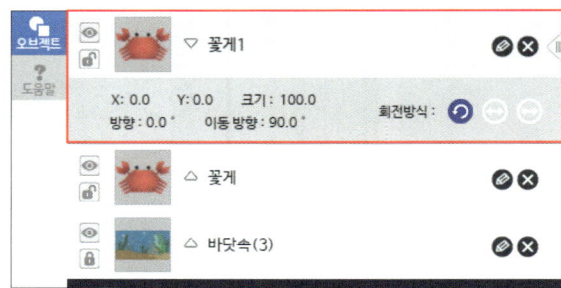

03 꽃게 블록 구성하기

〈시작하기〉 버튼을 클릭하면 꽃게의 크기를 약간 축소하고, 마우스 포인터를 바라보면서 따라다니도록 블록을 구성합니다.

오브젝트가 바라보는 방향이 이동 방향이며, 마우스 포인터를 따라 계속 따라다닙니다.

04 꽃게1 블록 구성하기

복제된 오브젝트인 '꽃게1'은 '꽃게'를 따라다니도록 블록을 구성합니다. 이때 원본 오브젝트와 구별되도록 크기, 색깔 효과를 적용한 다음 꽃게를 바라보며 따라다니도록 합니다. 이때 꽃게보다 이동 속도를 낮추면 자연스럽습니다.

05 완성된 엔트리 작품 확인하기

〈시작하기〉 버튼을 클릭하고 실행 화면에서 마우스 포인터를 이리저리 움직이면 꽃게가 마우스 포인터를 따라다니고 꽃게1은 꽃게를 따라다닙니다. 마치 새끼오리가 어미 오리를 따라다니는 듯한 이야기를 만들었습니다.

● 계속 반복하기와 참이 될 때까지 반복하기의 차이점

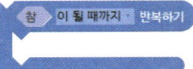 블록은 내부 블록을 반복적으로 수행하고
블록은 조건이 이뤄지기 전까지만 반복합니다. 다음의 블록에서는 마우
스 포인터에 닿으면 더는 반복되지 않습니다.

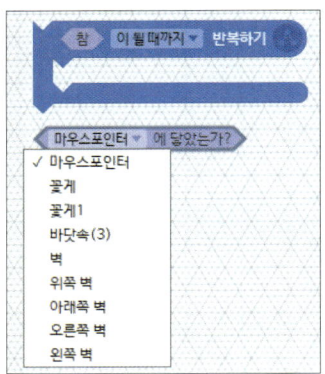
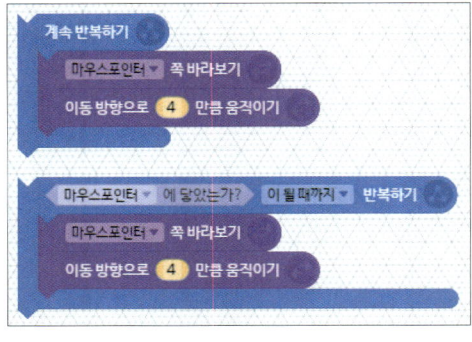

🕐 혼자 해보기

'06.마우스 포인터 따라 다니기2.ent' 파일에서 마우스 포인터가 아닌 자동으로 이리저리 움직이는 오브젝트를 만들고 꽃게가 이 오브젝트를 따라다니도록 만듭니다.

먼저 '짧은 해파리' 오브젝트를 실행 화면으로 가져옵니다.

〈시작하기〉 버튼을 클릭하면 임의의 방향으로 계속해서 이동하며 화면 끝에 닿으면 반대 방향으로 이동합니다. 또한 이동 방향에 약간의 회전 값을 더해 예측하지 못한 방향으로 움직입니다.

'짧은 해파리' 오브젝트는 마우스 포인터를 대신하므로 '꽃게', '꽃게1'의 블록 구성과 같습니다.

● 무작위 수(난수)

정해진 구간에서 숫자를 선택합니다. ⬭ 0 부터 10 사이의 무작위 수 블록은 1~10 중에서 하나를 선택합니다. 어떤 수가 선택될지 알 수 없기 때문에 난수라고도 합니다.

경복궁 나들이
애니메이션 만들기

동현이(주인공)는 경복궁에 체험 학습을 왔습니다. 육각형 모양의 향원정과 그 옆의 건청궁을 살펴보면서 역사를 배울 수 있는 교육 애니메이션을 만듭니다.

STEP #1

💡 실행 미리 보기

〈시작하기〉 버튼을 클릭하면 오브젝트(동현이, 배경) 위치를 시작 위치로 이동합니다. 키보드의 왼쪽 화살표 키, 오른쪽 화살표 키를 눌러 동현이를 움직이면 위치에 따라 경복궁의 배경과 달의 모습이 바뀝니다.

▶ **알아두기**
- 향원정 : 경복궁에 있는 조선 후기의 정자로 보물 제1761호입니다.
- 건청궁 : 경복궁에 있는 궁궐이며, 명성황후가 일본의 낭인들에게 시해당한 곳으로 2007년 복원되었습니다.

동현이
'걷고 있는
사람(2)'

시작하기
버튼을
클릭했을 때 → 초기화하기
- 이동 방향 초기화하기
- 위치 초기화하기

오른쪽
화살표 키를
눌렀을 때 → 오른쪽으로
이동하기
- 오른쪽으로 10만큼 이동하기
- 모양 바꾸기
- 벽에 닿으면 시작 위치로 이동하기
- 벽에 닿으면 [오른쪽끝] 신호 보내기

왼쪽
화살표 키를
눌렀을 때 → 왼쪽으로
이동하기
- 왼쪽으로 10만큼 이동하기
- 모양 바꾸기
- 벽에 닿으면 시작 위치로 이동하기
- 벽에 닿으면 [왼쪽끝] 신호 보내기

배경
'건청궁과
향원정'

시작하기
버튼을
클릭했을 때 → 배경
초기화하기 → 건천궁과 향원정 시작 화면으로 바꾸기

[오른쪽끝]
신호를
받았을 때 → 모양 바꾸기 → 다음 모양으로 바꾸기

[왼쪽끝]
신호를
받았을 때 → 모양 바꾸기 → 이전 모양으로 바꾸기

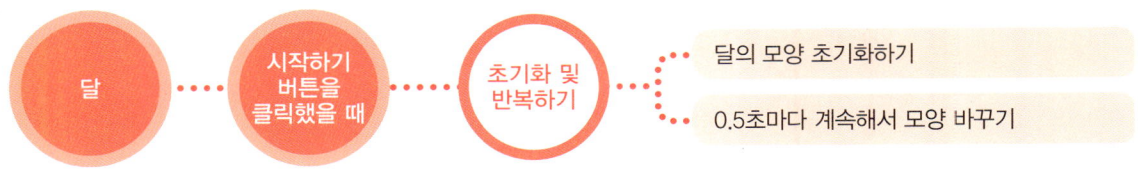

달 ····· 시작하기 버튼을 클릭했을 때 ····· 초기화 및 반복하기

- 달의 모양 초기화하기
- 0.5초마다 계속해서 모양 바꾸기

블록 미리 보기

실행 및 초기 설정

시작 블록

- [시작하기 버튼을 클릭했을 때] 블록 가져오기

움직임 블록

동현이 '걷고있는 사람(2)'

- [이동 방향을 (90°) 도로 정하기] 블록을 가져오기
- [x: (0) y: (0) 위치로 이동하기] 블록을 가져오고 'x: –200, y:–40'로 설정하여 초기 위치 지정하기

생김새 블록 / 흐름 블록

배경 '달'

- [다음 ▾ 모양으로 바꾸기] 블록을 가져오고 '달_1' 모양으로 지정하여 초기 모양 설정하기
- [(2) 초 기다리기] 블록을 가져오고 '0.5'초로 설정하기
- [다음 ▾ 모양으로 바꾸기] 블록을 가져오기
- [계속 반복하기] 블록을 추가하여 다음 모양으로 계속 변경하기

생김새 블록

배경 '건청궁과 향원정'

- [다음 ▾ 모양으로 바꾸기] 블록을 가져오고 '건천궁과–향원정_낮' 모양으로 지정하여 시작 화면 설정하기

오른쪽 화살표 키를 눌렀을 때

- [q 키를 눌렀을 때] 블록을 가져오고 '오른쪽 화살표'로 지정하기
- [이동 방향을 90° 도로 정하기] 블록 가져오기
- [이동 방향으로 10 만큼 움직이기] 블록 가져오기
- [다음 모양으로 바꾸기] 블록을 가져와서 모양 바꾸기

시작 블록
움직임 블록
생김새 블록

- [만일 참 이라면] 블록을 가져오고 [마우스포인터 에 닿았는가?] 블록을 추가한 다음 '벽'으로 지정해서 오른쪽 벽에 닿았는지 확인하기
- [x: 0 y: 0 위치로 이동하기] 블록을 가져오고 'x:−200, y:−40'으로 설정하기
- [이동 방향으로 10 만큼 움직이기] 블록을 가져오고 '5'로 설정하기
- [대상없음 신호 보내기] 블록을 가져오고 '오른쪽끝'으로 지정하기
- [동현이위치 를 걸고있는사람(2) 의 x좌푯값 로 정하기] 블록 구성하기

흐름 블록
판단 블록
움직임 블록
시작 블록
자료 블록

- [q 키를 눌렀을 때] 블록을 가져오고 '왼쪽 화살표'로 지정하기
- [이동 방향을 90° 도로 정하기] 블록을 가져오고 '270"'로 설정하기
- [이동 방향으로 10 만큼 움직이기] 블록을 가져오기
- [다음 모양으로 바꾸기] 블록을 가져와서 모양 바꾸기

시작 블록
움직임 블록
생김새 블록

왼쪽 화살표 키를 눌렀을 때

만일 참 이라면 블록을 가져오고 마우스포인터 ▼ 에 닿았는가? 블록을 추가한 다음 '벽'으로 지정해서 왼쪽 벽에 닿았는지 확인하기

x: 0 y: 0 위치로 이동하기 블록을 가져오고 'x:200, y:-40'으로 설정하기

이동 방향으로 10 만큼 움직이기 블록을 가져오고 '5'로 설정하기

대상없음 ▼ 신호 보내기 블록을 가져오고 '왼쪽끝'으로 지정하기

동현이위치 ▼ 를 걷고있는 사람(2) ▼ 의 x좌푯값 ▼ 로 정하기 블록 구성하기

흐름 블록
판단 블록
움직임 블록
시작 블록
자료 블록

[오른쪽끝]
신호를
받았을 때

대상없음 ▼ 신호를 받았을 때 블록을 가져오고 '오른쪽끝'으로 지정하기

다음 ▼ 모양으로 바꾸기 블록을 가져오기

시작 블록
생김새 블록

[왼쪽끝]
신호를
받았을 때

대상없음 ▼ 신호를 받았을 때 블록을 가져오고 '왼쪽끝'으로 지정하기

다음 ▼ 모양으로 바꾸기 블록을 가져오고 '이전'으로 지정하기

시작 블록
생김새 블록

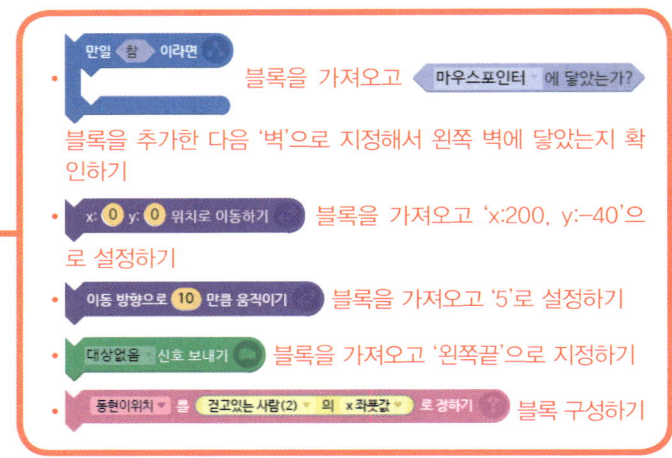

▶ 동현이 : 초기화 설정과 키보드 방향키를 눌렀을 때

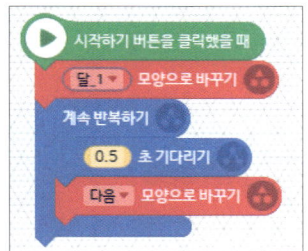

▲ 배경(건청궁과 향원정) : 초기화 설정과 동현이 위치에 따라 보여주는 배경   ▲ 배경(달) : 초기화 설정과 시간에 따라 바뀌는 달의 모양

🔆 블록 알아두기

? 자료 블록	설명
안녕! 을(를) 묻고 대답 기다리기 ?	해당 오브젝트가 입력한 문자를 말풍선으로 묻고, 대답을 입력받습니다. 이 블록을 블록 조립소로 가져오면 실행 화면에 '대답 창'이 만들어집니다.
대답	묻고 대답 기다리기에 의해 입력받은 값입니다.
대답 보이기 ? 대답 숨기기 ?	실행 화면에 있는 '대답 창'을 보이거나 숨길 수 있습니다.
변수 값	선택된 변수에 저장된 값입니다.
변수 에 10 만큼 더하기	선택한 변수에 입력한 값을 더합니다.
변수 를 10 로 정하기	선택한 변수 값을 입력한 값으로 정합니다.
변수 변수 보이기 ?	선택한 변수 창을 실행 화면에 나타냅니다.
변수 변수 숨기기 ?	선택한 변수 창을 실행 화면에서 숨깁니다.
리스트 의 1 번째 항목	선택한 리스트에서 입력한 순서의 항목 값을 의미합니다.
10 항목을 리스트 에 추가하기	입력한 값이 선택한 리스트의 마지막 항목으로 추가됩니다.
1 번째 항목을 리스트 에서 삭제하기	선택한 리스트의 입력한 순서 항목을 삭제합니다.

❓ 자료 블록	설명
10 을(를) 리스트 의 1 번째에 넣기	선택한 리스트의 입력한 순서 위치에 입력한 항목을 넣습니다. 입력한 항목 뒤 항목들은 순서가 하나씩 밀려납니다.
리스트 1 번째 항목을 10 (으)로 바꾸기	선택한 리스트에서 입력한 순서의 항목 값을 입력한 값으로 바꿉니다.
리스트 항목 수	선택한 리스트가 보유한 항목 개수입니다.
리스트 에 10 이 포함되어 있는가?	선택한 리스트에 입력 값을 가진 항목이 포함되어 있는지 확인합니다.
리스트 리스트 보이기	선택한 리스트를 무대에 나타냅니다.
리스트 리스트 숨기기	선택한 리스트를 무대에서 숨깁니다.

STEP #2

01 새로 시작하기

[파일]-[새로 만들기]($Ctrl$+N) 메뉴를 실행하여 새로운 화면에서 엔트리를 시작합니다.

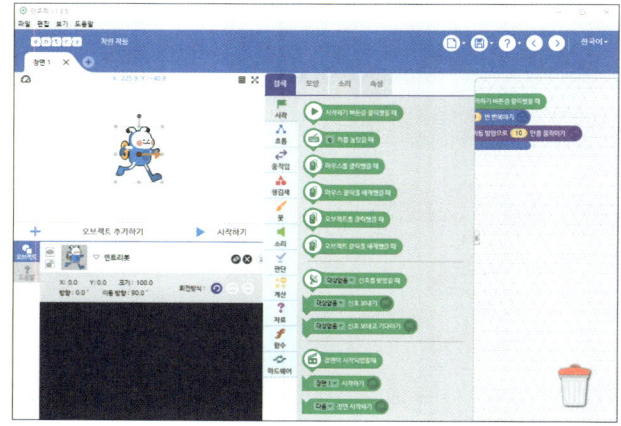

02 배경 만들기

〈오브젝트 추가하기〉 버튼을 클릭하여 오브젝트 추가하기 창에서 배경을 불러옵니다.

❶ 왼쪽 메뉴에서 [배경]을 선택합니다.
❷ '건청궁과 향원정' 배경을 선택합니다.
❸ 〈적용하기〉 버튼을 클릭하여 가져옵니다.

03 배경 확인하기

블록 꾸러미에서 [모양] 탭을 선택하면 배경 오브젝트인 '건청궁과 향원정'이 세 가지 장면으로 구성된 것을 확인할 수 있습니다.

04 주인공 불러오기

새로운 주인공을 만들기 위해 '엔트리봇'을 삭제하고 다시 한 번 〈오브젝트 추가하기〉 버튼을 클릭한 다음 주인공을 선택합니다.

❶ 왼쪽 메뉴에서 [사람]을 선택합니다.

❷ '걷고있는 사람(2)'을 선택합니다.

❸ 〈적용하기〉 버튼을 클릭합니다.

　예제서는 주인공을 '동현이'라고 하겠습니다.

▲ '걷고있는 사람(2)' 오브젝트의 네 가지 모양

05 달 추가하기

❶ 〈오브젝트 추가하기〉 버튼을 클릭하고 오브젝트 추가하기 창의 왼쪽 메뉴에서 [환경]을 선택합니다.

❷ '달'을 선택합니다.

❸ 〈적용하기〉 버튼을 클릭하여 또 다른 배경을 가져옵니다.

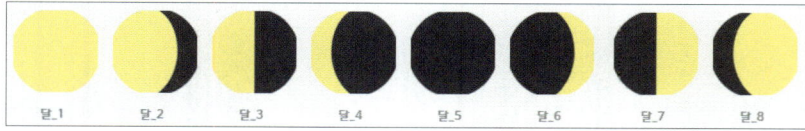

'달' 오브젝트의 여덟 가지 모양 ▶

06 오브젝트 배치하기

실행 화면에서 주인공(동현이)과 달을 드래
그하여 적당한 위치에 배치합니다.

배경과 주인공 그리고 달이 모두 준비되었
습니다. 이제 본격적으로 블록을 이용하여
이야기를 만들어 봅니다.

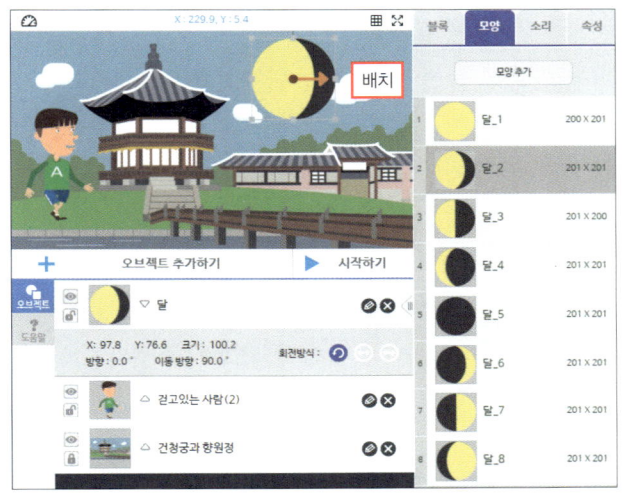

07 동현이 시작 블록 구성하기

'동현이' 오브젝트를 선택합니다.

블록 꾸러미의 시작 블록에서 ▶ 시작하기 버튼을 클릭했을 때 를 블록 조립소로 드래
그하여 가져오고 ⌨ d 키를 눌렀을 때 블록을 두 번 드래그해서 가져옵니다.

키는 각각 '오른쪽 화살표'와 '왼쪽 화살표'로 지정하면 해당 방향키를
눌렀을 때의 시작 블록으로 구성됩니다.

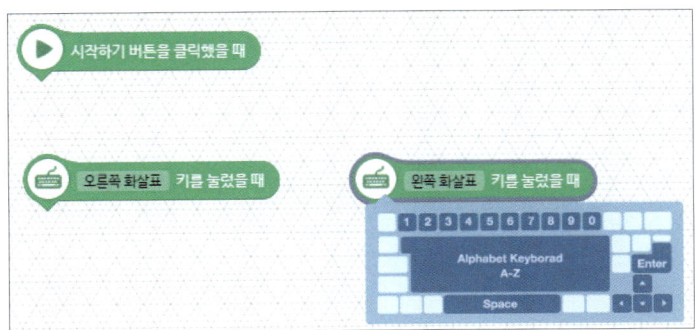

08 시작 조건 설정하기

〈시작하기〉 버튼을 클릭하면 나타날 시작 화면을 설정합니다.

이동 방향을 오른쪽(90°), 동현이 위치(x: −200, y: −40)를 설정합니다. 이때 동현이 위치는 배경과 동현이의 중심점을 고려하여 지정합니다.

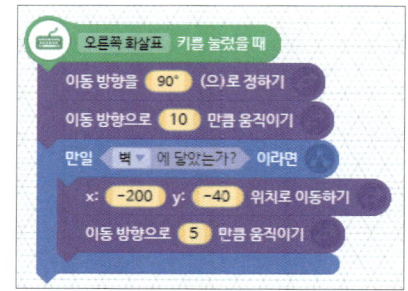

09 오른쪽 화살표 키를 눌렀을 때 블록 구성하기

오른쪽 화살표 키를 눌렀을 때 동현이가 오른쪽으로 이동하도록 움직임 블록에서 방향과 움직이는 정도를 정하는 블록을 가져옵니다. 이동 중 벽에 닿았을 때 다음 배경의 시작 위치로 이동하도록 흐름 블록의 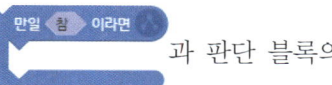 과 판단 블록의

마우스포인터 에 닿았는가? 를 조립하여 다음과 같이 구성합니다.

10 신호 만들기

동현이가 벽에 닿으면 다른 배경으로 바꾸기 위해 신호를 만듭니다.

❶ 블록 꾸러미의 [속성] 탭을 선택합니다.

❷ [신호]를 선택합니다.

❸ 〈신호 추가〉 버튼을 클릭합니다.

❹ 왼쪽 벽에 닿았을 때의 신호로 '왼쪽끝'을 입력합니다.

❺ 같은 방법으로 오른쪽 벽에 닿았을 때의 신호로 [오른쪽끝] 속성을 추가합니다.

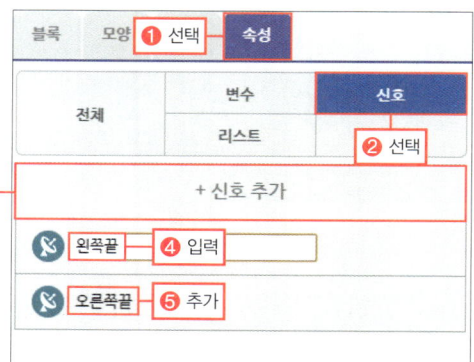

11 동현이 이동 블록 추가하기

동현이가 10픽셀만큼 움직일 때마다 다음 모양으로 바꿔 걷는
모습을 나타내도록 생김새 블록에서 모양 바꾸기 블록을 추가
합니다. 또한 벽에 닿았을 때 배경을 바꾸기 위해 시작 블록에
서 신호 보내기 블록을 가져옵니다.

12 코드를 복제해서 왼쪽 화살표 키를 눌렀을 때 블록 구성하기

❶ 각각의 방향키 블록은 비슷하기 때문에 복제해서 이용하면 편리합니다. 블록을
   복제하기 위해 먼저 오른쪽 화살표 키를 눌렀을 때 구성한 블록의 맨 위 블록에
   서 마우스 오른쪽 버튼을 클릭합니다.

❷ [코드 복사 & 붙여넣기] 메뉴를 실행합니다.

❸ 다음과 같이 왼쪽 화살표 키에 알맞게 블록을 구성하고 이동 방향을 '270°'로 설
   정한 다음 신호를 [왼쪽끝]으로 변경합니다.

13 회전 방식 지정하기

동현이가 회전하는 모습이 어색하므로 회
전방식을 '왼쪽 – 오른쪽'으로 지정합니다.

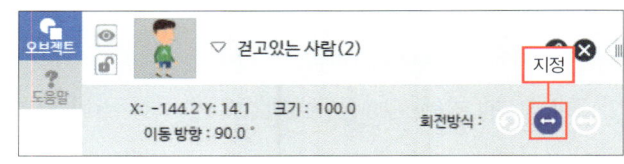

14 완성된 동현이 코드 확인하기

동현이에 관한 완성된 블록입니다.

〈시작하기〉 버튼을 클릭하여 동현이가 움
직이는 방향과 위치를 지정하고, 왼쪽/오른
쪽 화살표 키를 눌러 이동한 다음 벽에 닿
으면 시작 위치로 이동하고 배경을 바꾸기
위해 신호를 보냅니다.

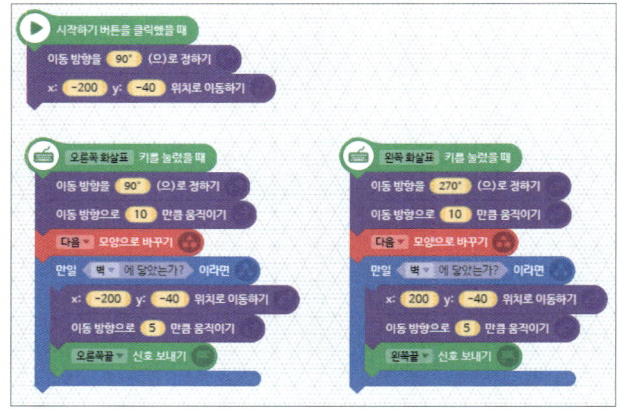

15 배경 블록 구성하기

배경을 바꾸려면 배경 오브젝트에서 블록을 조
립하여 구성합니다.

배경(건청궁과 향원정) 오브젝트를 선택한 다
음 〈시작하기〉 버튼을 클릭했을 때 나타낼 시
작 화면을 지정합니다. [오른쪽끝]과 [왼쪽끝]
신호를 받았을 때 배경을 지정하기 위해 다음과
같이 블록을 구성합니다.

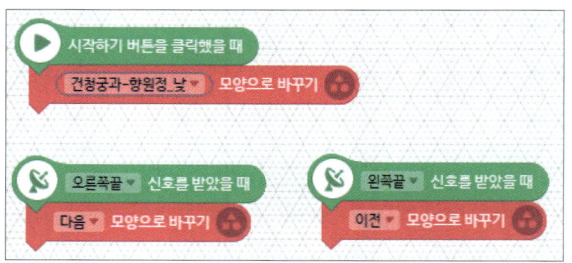

16 달 블록 구성하기

달 오브젝트를 선택하고 〈시작하기〉 버튼을 클릭했을 때 나타낼 처음 달의 모양을 설정합니다. 0.5초 간격으로 계속 다음 모양으로 바꾸기 위해 다음과 같이 블록을 구성합니다.

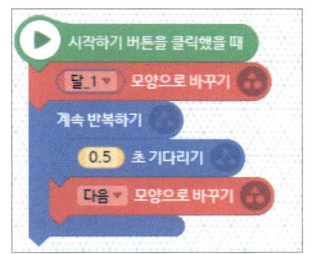

17 테스트 및 완성하기

〈시작하기〉 버튼을 클릭한 다음 키보드의 왼쪽/오른쪽 화살표 키를 눌러 동현이가 좌우로 움직이는지 확인합니다. 또한 벽에 닿으면 배경이 달라지는지, 시간에 따라 달 모양이 변화하는지도 확인합니다.

[파일]-[저장하기] 메뉴를 실행하여 '경복궁나들이'를 입력한 다음 저장합니다. 저장 파일 이름은 '경복궁나들이.ent'입니다.

🌑 혼자 해보기

달 모양을 시간이 아닌 동현이 위치에 따라 바꾸는 방법을 생각합니다.

동현이가 좌우로 움직이는 범위는 -200~200로 '400'입니다. 달 오브젝트는 8개의 모양을 가지므로 50픽셀 이동할 때마다 모양을 바꾸면 하나의 배경에서 초승달부터 그믐달 모양까지 나타낼 수 있습니다. 과연 어떻게 해야 할까요?

● 달 모양 바꾸기

구성	설명
동현이 위치에 따라 달 모양 바꾸기	동현이 이동 범위(400)에서 8개의 달 모양을 순서대로 바꾸기

01 변수 추가하기

동현이 위치를 저장하기 위한 변수를 추가합니다. [속성] 탭에서
[변수]를 선택합니다. 〈변수 추가〉 버튼을 클릭한 다음 '동현이
위치'를 입력하고 〈확인〉 버튼을 클릭합니다.

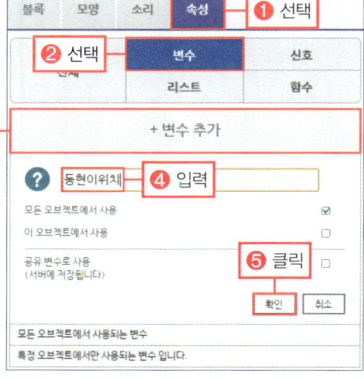

02 변수에 저장하기

왼쪽/오른쪽 화살표 키를 눌러 동현이가 움직일 때마다 그 위치를 [동
현이위치] 변수에 저장합니다.

자료 블록과 계산 블록을 조립하여 동현이 블록의 <kbd>q 키를 눌렀을 때</kbd> 블록 맨
아래에 다음과 같이 각각 조립합니다.

03 달 모양 바꾸기

동현이가 좌우로 움직이는 범위는 −200~200로 '400'입니다.

달 모양은 모두 8개이므로 '50'픽셀마다 바꾸면 하나의 배경에서 달 모양을 초승달부터 그믐달까지 바꿀 수 있습니다.

달 오브젝트를 선택하고 블록 조립소에서 [동현이위치] 변수에 관한 범위를 설정한 다음 흐름 블록에서 영역에 관한 조건을 구성하여 완성합니다.

머리 모양 바꾸기

신호 속성을 이용하여 서로 다른 오브젝트끼리 연락을 주고받을 수 있습니다. 각각의 오브젝트에 명령을 전달하기 위해서는 '신호'를 사용합니다. 예를 들어, 강아지에게 "앉아!", "일어서!"와 같은 명령을 하는 것과 같습니다. 여기서는 무작위 수(난수)를 이용하여 임의의 머리 모양을 적용하는 이야기를 만들어 봅니다.

STEP #1

실행 미리 보기

〈시작하기〉 버튼을 클릭하여 엔트리를 시작하고 〈바꾸기〉 버튼을 클릭하면 남녀의 머리 모양을 임의로 선택해서 머리 모양을 자유롭게 바꿉니다. 남자인 '인사하는 사람'이나 여자인 '학생' 오브젝트를 클릭하면 해당 오브젝트의 머리 모양을 바꿉니다.

바꾸기 버튼 ········ 오브젝트를 클릭했을 때 ········ 신호 보내기

소리 재생하기

시작 블록, 소리 블록

결과 클릭하면 [남자바꾸기], [여자바꾸기] 신호를 보내고, '로보트' 소리 재생하기

인사하는 사람(1) ········ 오브젝트를 클릭했을 때 ········ 신호 보내기

시작 블록

결과 클릭하면 [남자바꾸기] 신호 전송하기

학생(1) ········ 오브젝트를 클릭했을 때 ········ 신호 보내기

시작 블록

결과 클릭하면 [여자바꾸기] 신호 전송하기

머리(남) ········ 신호를 받았을 때 ········ 모양 바꾸기

시작 블록, 흐름 블록, 생김새 블록, 계산 블록

결과 [남자바꾸기] 신호를 받았을 때 임의의 모양으로 바꾸기

머리(여) ········ 신호를 받았을 때 ········ 모양 바꾸기

시작 블록, 흐름 블록, 생김새 블록, 계산 블록

결과 [여자바꾸기] 신호를 받았을 때 임의의 모양으로 바꾸기

블록 미리 보기

실행 및 초기 설정

[오브젝트를 클릭했을 때] 블록 가져오기 — **시작 블록**

오브젝트를 클릭했을 때

바꾸기 버튼
- [대상없음 신호 보내기] 블록을 두 번 가져와서 각각 [남자바꾸기], [여자바꾸기] 신호로 변경하기
- [소리 로보트 재생하기] 블록 가져오기

시작 블록 / 소리 블록

인사하는 사람(1)
- [대상없음 신호 보내기] 블록을 가져오고 [남자바꾸기] 신호로 변경하기

시작 블록

학생(1)
- [대상없음 신호 보내기] 블록을 가져오고 [여자바꾸기] 신호로 변경하기

시작 블록

[남자바꾸기] 신호를 받았을 때

머리(남)
- [대상없음 신호를 받았을 때] 블록을 가져오고 [남자바꾸기] 신호로 변경하기
- [10 번 반복하기] 블록을 가져와 반복하기
- [다음 모양으로 바꾸기] 블록을 가져와 모양 바꾸기
- [2 초 기다리기] 블록을 가져와서 '0.1'초로 설정하기
- [1 부터 10 사이의 무작위 수 모양으로 바꾸기] 1~10의 무작위 수에 해당하는 모양 바꾸기

시작 블록 / 흐름 블록 / 생김새 블록 / 계산 블록

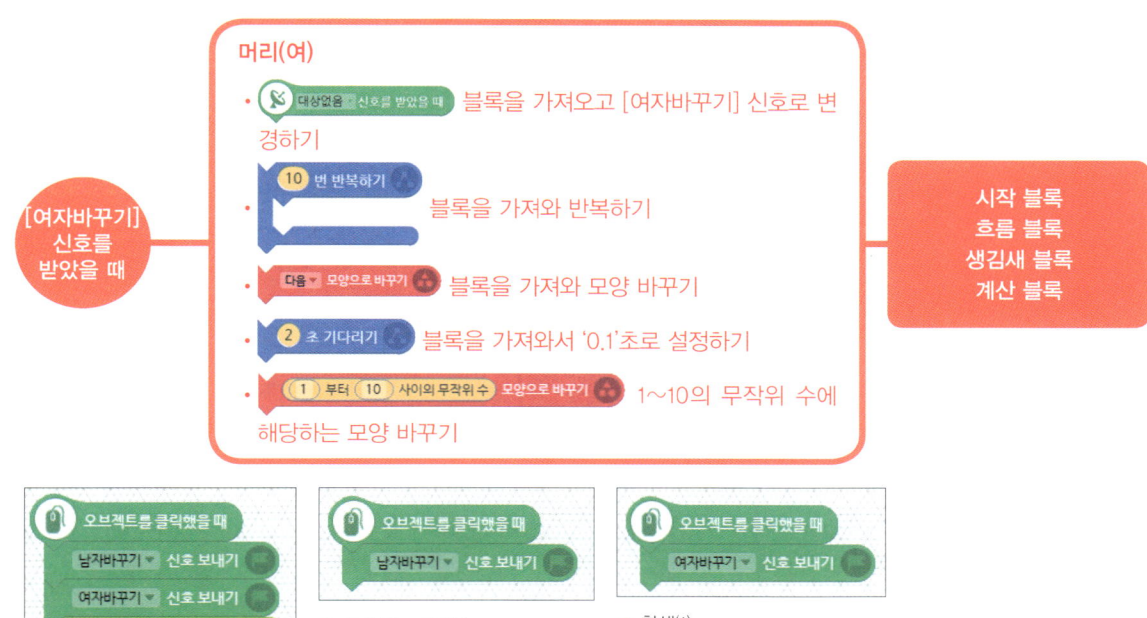

머리(여)

- ⊗ 대상없음 신호를 받았을 때 블록을 가져오고 [여자바꾸기] 신호로 변경하기
- 10 번 반복하기 블록을 가져와 반복하기
- 다음▼ 모양으로 바꾸기 블록을 가져와 모양 바꾸기
- 2 초 기다리기 블록을 가져와서 '0.1'초로 설정하기
- 1 부터 10 사이의 무작위 수 모양으로 바꾸기 1~10의 무작위 수에 해당하는 모양 바꾸기

[여자바꾸기] 신호를 받았을 때

시작 블록
흐름 블록
생김새 블록
계산 블록

오브젝트를 클릭했을 때
남자바꾸기▼ 신호 보내기
여자바꾸기▼ 신호 보내기
소리 로보트▼ 재생하기

▲ 〈바꾸기〉 버튼

오브젝트를 클릭했을 때
남자바꾸기▼ 신호 보내기

▲ 인사하는 사람(1)

오브젝트를 클릭했을 때
여자바꾸기▼ 신호 보내기

▲ 학생(1)

남자바꾸기▼ 신호를 받았을 때
10 번 반복하기
다음▼ 모양으로 바꾸기
0.1 초 기다리기
1 부터 10 사이의 무작위 수 모양으로 바꾸기

▲ 머리(남)

여자바꾸기▼ 신호를 받았을 때
10 번 반복하기
다음▼ 모양으로 바꾸기
0.1 초 기다리기
1 부터 10 사이의 무작위 수 모양으로 바꾸기

▲ 머리(여)

01 새로 시작하기

엔트리 프로그램을 새롭게 시작하거나 [파일]−[새로 만들기] 메뉴를 실행합니다. 기본 오브젝트인 '엔트리봇'을 삭제하고 〈오브젝트 추가하기〉 버튼을 클릭합니다.

❶ '머리(여)', '머리(남)', '인사하는 사람(1)', '학생 (1)', '바꾸기 버튼'을 각각 검색하고 선택합니다.

❷ 베란다 배경을 가져오기 위해 '베란다'를 검색합니다.

❸ 검색한 '베란다 거실' 오브젝트를 선택합니다.

❹ 〈적용하기〉 버튼을 클릭하여 추가합니다.

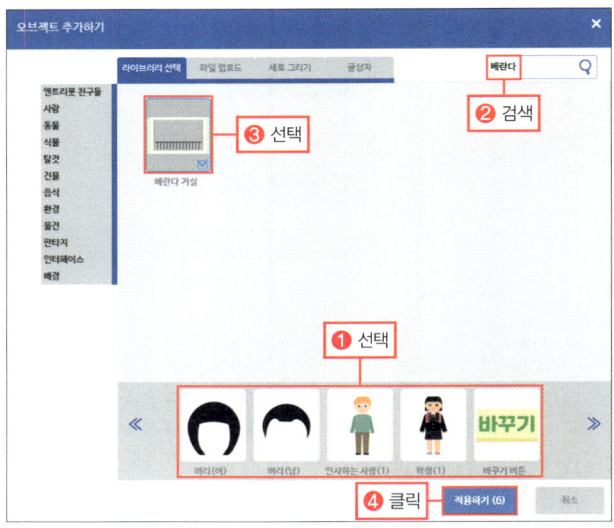

02 시작 화면 설정하기

❶ 실행 화면에서 남녀 오브젝트와 〈바꾸기〉 버튼의 위치를 지정합니다.

❷ 남녀 머리 크기를 조절하고 알맞게 배치해서 마치 남녀 오브젝트의 머리처럼 보이도록 설정합니다.

❸ 오브젝트 목록에서 '베란다 거실' 오브젝트를 맨 위로 드래그하여 남녀 오브젝트가 베란다 안에 있는 것처럼 나타냅니다.

03 신호 추가하기

〈바꾸기〉 버튼이나 남녀 오브젝트를 클릭할 때 보낼 신호 [남자바꾸기]와 [여자바꾸기]를 추가합니다.

04 소리 추가하기

머리 모양을 선택할 때 사용할 소리를 추가합니다. 이때 소리는 '바꾸기 버튼' 오브젝트의 속성으로 가져오기 위해 해당 오브젝트를 선택합니다. [소리] 탭을 선택한 다음 〈소리 추가〉 버튼을 클릭합니다.

❶ 소리 추가 창에서 왼쪽 메뉴의 [판타지]를 선택합니다.
❷ '로보트' 소리를 선택합니다.
❸ 〈적용하기〉 버튼을 클릭합니다.

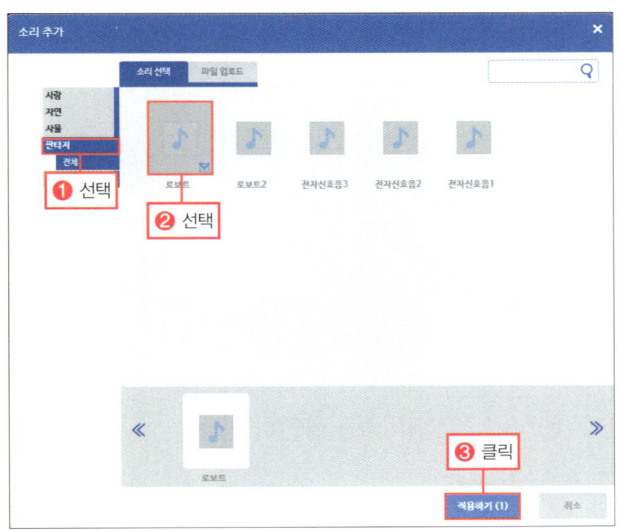

05 바꾸기 버튼 블록 구성하기

〈바꾸기〉 버튼을 클릭하면 [남자바꾸기]와 [여자바꾸기] 신호를 모두 보내고, '로보트' 소리를 재생하여 머리 모양을 선택하기 위한 과정을 블록으로 구성합니다.

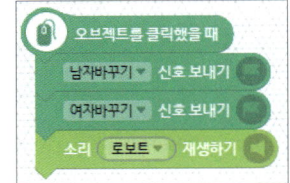

06 남녀 오브젝트 블록 구성하기

'인사하는 사람(1)'과 '학생(1)' 오브젝트를 클릭하면 각각 머리 모양을 바꾸는 신호를 보냅니다. 〈바꾸기〉 버튼을 클릭하면 남녀 모두의 머리 모양을 바꾸고, 남녀 각각의 오브젝트를 클릭하면 클릭한 오브젝트의 머리 모양만 바꾸도록 블록을 구성합니다.

▲ 인사하는 사람(1)

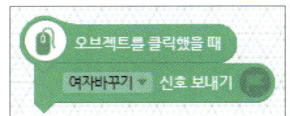

▲ 학생(1)

07 머리 오브젝트 블록 구성하기

'머리(남)', '머리(여)' 오브젝트에는 머리 모양을 바꾸는 신호를 받을 때 실행 내용을 블록으로 구성합니다.

'로보트' 소리가 재생되는 시간 동안 머리 모양을 계속 바꾸는 과정을 나타내고, 시간이 지나면 선택된 무작위 수로 머리 모양을 변경합니다.

08 완성된 엔트리 작품 확인하기

실행 화면에서 〈시작하기〉 버튼을 클릭하고 〈바꾸기〉 버튼이나 남녀 오브젝트를 클릭하여 머리 모양을 바꿔보세요. '오늘은 어떤 머리 모양을 할까?'를 생각하면서 말이죠.

'장면'이란 다소 긴 이야기 형식을 단락으로 나눠 구성하는 형태를 말합니다. 연극 등에서 막, 장 등으로 구분하거나 방송에서 장면을 구분하는 것과 같습니다.

엔트리에서 긴 이야기의 흐름이 나뉘는 부분을 장면으로 따로 구성하여 연결하면 내용을 이해하기 쉽고, 흐름을 구성할 때도 효과적입니다. '08.좀비출현.ent' 파일을 참고하여 장면을 만들어 보세요.

실행 화면 위 탭에서 '+' 아이콘을 클릭하면 새로운 실행 화면이 추가되며, 여기에 내용을 추가하면 간단한 장면을 만들 수 있습니다. 시작 블록의 장면 1 시작하기 를 이용하여 원하는 장면을 재생할 수도 있습니다.

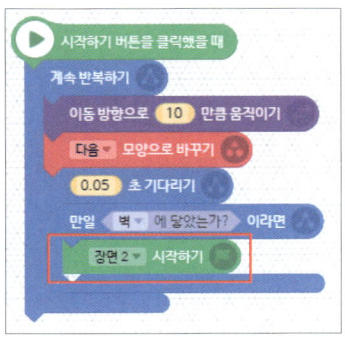

생일 축하 이벤트하기

엔트리는 스크래치 등 다른 블록 코딩 소프트웨어와 다르게 '글상자'라는 특별한 기능이 있습니다. 글을 입력하고 변경할 수 있도록 오브젝트로 제공하며, 글상자를 이용하면 엔트리에서 블록으로 글을 편집할 수 있어 편리합니다. 여기서는 생일 축하카드를 만들고 '글상자'에 생일 축하 노래 파일을 재생하여 이벤트를 만듭니다.

STEP #1

실행 미리 보기

〈시작하기〉 버튼을 클릭하고 선물상자를 클릭하면 생일 축하 메시지와 노래 그리고 촛불이 켜졌다 꺼졌다 하는 동작을 합니다.

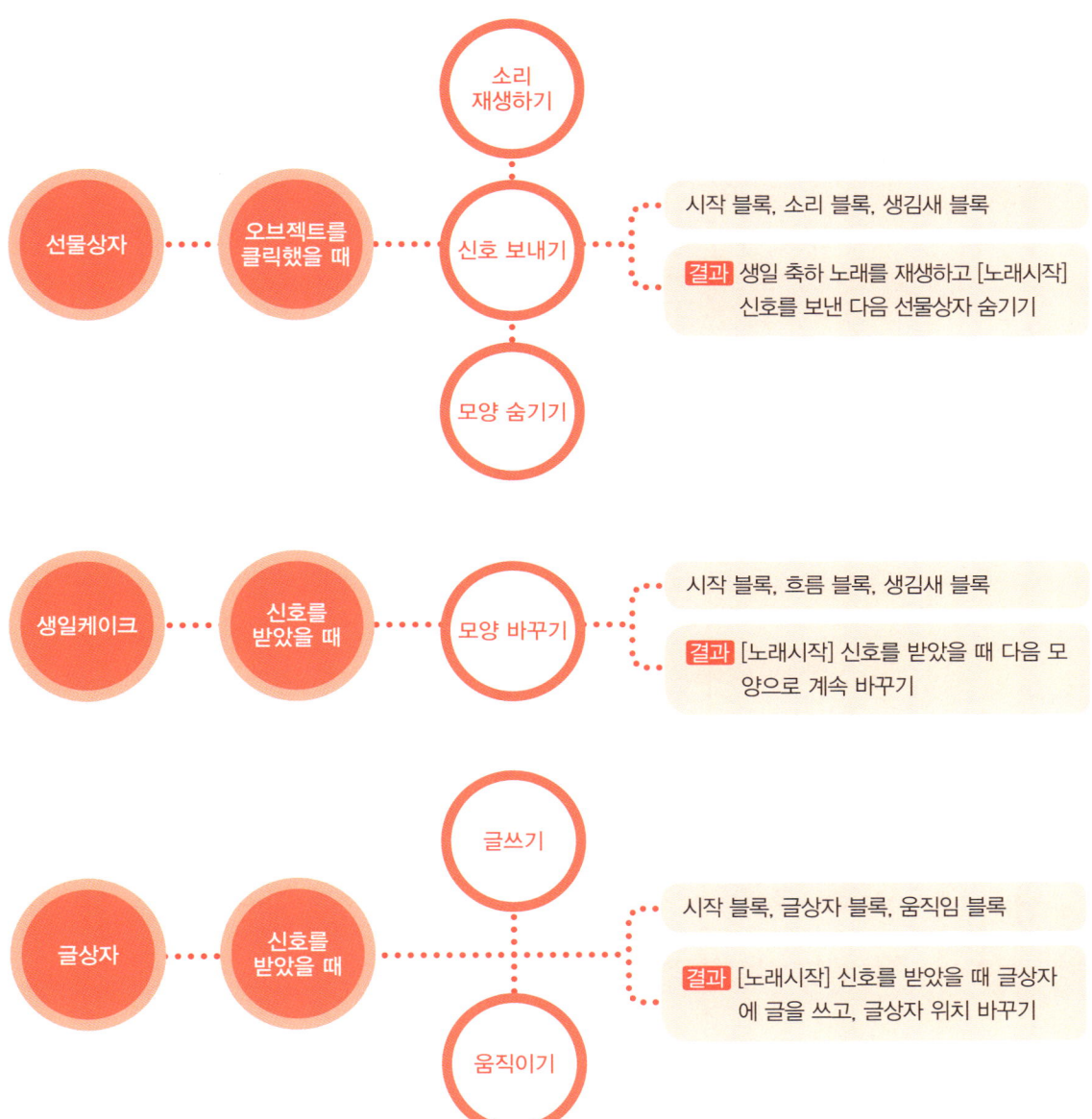

선물상자 → 오브젝트를 클릭했을 때 → 소리 재생하기

신호 보내기

시작 블록, 소리 블록, 생김새 블록

결과 생일 축하 노래를 재생하고 [노래시작] 신호를 보낸 다음 선물상자 숨기기

모양 숨기기

생일케이크 → 신호를 받았을 때 → 모양 바꾸기

시작 블록, 흐름 블록, 생김새 블록

결과 [노래시작] 신호를 받았을 때 다음 모양으로 계속 바꾸기

글상자 → 신호를 받았을 때 → 글쓰기

시작 블록, 글상자 블록, 움직임 블록

결과 [노래시작] 신호를 받았을 때 글상자에 글을 쓰고, 글상자 위치 바꾸기

움직이기

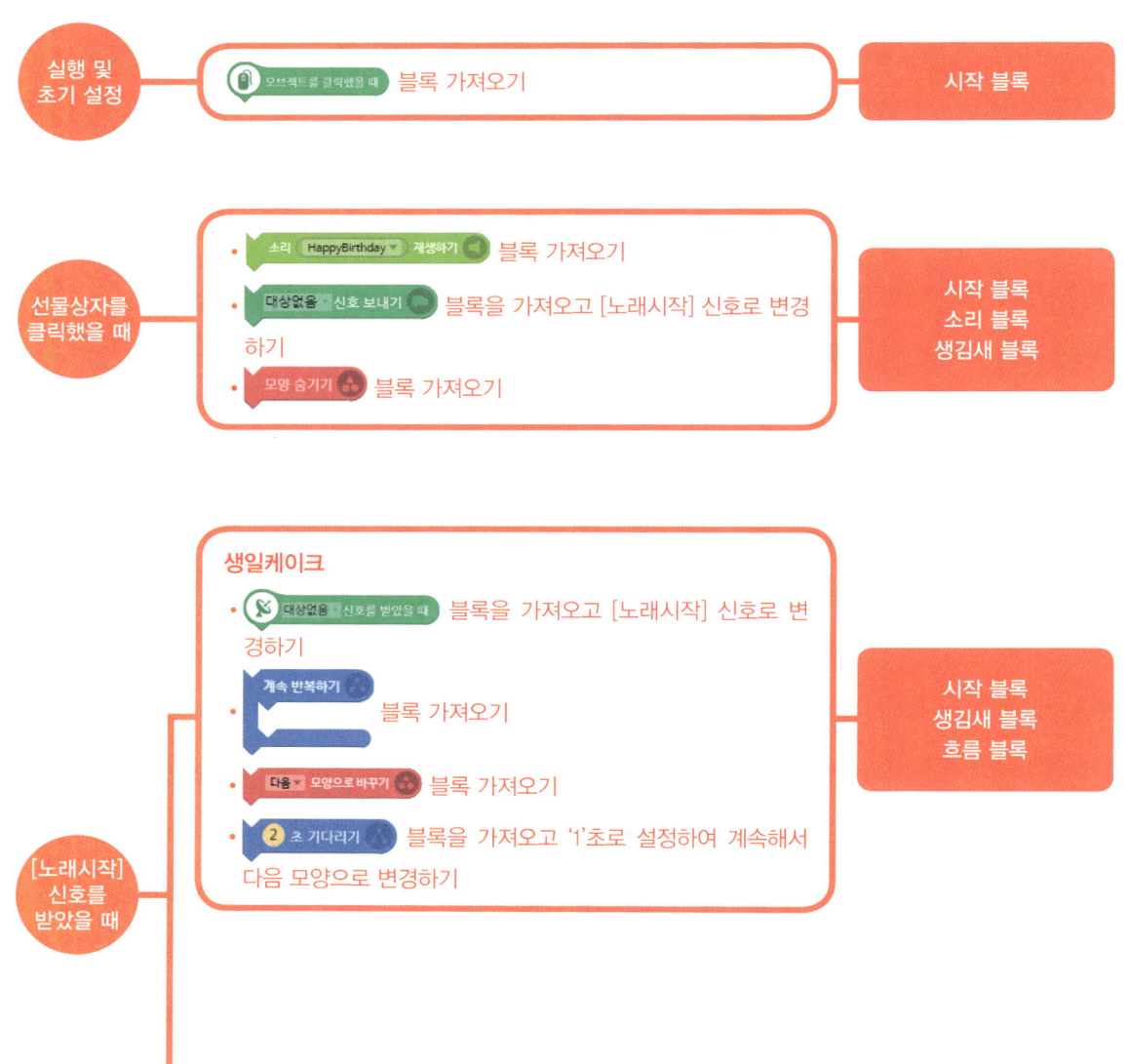

블록 미리 보기

실행 및 초기 설정

오브젝트를 클릭했을 때 블록 가져오기 ——— 시작 블록

선물상자를 클릭했을 때

- 소리 HappyBirthday 재생하기 블록 가져오기
- 대상없음 신호 보내기 블록을 가져오고 [노래시작] 신호로 변경하기
- 모양 숨기기 블록 가져오기

시작 블록
소리 블록
생김새 블록

생일케이크

- 대상없음 신호를 받았을 때 블록을 가져오고 [노래시작] 신호로 변경하기
- 계속 반복하기 블록 가져오기
- 다음 모양으로 바꾸기 블록 가져오기
- 2 초 기다리기 블록을 가져오고 '1'초로 설정하여 계속해서 다음 모양으로 변경하기

시작 블록
생김새 블록
흐름 블록

[노래시작] 신호를 받았을 때

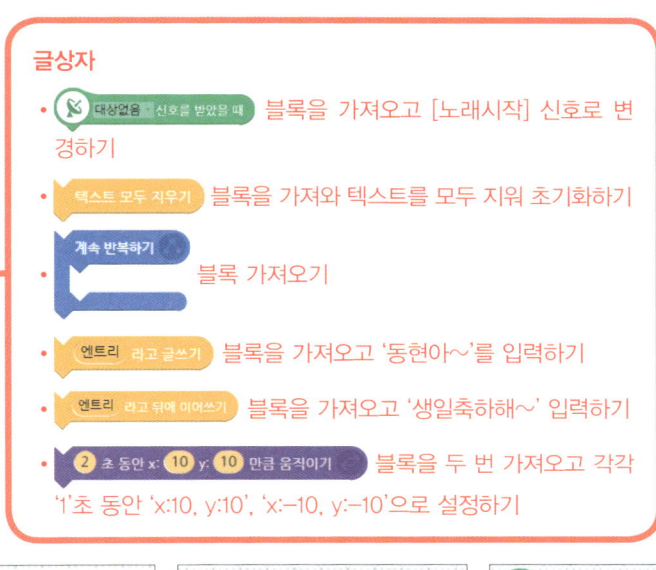

글상자

- 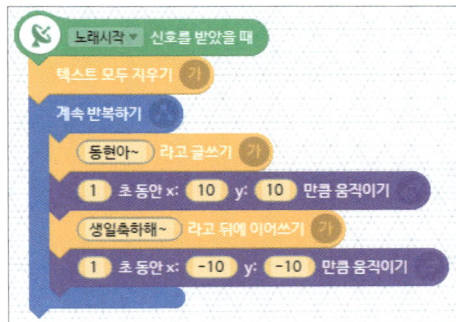 블록을 가져오고 [노래시작] 신호로 변경하기

- 텍스트 모두 지우기 블록을 가져와 텍스트를 모두 지워 초기화하기

- 계속 반복하기 블록 가져오기

- 엔트리 라고 글쓰기 블록을 가져오고 '동현아~'를 입력하기

- 엔트리 라고 뒤에 이어쓰기 블록을 가져오고 '생일축하해~' 입력하기

- 2 초 동안 x: 10 y: 10 만큼 움직이기 블록을 두 번 가져오고 각각 '1'초 동안 'x:10, y:10', 'x:−10, y:−10'으로 설정하기

시작 블록
글상자 블록
흐름 블록
움직임 블록

▲ 선물상자

▲ 생일 케이크

글상자 ▶

🔆 블록 알아두기

가 **글상자 블록**	**설명**
엔트리 라고 글쓰기	글상자 내용을 입력한 글로 수정합니다.
엔트리 라고 뒤에 이어쓰기	글상자 내용 뒤에 입력한 글을 추가합니다.
엔트리 라고 앞에 추가하기	글상자 내용 앞에 입력한 글을 추가합니다.
텍스트 모두 지우기	글상자에 저장된 글을 모두 지웁니다.

● 글상자

글상자는 짧은 글부터 여러 줄의 긴 글까지 블록으로 표현할 수 있는 재미있는 오브젝트입니다.

글상자 오브젝트가 추가되면 기존 블록 꾸러미의 붓 블록 대신 글상자 블록이 나타납니다. 글을 입력하고, 지우는 등 편집 기능의 블록이 제공됩니다. 여기서는 몇 가지 글꼴과 글자 색, 두께 등의 스타일과 배경색을 조절할 수 있습니다.

01 새로 시작하기

엔트리 프로그램을 새롭게 시작하거나 [파일]-[새로 만들기] 메뉴를 실행합니다. 기본 오브젝트인 '엔트리봇'을 삭제하고 〈오브젝트 추가하기〉 버튼을 클릭합니다.

❶ 오브젝트 추가하기 창에서 '선물상자', '생일케이크'를 검색하고 선택합니다.

❷ 왼쪽 메뉴에서 [배경]을 선택합니다.

❸ '생일파티' 오브젝트를 선택합니다.

❹ 〈적용하기〉 버튼을 클릭합니다.

❺ '생일케이크'는 '선물상자'에 가려져 보이지 않도록 오브젝트 목록에서 '선물상자'를 '생일케이크' 위로 이동하고, 크기도 조절합니다.

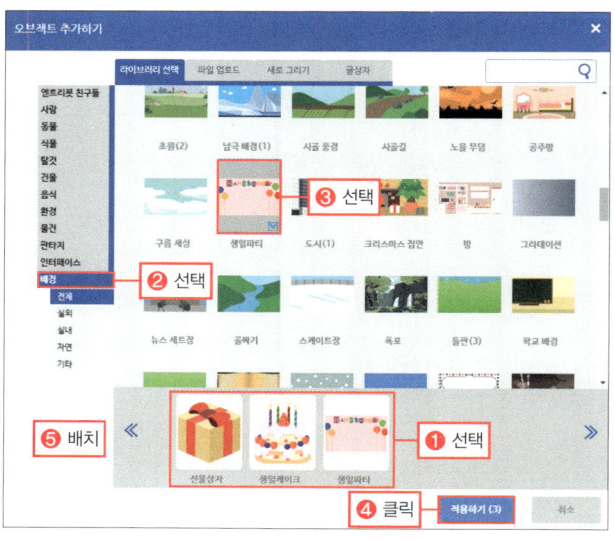

02 글상자 추가하기

생일 축하 인사말을 말풍선으로 만들기 위해 글상자를 추가합니다.

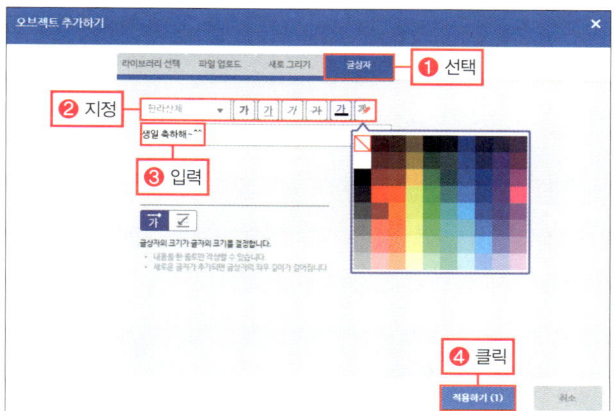

❶ 〈오브젝트 추가하기〉 버튼을 클릭한 다음 [글상자] 탭을 선택합니다.

❷ 사용할 글꼴을 '한라산체'로 지정하고 글자색, 배경색 등을 선택합니다.

❸ 인사말을 입력합니다.

❹ 〈적용하기〉 버튼을 클릭합니다.

▶ 알아두기

글상자 오브젝트가 등록되면 블록 꾸러미에는 붓 블록 대신 글상자 블록이 나타납니다. 예제에서는 배경을 투명으로 만들어 실행 화면의 배경과 잘 어울리도록 합니다.

03 신호 추가하기

선물상자를 클릭하면 생일 케이크와 생일 노래, 생일 축하 인사말이 나타나도록 멀티미디어 생일 카드를 재생하기 위한 시작 신호를 만듭니다. [속성] 탭에서 [노래시작] 신호를 추가합니다.

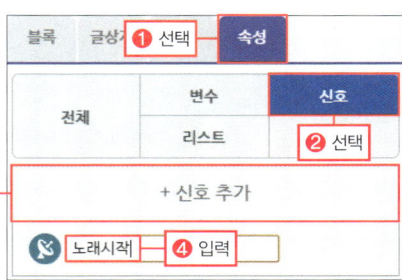

04 생일 노래 등록하기

생일 카드에 사용할 생일 노래를 등록합니다.

❶ 오브젝트 목록에서 '선물상자'를 선택합니다.

❷ 블록 꾸러미에서 [소리] 탭을 선택합니다.

❸ 〈소리 추가〉 버튼을 클릭합니다.

❹ 소리 추가 창에서 '파일추가'를 선택하고 samples → Part 3 폴더에서 'Happy
Birthday.mp3'를 불러옵니다. MP3 형태의 다른 소리 파일을 사용해도 좋습니다.

❺ 〈적용하기〉 버튼을 클릭합니다.

05 선물상자 블록 구성하기

선물상자를 클릭하면 생일 축하 노래를 재생하고, 노래가 시작된 것
을 [노래시작] 신호로 전달하여 멀티미디어 생일 카드를 재생합니
다. 동시에 선물상자를 숨겨 그 뒤에 숨겨진 생일케이크를 나타내는
블록을 구성합니다.

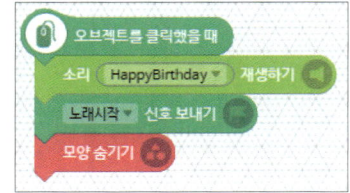

06 생일 케이크 블록 구성하기

[노래시작] 신호를 받으면 '선물상자' 오브젝트가 없어지면서 '생일케이크' 오브젝트가 나타납니다. 이때 케이크 촛불이 켜졌다 꺼지는 것을 반복하도록 '생일케이크' 오브젝트 모양을 계속 바꾸는 블록을 구성합니다.

07 글상자 블록 구성하기

[노래시작] 신호를 받으면 글상자에 새 글을 입력합니다. 또한 좌표를 이용해 조금씩 이동해서 생일 축하 인사말을 강조하는 블록을 구성합니다.

08 완성된 엔트리 작품 확인하기

〈시작하기〉 버튼을 클릭하고 '선물상자' 오브젝트를 클릭하면 멀티미디어 생일 카드가 시작됩니다. 축하의 감동이 더 잘 전달되나요?

Part 04

엔트리
프로그래밍 도전

눈 오는 날 연출하기

이제 프로그래밍이 좀 더 재밌어졌나요? 이번에는 오브젝트를 복제하고 복제되는 속도(간격)를 변수로 설정하여 재미있는 효과를 연출합니다. 복제된 오브젝트를 제어하여 자연스럽게 눈이 내리는 풍경을 만들어 봅니다.

STEP #1

 실행 미리 보기

눈송이를 복제하고 하늘에서 눈이 내리는 효과를 만듭니다. 숫자 버튼을 클릭하여 눈이 복제되는 간격을 다르게 해서 자연스럽게 연출하고 눈이 많거나 적게 내리도록 겨울 풍경을 연출합니다.

눈송이 — 시작하기 버튼을 클릭했을 때
- 시작 환경 설정하기
  - 생김새 블록, 자료 블록
  - 결과 모양을 숨기고, 눈 복제 간격을 0.1초로 설정하기
- 계속 복제본 만들기
  - 흐름 블록, 자료 블록
  - 결과 눈송이 복제하기

눈송이 — 복제본이 처음 생성되었을 때
- 크기, 위치 설정하기
  - 생김새 블록, 움직임 블록
  - 결과 복제 시 크기, 위치 설정하고 보이기
- 눈 내리기
  - 흐름 블록, 판단 블록, 움직임 블록, 계산 블록
  - 결과 바닥에 닿을 때까지 눈 내리기

숫자 버튼 — 오브젝트를 클릭했을 때
- 모양 바꾸기
- 눈 복제 간격 설정하기
  - 흐름 블록, 생김새 블록, 판단 블록, 자료 블록, 계산 블록
  - 결과 모양 바꾸고, 모양 번호에 따라 눈 복제 간격 변경하기

산타 — 시작하기 버튼을 클릭했을 때
- 모양 바꾸기
  - 흐름 블록, 생김새 블록
  - 결과 0.5초마다 모양 변경하기

💡 블록 미리 보기

눈송이 복제 간격을 조절하여 복제되는 속도를 결정하고 복제된 오브젝트를 자연스럽게 제어합니다. 복제된 오브젝트가 화면에서 안 보이면 삭제하여 컴퓨터 메모리의 부담도 줄입니다.

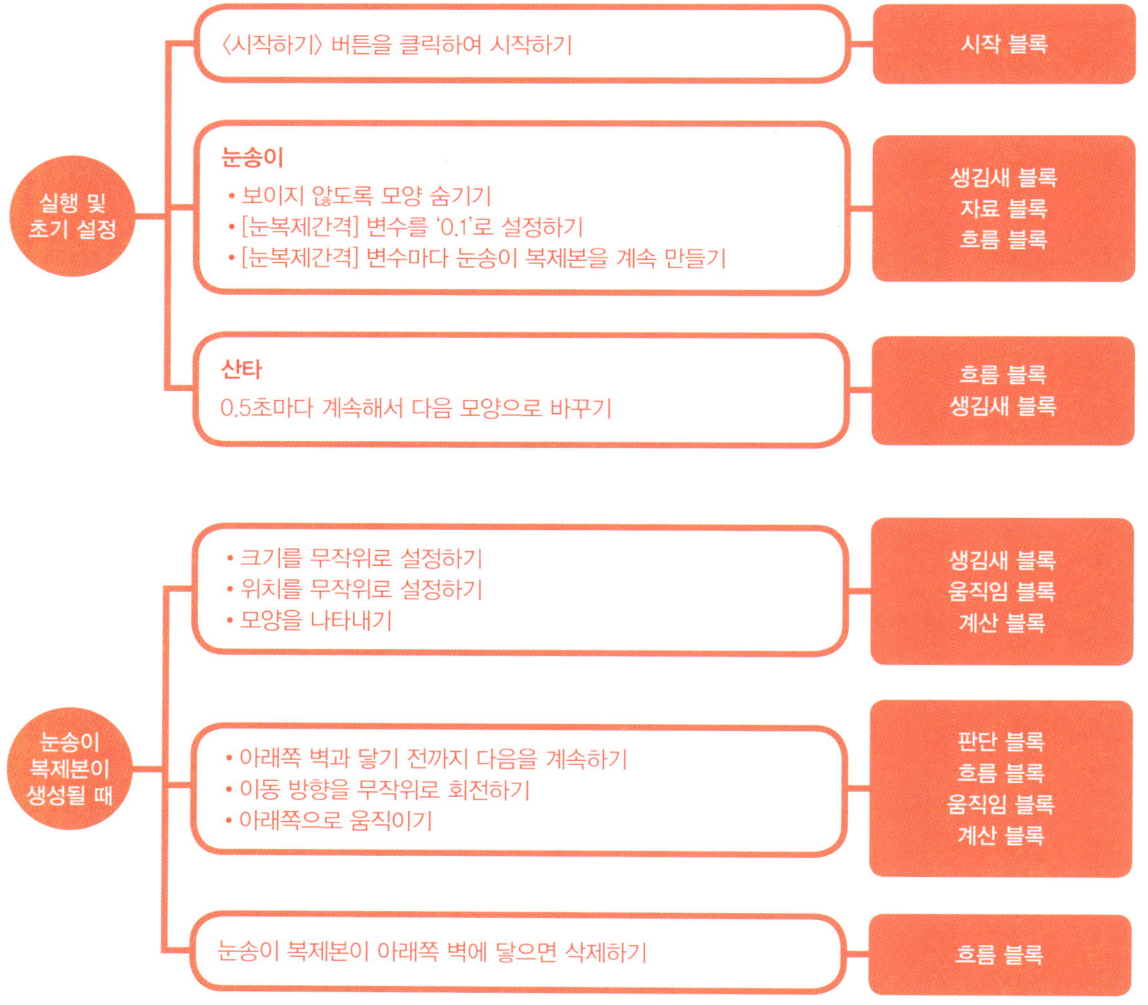

실행 및 초기 설정

〈시작하기〉 버튼을 클릭하여 시작하기 → 시작 블록

눈송이
- 보이지 않도록 모양 숨기기
- [눈복제간격] 변수를 '0.1'로 설정하기
- [눈복제간격] 변수마다 눈송이 복제본을 계속 만들기

→ 생김새 블록 / 자료 블록 / 흐름 블록

산타
0.5초마다 계속해서 다음 모양으로 바꾸기

→ 흐름 블록 / 생김새 블록

눈송이 복제본이 생성될 때

- 크기를 무작위로 설정하기
- 위치를 무작위로 설정하기
- 모양을 나타내기

→ 생김새 블록 / 움직임 블록 / 계산 블록

- 아래쪽 벽과 닿기 전까지 다음을 계속하기
- 이동 방향을 무작위로 회전하기
- 아래쪽으로 움직이기

→ 판단 블록 / 흐름 블록 / 움직임 블록 / 계산 블록

눈송이 복제본이 아래쪽 벽에 닿으면 삭제하기 → 흐름 블록

• Part 3, 4의 블록 미리 보기에서는 블록에 관한 설명을 통해 구성을 확인합니다.

- 숫자 버튼의 모양 번호 확인하기
- 숫자 버튼의 모양 번호가 3보다 작으면 다음 모양으로 변경하기
- 숫자 버튼의 모양 번호가 3보다 크면 숫자 버튼의 처음 모양으로 변경하기

계산 블록
판단 블록
흐름 블록
생김새 블록

숫자 버튼을 클릭할 때

숫자 버튼의 모양 번호가 크면 눈송이가 내리는 간격을 짧게 하기

계산 블록
자료 블록

시작하기 버튼을 클릭했을 때
모양 숨기기
눈보라간격 ▼ 를 0.1 로 정하기
계속 반복하기
  눈송이 ▼ 의 복제본 만들기
  눈보라간격 ▼ 값 초 기다리기

복제본이 처음 생성되었을때
크기를 10 부터 20 사이의 무작위 수 (으)로 정하기
x: -240 부터 240 사이의 무작위 수 y: 200 위치로 이동하기
모양 보이기
아래쪽 벽 ▼ 에 닿았는가? 이 될 때까지 ▼ 반복하기
  이동 방향을 -2 부터 2 사이의 무작위 수 만큼 회전하기
  이동 방향으로 1 부터 5 사이의 무작위 수 만큼 움직이기
이 복제본 삭제하기

◀ 눈송이

시작하기 버튼을 클릭했을 때
계속 반복하기
  0.5 초 기다리기
  다음 ▼ 모양으로 바꾸기

◀ 산타

오브젝트를 클릭했을 때
만일 숫자 버튼 ▼ 의 모양 번호 ▼ < 3 이라면
  다음 ▼ 모양으로 바꾸기
아니면
  숫자 버튼_1 ▼ 모양으로 바꾸기
눈보라간격 ▼ 를 0.1 / (숫자 버튼 ▼ 의 모양 번호 ▼) 의 제곱 ▼ 로 정하기

◀ 숫자 버튼

189

01 새로 시작하기

엔트리 프로그램을 새롭게 시작하거나 [파일]−[새로 만들기] 메뉴를 실행합니다. 기본 오브젝트인 '엔트리봇'을 삭제하고 〈오브젝트 추가하기〉 버튼을 클릭합니다.

❶ 오브젝트 추가하기 창에서 '숫자 버튼', '산타', '눈사람' 오브젝트를 검색하고 선택합니다.
❷ 왼쪽 메뉴에서 [배경]을 선택합니다.
❸ '겨울 숲' 오브젝트를 선택합니다.
❹ 〈적용하기〉 버튼을 클릭합니다.

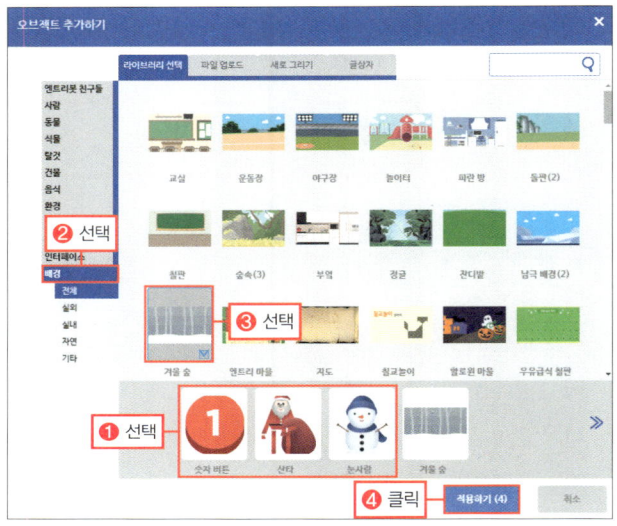

02 시작 화면 설정하기

실행 화면에서 다음과 같이 오브젝트를 드래그하여 배치합니다.

03 눈송이 그리기

오브젝트 라이브러리에 눈송이 이미지가 없으므로 직접 그립니다.

❶ 〈오브젝트 추가하기〉 버튼을 클릭하고 [새로 그리기] 탭을 선택합니다.

❷ 〈이동하기〉 버튼을 클릭하여 새로 그리기 페이지로 이동합니다.

❸ 왼쪽 도구 중에서 '원' 도구를 선택합니다.

❹ 배경색과 전경색 모두 눈송이 색인 '흰색'으로 지정합니다.

❺ 작업 화면에 드래그하여 눈송이 모양을 그립니다.

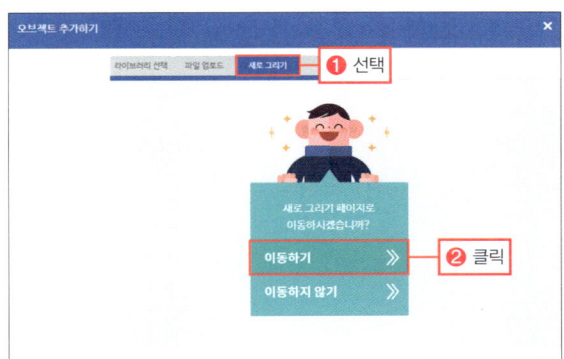
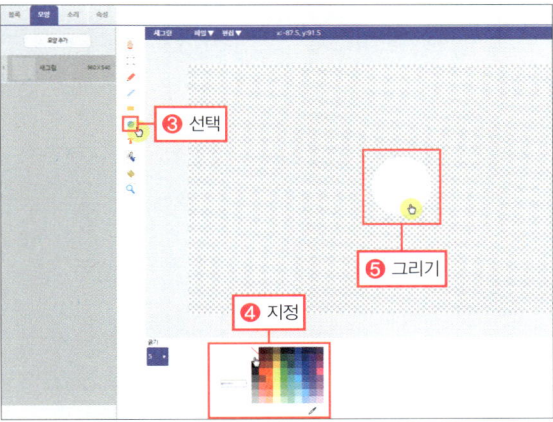

04 눈송이를 자연스럽게 만들기

실제 눈송이는 동그란 원 형태가 아니므로 자연스럽게 표현합니다.

❶ '지우기' 도구를 선택합니다.

❷ 굵기를 지정합니다.

❸ 눈송이의 일부를 지웁니다.

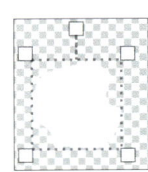
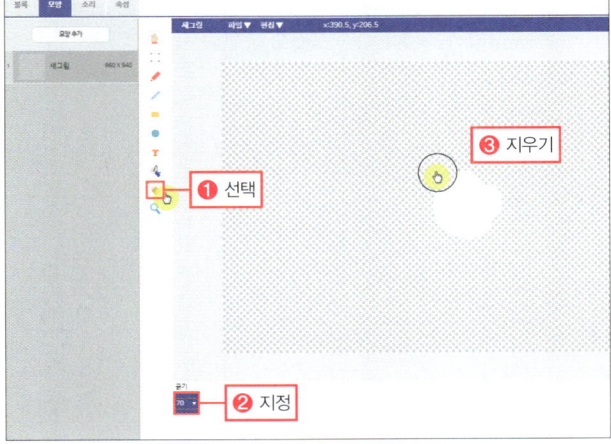

05 눈송이 저장하기

❶ 새로 그리기 영역에서 [파일]-[저장하기] 메뉴를 실행하여 눈송이 오브젝트를 저장합니다.

❷ 오브젝트 목록에서 눈송이의 이동 방향을 '180°'로 설정합니다.

06 변수 추가하기

하늘에서 내리는 눈의 양을 조절하기 위해 먼저 '숫자 버튼' 오브젝트를 선택하고 [눈복제간격] 변수를 추가합니다. 눈송이가 복제될 때 간격을 조절하여 빠르게 또는 천천히 복제합니다.

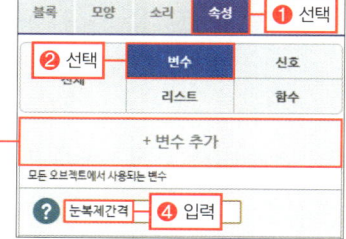

07 산타 블록 구성하기

0.5초마다 계속해서 다음 모양으로 바뀌는 산타 오브젝트의 블록을 구성합니다.

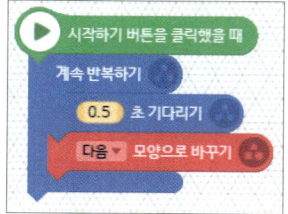

08 눈송이 블록 구성하기

❶ 눈송이는 처음에 보이지 않고, 기본 값으로 설정된 [눈복제간격] 변수를 참조하여 계속 복제합니다. 복제된 눈송이는 실행 화면 위 임의의 위치에 배치되고 눈 내릴 준비를 합니다.

❷ 복제된 눈송이가 실행 화면에 나타난 다음 계속해서 아래로 이동하여 눈 내리는 효과를 연출합니다. 또한 범위에서 무작위 수로 움직이는 거리와 회전 값을 설정하여 최대한 자연스럽게 만듭니다.

❸ 눈송이가 바닥에 닿으면 삭제하여 컴퓨터 메모리를 더 사용하지 않도록 합니다. 눈송이를 삭제하지 않고 계속해서 복제하면 컴퓨터가 느려질 수 있습니다.

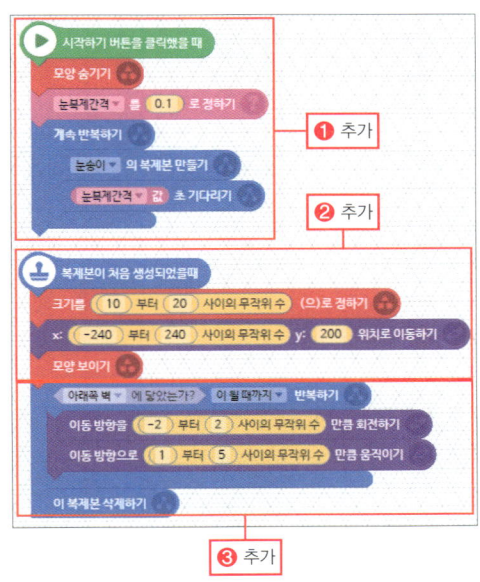

09 숫자 버튼 블록 구성하기

❶ '숫자 버튼' 오브젝트의 10개 모양 중에서 1~3개만 사용하여 3단계로 눈 내리는 간격을 조절합니다. 숫자 버튼의 모양 번호를 3과 비교하여 3보다 작으면 다음 모양으로 바꿔 모양 번호를 올리고, 3 이상이라면 맨 처음 모양으로 되돌립니다.

❷ 숫자 버튼 모양 번호가 커질수록 [눈복제간격]을 좁혀 많은 눈을 내립니다. 여기서는 계산 블록을 이용하여 코드를 구성합니다.

❸ 계산 블록의 나눗셈 블록과 제곱 블록 그리고 모양 번호 값을 가져오는 블록을 연결하여 계산식을 만들고 [눈복제간격] 변수 값으로 정합니다.

10 완성된 엔트리 작품 확인하기

〈시작하기〉 버튼을 클릭하면 눈 내리는 겨울 숲 풍경이 나타납니다. 눈사람 오른쪽의 숫자 버튼을 클릭하면 내리는 눈송이의 양을 조절할 수 있으며, 그 간격은 변수 값에 나타납니다.

● 실제 눈송이가 복제되는 상황

'눈송이' 오브젝트의 모양 숨기기 블록을 잠시 없애고, [복제본이 처음 생성되었을때] 블록에서 눈 내리는 블록을 잠시 분리합니다.

복제된 눈의 시작 위치 중에서 Y축 위치를 '100'으로 설정합니다. Y축은 '135'까지이므로 처음에 '200'을 입력하는 것은 실행 화면 위에서 내리기 위한 것입니다.

같은 그림 맞추기

쉽고 간단하게 그림 맞추기 게임을 만들어 봅니다. '아기 고래'와 '빨간 물고기' 오브젝트를 드래그하여 반대쪽 그림자 모양의 오브젝트와 짝을 맞춥니다. 오브젝트를 드래그하는 방법, 변수와 신호를 이용하여 위치와 동일성 여부를 판단하는 흥미로운 예제입니다.

STEP #1

 실행 미리 보기

왼쪽의 아기 고래와 빨간 물고기를 드래그하여 오른쪽의 같은 모양 그림자와 맞추는 게임입니다. 그림자에 가까이 가져가면 같은 오브젝트 모양일 때 호루라기 소리가 나면서 한 쌍의 오브젝트가 맞춰집니다.

아기 고래

시작하기 버튼을 클릭했을 때 ····· 시작 환경 설정하기 ····· 자료 블록

결과 시작 위치를 변수에 등록하기

오브젝트를 클릭했을 때 ····· 드래그하기 ····· 시작 위치를 변수에 입력하기

결과 '아기 고래1'과 20 이하의 거리라면 일치하는 것을 호루라기 소리로 알리고 '아기 고래1' 위치로 이동하기

오브젝트 클릭을 해제했을 때 ····· 드래그 마치기 ····· 자료 블록

결과 [이동중] 변수를 0으로 설정하기

[다시하기] 신호를 받았을 때 ····· 처음으로 돌아가기 ····· 움직임 블록, 자료 블록

결과 시작 위치로 되돌리기

빨간 물고기

시작하기 버튼을 클릭했을 때 ····· 시작 환경 설정하기 ····· 자료 블록

결과 시작 위치를 변수에 등록하기

오브젝트를 클릭했을 때 ····· 드래그하기 ····· 시작 위치를 변수에 입력하기

결과 '빨간 물고기1'과 20 이하의 거리라면 일치하는 것을 호루라기 소리로 알리고 '빨간 물고기1' 위치로 이동하기

오브젝트 클릭을 해제했을 때 → 드래그 마치기 → 자료 블록

결과 [이동중] 변수를 0으로 설정하기

[다시하기] 신호를 받았을 때 → 처음으로 돌아가기 → 움직임 블록, 자료 블록

결과 시작 위치로 되돌리기

다시하기 버튼 → 오브젝트를 클릭했을 때 → 처음으로 돌아가기 → 시작 블록, 자료 블록

결과 [다시하기] 신호를 보내고 [X위치], [Y위치], [이동중] 변수를 0으로 초기화하기

아기 고래1

빨간 물고기1

시작하기 버튼을 클릭했을 때 → 시작 환경 설정하기 → 생김새 블록

결과 색깔 효과 및 투명도 효과 적용하기

● 드래그하기

오브젝트를 클릭하고 드래그하는 동안 드래그 상태를 유지하기 위해서는 점선으로 표시된 오브젝트의 중심 위치와 마우스 포인터 간 거리를 유지해야 합니다. 처음 오브젝트를 클릭할 때 차이 값을 변수에 담고 드래그할 때마다 오브젝트를 마우스 포인터로부터 변수 값만큼 수정하여 오브젝트의 중심 위치를 지정합니다.

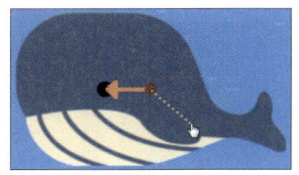

만일 마우스를 클릭했는가? 이라면
　　X위치 를 (아기 고래▼ 의 x좌푯값) - (마우스 x▼ 좌표) 로 정하기
　　Y위치 를 (아기 고래▼ 의 y좌푯값) - (마우스 y▼ 좌표) 로 정하기
　　마우스를 클릭했는가? (이)가 아니다 이 될 때까지▼ 반복하기
　　　　x: (마우스 x▼ 좌표) + (X위치▼ 값) y: (마우스 y▼ 좌표) + (Y위치▼ 값) 위치로 이동하기

● 다시하기

〈다시하기〉 버튼에 적용된 블록은 다음의 블록으로 대체할 수 있습니다. 흐름 블록의 　처음부터 다시 실행하기　 는 〈시작하기〉 버튼을 클릭한 것처럼 시작 화면으로 돌아갑니다. 이렇게 간단한 블록이 있지만 처음부터 다시 실행하기 위해서 하는 일들을 학습하기 위해 구성했으므로 알아두세요.

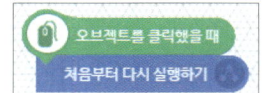

💡 속성

속성	이름	설명
변수	고래X	'아기 고래' 오브젝트의 시작 위치 X 좌표 값
	고래Y	'아기 고래' 오브젝트의 시작 위치 Y 좌표 값
	물고기X	'빨간 물고기' 오브젝트의 시작 위치 X 좌표 값
	물고기Y	'빨간 물고기' 오브젝트의 시작 위치 Y 좌표 값
	이동중	이동 중인 오브젝트 이름(고래, 물고기, 0)

속성	이름	설명
변수	거리	이동 중인 오브젝트, 목표 지점과의 거리
	X위치	이동 중인 오브젝트의 위치 X 좌표
	Y위치	이동 중인 오브젝트의 위치 Y 좌표
신호	다시하기	무엇이 똑같을까? 다시 시작
소리	호루라기	'아기 고래', '빨간 물고기'의 짝이 맞을 때 재생

🔆 블록 미리 보기

실행 및 초기 설정

- 시작하기 버튼을 클릭하여 시작하기 → **시작 블록**

- **아기 고래**
  아기 고래의 시작 위치를 변수에 저장하기 → **계산 블록 / 자료 블록**

- **빨간 물고기**
  빨간 물고기의 시작 위치를 변수에 저장하기 → **계산 블록 / 자료 블록**

- **아기 고래1, 빨간 물고기1**
  색깔 효과, 투명도 효과로 복제본(타깃) 구별하기 → **생김새 블록**

오브젝트를 클릭했을 때

- **아기 고래**
  - [이동중] 변수를 설정하고 상위 레이어로 지정하기
  - 마우스 포인터 위치에 따라 오브젝트 위치 변경하기
  - 복제본(타깃)까지의 거리가 20이하면 '호루라기' 소리를 3회 반복하고 복제본(타깃) 위로 겹치기

  → **흐름 블록 / 움직임 블록 / 계산 블록 / 자료 블록 / 소리 블록 / 생김새 블록**

빨간 물고기
- [이동중] 변수를 설정하고 상위 레이어로 지정하기
- 마우스 포인터 위치에 따라 오브젝트 위치 변경하기
- 복제본(타깃)까지의 거리가 20이하면 '호루라기' 소리를 3회 반복하고 복제본(타깃) 위로 겹치기

흐름 블록
움직임 블록
계산 블록
자료 블록
소리 블록
생김새 블록

다시하기 버튼
- [다시하기] 신호 보내기
- 변수 초기화하기

시작 블록
자료 블록

오브젝트 클릭을 해제했을 때

아기 고래, 빨간 물고기
[이동중] 변수를 0으로 초기화하기

시작 블록
자료 블록

다시하기 신호를 받았을 때

아기 고래, 빨간 물고기
시작 위치로 이동하기

자료 블록
움직임 블록

▲ 다시하기 버튼

▲ 아기 고래1 / 빨간 물고기1

▲ 아기 고래

▲ 빨간 물고기

01 새로 시작하기

엔트리 프로그램을 새롭게 시작하거나 [파
일]-[새로 만들기] 메뉴를 실행합니다. 기
본 오브젝트인 '엔트리봇'을 삭제하고 〈오
브젝트 추가하기〉 버튼을 클릭합니다.

❶ 오브젝트 추가하기 창에서 '아기 고래', '빨간 물
　고기', '다시하기 버튼'을 검색하고 선택합니다.
❷ 왼쪽 메뉴에서 [배경]을 선택합니다.
❸ '물'을 선택합니다.
❹ 〈적용하기〉 버튼을 클릭합니다.

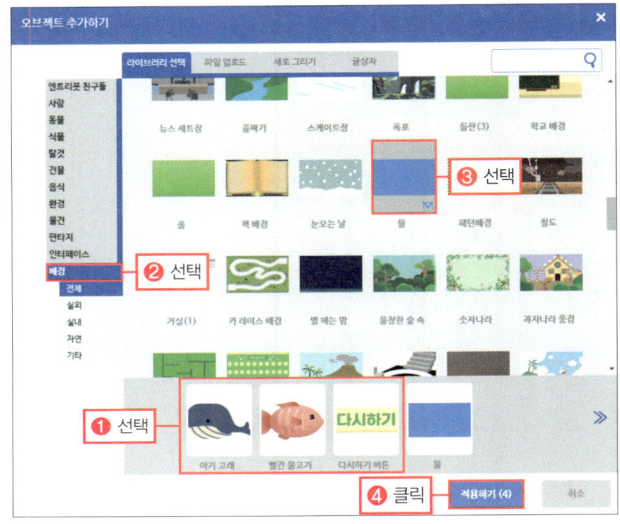

02 목표 오브젝트 만들기

'아기 고래'와 '빨간 물고기'를 드래그하여 같은 모양의 목
표 오브젝트를 만듭니다.

❶ 오브젝트 목록의 '빨간 물고기'를 복제한 다음 오른쪽으로 이동합
　니다. 복제는 다음 과정을 참고합니다.
❷ '아기 고래'에서 마우스 오른쪽 버튼을 클릭합니다.
❸ [복제] 메뉴를 실행합니다.
❹ 복제된 오브젝트는 오른쪽 끝으로 이동합니다.

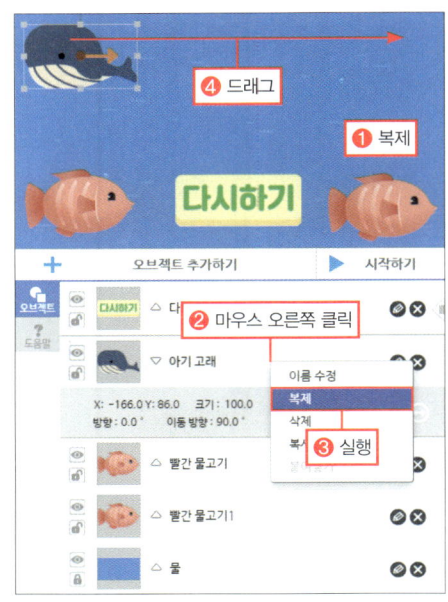

03 변수 추가하기

프로그래밍에 사용할 변수와 신호, 소리 속성을 구성합니다.

변수는 '아기 고래'와 '빨간 물고기' 오브젝트 시작 위치의 X/Y 좌표, 드래그 중인 오브젝트를 나타낼 [이동중], X/Y 좌표 끝으로 드래그하는 오브젝트와 목표물까지 [거리] 등 다음과 같이 8개를 추가합니다.

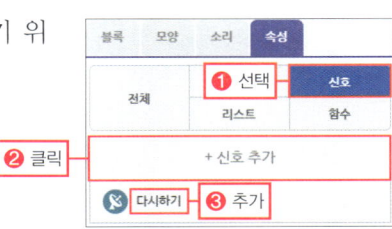

▶ **알아두기**

　오브젝트의 시작 위치를 변수에 담는 것은 드래그할 때 마우스 버튼에서 손을 떼거나 똑같은 오브젝트를 찾지 못했을 때 다시 원래 위치로 돌아가도록 위치를 저장하기 위함입니다.

04 신호 추가하기

〈다시하기〉 버튼을 클릭했을 때 오브젝트를 시작 위치로 되돌리기 위해 [다시하기] 신호를 추가합니다.

05 소리 추가하기

'아기 고래'와 '빨간 물고기' 오브젝트를 드래그해서 오른쪽 목표물과 일치하였을 때 짝이 맞는 것을 알리기 위해 각각의 오브젝트에 '호루라기' 소리를 등록합니다.

06 아기 고래/빨간 물고기 블록 구성하기

'아기 고래', '빨간 물고기', '아기 고래1', '빨간 물고기1', '다시하기 버튼' 오브젝트를 선택하고 각각의 블록을 구성합니다. 다음의 표와 같이 먼저 네 가지 시작 블록으로 시작 환경에 관한 블록을 구성합니다.

시작(이벤트)	설명
시작하기 버튼을 클릭했을 때	변수 [고래X]에 시작 위치의 X 좌표 값을 대입합니다.
오브젝트를 클릭했을 때	변수 [고래Y]에 시작 위치의 Y 좌표 값을 대입합니다.
	변수 [이동중]을 '고래'로 정합니다('아기 고래'를 드래그할 때).
	드래그하는 오브젝트가 맨 위에 보이도록 순서를 맨 앞으로 보냅니다.
	드래그하는 방향에 따라 오브젝트도 함께 이동합니다.
	목표물까지의 거리를 변수 [거리]에 담습니다.
	목표물까지의 거리가 20 이하라면 '호루라기' 소리를 재생하고, 목표물로 이동하여 일치시킵니다.
오브젝트 클릭을 해제했을 때	변수 [이동중]을 0으로 정해 변수를 초기화합니다.
다시하기 신호를 받았을 때	0.5초 동안 변수 [고래X], [고래Y] 좌표로 이동하여 위치를 초기화합니다.

07 드래그에 관한 블록 구성하기

오브젝트를 드래그할 때 기준점이 되는 두 개의 부분 중 하나는 오브젝트 중심이고, 다른 하나는 마우스 포인터 위치입니다.

오브젝트를 드래그하면 자연스럽게 오브젝트의 중심 위치와 마우스 포인터까지의 거리 차이를 나타내는 값이 필요합니다. 여기서는 변수 [X위치]와 [Y위치]를 이용하여 거리 차이를 담습니다.

```
만일  마우스를 클릭했는가?  이라면
    X위치 ▼ 를  아기 고래 ▼ 의 x좌푯값 ▼  -  마우스 x ▼ 좌표  로 정하기
    Y위치 ▼ 를  아기 고래 ▼ 의 y좌푯값 ▼  -  마우스 y ▼ 좌표  로 정하기
    마우스를 클릭했는가?  (이)가 아니다  이 될 때까지 ▼ 반복하기
        x:  마우스 x ▼ 좌표  +  X위치 ▼ 값   y:  마우스 y ▼ 좌표  +  Y위치 ▼ 값   위치로 이동하기
```

```
오브젝트를 클릭했을 때
    이동중 ▼ 를  고래  로 정하기
    맨 앞으로 ▼ 보내기
    만일  마우스를 클릭했는가?  이라면
        X위치 ▼ 를  아기 고래 ▼ 의 x좌푯값 ▼  -  마우스 x ▼ 좌표  로 정하기
        Y위치 ▼ 를  아기 고래 ▼ 의 y좌푯값 ▼  -  마우스 y ▼ 좌표  로 정하기
        마우스를 클릭했는가?  (이)가 아니다  이 될 때까지 ▼ 반복하기
            x:  마우스 x ▼ 좌표  +  X위치 ▼ 값   y:  마우스 y ▼ 좌표  +  Y위치 ▼ 값   위치로 이동하기
            거리 ▼ 를  아기 고래1 ▼ 까지의 거리  로 정하기
            만일  아기 고래1 ▼ 까지의 거리  ≤  20  이라면
                3 번 반복하기
                    소리  호로라기 ▼ 재생하기
                x:  아기 고래1 ▼ 의 x좌푯값 ▼   y:  아기 고래1 ▼ 의 y좌푯값 ▼   위치로 이동하기
```

◀ 오브젝트를 클릭했을 때 전체 블록

```
오브젝트 클릭을 해제했을 때
    이동중 ▼ 를  0  로 정하기
```

```
다시하기 ▼ 신호를 받았을 때
    0.5 초 동안 x:  고래X ▼ 값   y:  고래Y ▼ 값   위치로 이동하기
```

08 아기 고래1/빨간 물고기1 블록 구성하기

시작 블록으로 구성하며, 아기 고래 오브젝트의 블록을 참고해 아기 고래가 빨간 물고기로 바뀌는 블록으로 구성합니다. 목표물이 그림자처럼 보이도록  블록에 색깔과 투명도 효과를 추가합니다.

09 다시하기 버튼 블록 구성하기

실행 화면 가운데 〈다시하기〉 버튼을 클릭하면 시작 화면으로 되돌아가 다시 시작할 수 있도록 블록을 구성합니다.

10 완성된 엔트리 작품 확인하기

〈시작하기〉 버튼을 클릭하면 왼쪽의 아기 고래와 빨간 물고기를 드래그하여 오른쪽의 같은 모양 그림자와 짝을 맞출 수 있습니다. 오른쪽 그림자에 가까이 가져가면 같은 그림일 때 호루라기 소리가 나면서 한 쌍의 오브젝트가 겹칩니다.

그림판 만들기

무언가 그리거나 쓰기 위해서는 붓 블록을 이용합니다. 〈오브젝트 추가하기〉 버튼을 클릭하여 연필 모양의 오브젝트를 가져오고 마우스나 방향키를 이용하여 오브젝트를 움직이는 동안 선이 화면에 나타나면 직접 글씨를 쓰거나 그리는 것처럼 보입니다. 여기에 색, 선 굵기, 투명도 등에 관한 코드를 구성하여 그림판을 만들어 봅니다.

STEP #2

💡 실행 미리 보기

연필을 클릭한 채 드래그하면 노트 위에 선을 그릴 수 있습니다. 이 선을 이용하여 그림이나 글씨를 씁니다. 이때 Spacebar 키를 누르면 선 굵기를 조절할 수 있으며, 배터리 모양에 따라 선 굵기가 달라집니다.

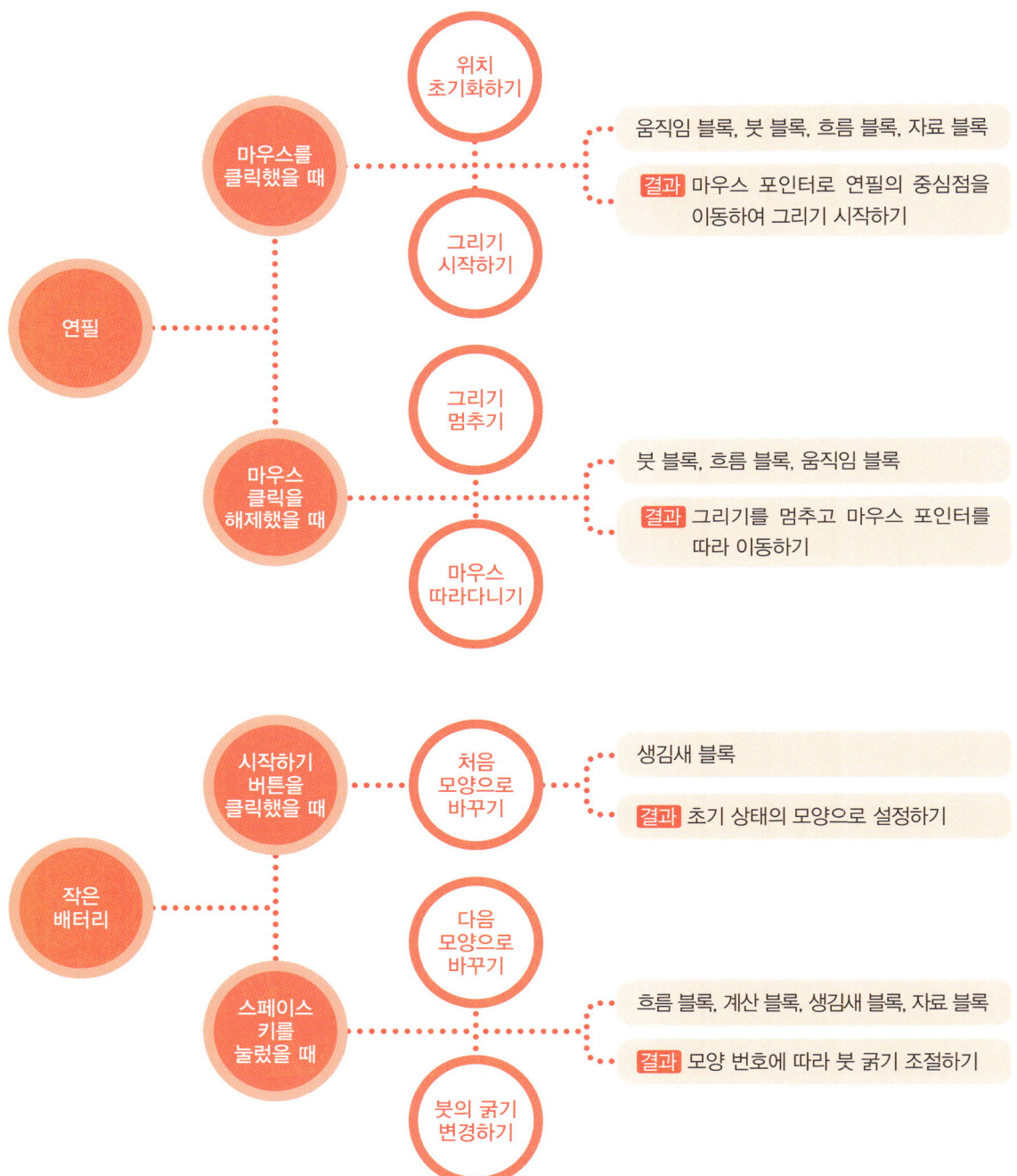

연필

마우스를
클릭했을 때

위치
초기화하기

움직임 블록, 붓 블록, 흐름 블록, 자료 블록

결과 마우스 포인터로 연필의 중심점을
이동하여 그리기 시작하기

그리기
시작하기

그리기
멈추기

마우스
클릭을
해제했을 때

붓 블록, 흐름 블록, 움직임 블록

결과 그리기를 멈추고 마우스 포인터를
따라 이동하기

마우스
따라다니기

작은
배터리

시작하기
버튼을
클릭했을 때

처음
모양으로
바꾸기

생김새 블록

결과 초기 상태의 모양으로 설정하기

다음
모양으로
바꾸기

스페이스
키를
눌렀을 때

흐름 블록, 계산 블록, 생김새 블록, 자료 블록

결과 모양 번호에 따라 붓 굵기 조절하기

붓의 굵기
변경하기

 **속성**

속성	이름	설명
변수	붓의굵기	붓의 굵기 수정

블록 미리 보기

실행 및 초기 설정

| 시작하기 버튼을 클릭하여 시작하기 | 시작 블록 |

작은 배터리
처음 모양으로 바꾸기 → 생김새 블록

마우스를 클릭했을 때

- 연필을 마우스 포인터 위치로 이동하기
- 그리기 시작하기
- 마우스 클릭을 해제할 때까지 다음을 실행하기
- 계속 연필의 위치를 마우스 포인터 위치로 이동하기
- 붓의 굵기를 [붓의굵기] 변수로 지정하기

→ 움직임 블록
붓 블록
흐름 블록
판단 블록

마우스 클릭을 해제했을 때

- 그리기 멈추기
- 마우스 포인터의 위치로 연필을 계속해서 이동하기

→ 붓 블록
흐름 블록
계산 블록
움직임 블록

스페이스 키를 눌렀을 때

- [작은 배터리] 변수의 모양 번호가 '5'보다 작으면 다음 모양으로 바꾸고 [붓의굵기] 변수에 '5'를 더하기
- [작은 배터리]의 모양 번호가 '5'보다 크면 처음 모양으로 바꾸고 [붓의굵기] 변수를 '1'로 초기화하기

→ 계산 블록
판단 블록
흐름 블록
생김새 블록
자료 블록

마우스를 클릭했을 때
x: 마우스 x▼ 좌표 y: 마우스 y▼ 좌표 위치로 이동하기
그리기 시작하기
마우스를 클릭했는가? (이)가 아니다 이 될 때까지▼ 반복하기
x: 마우스 x▼ 좌표 y: 마우스 y▼ 좌표 위치로 이동하기
붓의 굵기를 붓의굵기 값 (으)로 정하기

마우스 클릭을 해제했을 때
그리기 멈추기
계속 반복하기
x: 마우스 x▼ 좌표 y: 마우스 y▼ 좌표 위치로 이동하기

▲ 연필

시작하기 버튼을 클릭했을 때
작은배터리_30%▼ 모양으로 바꾸기

스페이스 키를 눌렀을 때
만일 작은 배터리 의 모양 번호 < 5 이라면
다음▼ 모양으로 바꾸기
붓의굵기 에 5 만큼 더하기
아니면
작은배터리_30%▼ 모양으로 바꾸기
붓의굵기 를 1 로 정하기

▲ 작은 배터리

● 마우스를 클릭했을 때와 마우스 클릭을 해제했을 때의 차이점

실행 화면에서 오브젝트를 드래그하는 프로그래밍에 관해 엄격하게 따
지면, 클릭은 딸깍하고 마우스 왼쪽 버튼을 눌렀다 떼는 것(Down+
Up)을 모두 포함합니다. 마우스 클릭을 해제했을 때는 마우스 왼쪽 버
튼에서 손을 떼는 것(Up)을 말합니다.

그래서 마우스를 클릭했을 때 와 마우스 클릭을 해제했을 때 블록을 이용하는 것이 맞지
만, 엔트리에서는 간편하게 클릭이라는 용어를 사용합니다.

마우스를 클릭했을 때

마우스 클릭을 해제했을 때

오브젝트를 클릭했을 때

오브젝트 클릭을 해제했을 때

🔆 블록 알아두기

🖌️ 붓 블록	설명
도장찍기 🖌️	오브젝트 모양을 도장처럼 실행 화면 위에 찍습니다.
그리기 시작하기 🖌️	오브젝트가 이동하는 경로를 따라 선이 그려집니다. 이때 오브젝트의 중심점이 기준입니다.
그리기 멈추기 🖌️	오브젝트가 선 그리기를 멈춥니다.
붓의 색깔을 ■로 정하기 🖌️	오브젝트가 그리는 선 색을 선택한 색으로 정합니다.
붓의 색을 무작위로 정하기 🖌️	오브젝트가 그리는 선 색을 무작위로 정합니다.
붓의 굵기를 1 만큼 바꾸기 🖌️	오브젝트가 그리는 선 굵기를 입력한 값만큼 바꿉니다(1~무한의 범위, 1 이하는 1로 처리).
붓의 굵기를 1 로 정하기 🖌️	오브젝트가 그리는 선 굵기를 입력한 값으로 정합니다(1~무한의 범위, 1 이하는 1로 처리).
붓의 투명도를 10 % 만큼 바꾸기 🖌️	오브젝트가 그리는 선의 투명도를 입력한 값만큼 바꿉니다(0~100의 범위, 0 이하는 0, 100 이상은 100으로 처리).
붓의 투명도를 50 % 로 정하기 🖌️	오브젝트가 그리는 선의 투명도를 입력한 값으로 정합니다(0~100의 범위, 0 이하는 0, 100 이상은 100으로 처리).
모든 붓 지우기 🖌️	해당 오브젝트가 그린 선과 도장을 모두 지웁니다.

● 붓 블록

붓 블록에는 복제할 수 있는 도장찍기 🖌️ 를 비롯하여 붓의 굵기, 색깔, 투명도, 지우기 등에 관한 블록이 있습니다.

01 새로 시작하기

엔트리 프로그램을 새롭게 시작하거나 [파
일]-[새로 만들기] 메뉴를 실행합니다. 기
본 오브젝트인 '엔트리봇'을 삭제하고 〈오
브젝트 추가하기〉 버튼을 클릭합니다.

❶ 오브젝트 추가하기 창에서 '연필(1)', '작은 배터
리'와 [배경]의 '책 배경'을 선택합니다.
❷ 〈적용하기〉 버튼을 클릭하여 불러옵니다.

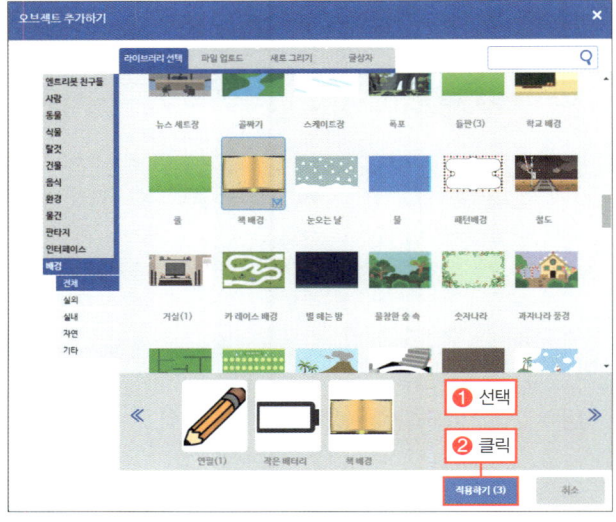

02 연필 오브젝트의 중심점 변경하기

연필을 드래그할 때 자연스럽게 연필심 부분에서 선이나 글자를 그릴 수 있도록
연필 오브젝트 중심의 갈색 점을 드래그하여 연필심 끝으로 이동합니다.

03 속성 추가하기

선 굵기 정보를 담는 변수를 추가합니다. 변수 이름은 '붓의굵기'
로 입력하고 Spacebar 키를 누를 때 변수 값을 변경합니다.

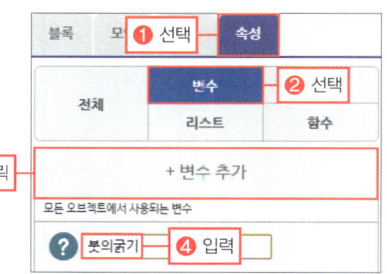

04 연필 블록 구성하기

마우스 왼쪽 버튼을 클릭했을 때 그리기를 시작하며, 마우스 이동에 따라 연필도 함께 이동하여 연필을 손에 쥐고 그리는 것처럼 구현합니다. 또한 마우스 클릭을 해제하면 그리기를 멈추도록 블록을 구성합니다.

시작(이벤트)	설명
마우스를 클릭했을 때	마우스 포인터 위치로 연필의 중심점을 맞춥니다.
	그리기를 시작합니다.
	마우스 버튼을 클릭한 채 계속해서 연필을 드래그하고, 변경된 [붓의굵기] 속성을 반영합니다.
마우스 클릭을 해제했을 때	그리기를 멈춥니다.
	마우스를 따라서 연필의 중심점을 일치시켜 따라다닙니다.

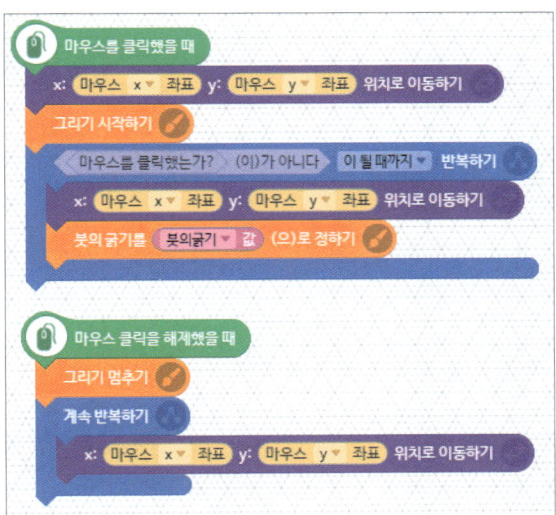

05 작은 배터리 오브젝트 블록 구성하기

'작은 배터리' 오브젝트는 배터리 용량을 나타내는 5개 모양으로 구성됩니다. 이 모양을 이용하여 붓의 굵기를 시각적으로 나타냅니다.

시작(이벤트)	설명
시작하기 버튼을 클릭했을 때	처음 모양으로 변경하여 시작합니다.
스페이스 키를 눌렀을 때	모양 번호가 5보다 작으면, 다음 모양으로 바꾸고 [붓의굵기]에 5를 추가합니다.
	모양 번호가 5 이상이라면, 처음 모양으로 바꾸고 [붓의굵기]를 1로 정합니다.

```
▶ 시작하기 버튼을 클릭했을 때
   작은배터리_30% ▼ 모양으로 바꾸기

⌨ 스페이스 ▼ 키를 눌렀을 때
   만일  작은 배터리 ▼ 의  모양 번호 ▼  < 5 이라면
      다음 ▼ 모양으로 바꾸기
      붓의굵기 ▼ 에 5 만큼 더하기
   아니면
      작은배터리_30% ▼ 모양으로 바꾸기
      붓의굵기 ▼ 를 1 로 정하기
```

06 완성된 엔트리 작품 확인하기

〈시작하기〉 버튼을 클릭하고 실행 화면에서 연필을 클릭(누른 상태)한 채 이동하며 그림을 그립니다. Spacebar 키를 누르면 붓의 굵기를 5단계로 변경할 수 있습니다.

그림일기 쓰기

여러 개의 배경과 글상자를 이용하여 그림일기를 만듭니다. 실행 화면을 클릭하면 준비한 여러 개의 배경을 슬라이드 방식으로 보여주고 배경에 관한 일기를 글상자로 나타냅니다. 슬라이드 형식으로 배경을 어떻게 이동할까요? 먼저 곰곰이 생각한 다음 코드를 구성해 보세요.

STEP #2

💡 실행 미리 보기

실행 화면의 어린이를 클릭하여 준비한 일기를 보여줍니다. 어린이를 클릭하면 배경이 오른쪽에서 왼쪽으로 슬라이딩되며 새로운 배경을 나타내고, 배경에 관한 일기를 보여줍니다.

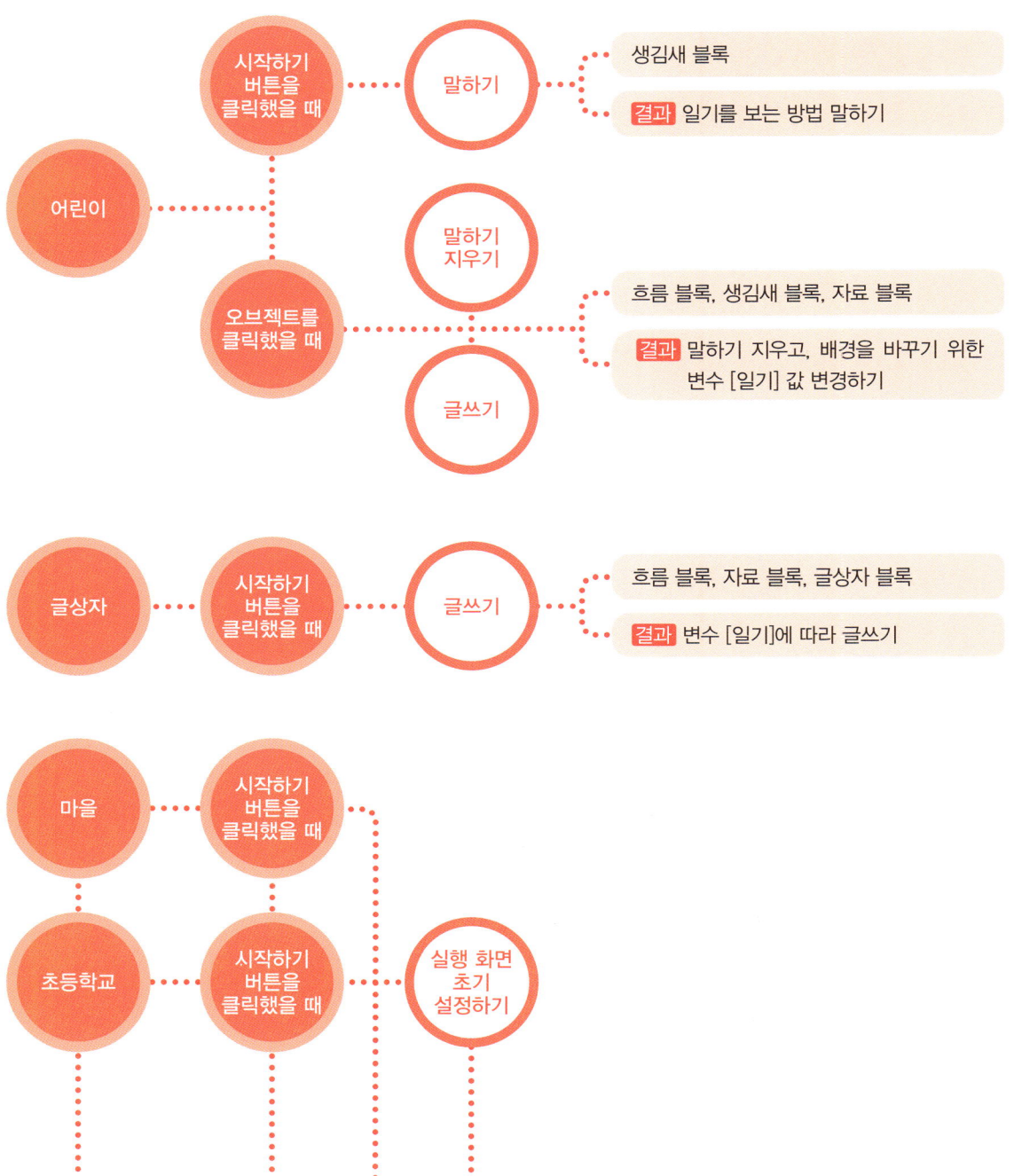

어린이

시작하기 버튼을 클릭했을 때 → 말하기 → 생김새 블록 / 결과 일기를 보는 방법 말하기

오브젝트를 클릭했을 때 → 말하기 지우기, 글쓰기 → 흐름 블록, 생김새 블록, 자료 블록 / 결과 말하기 지우고, 배경을 바꾸기 위한 변수 [일기] 값 변경하기

글상자

시작하기 버튼을 클릭했을 때 → 글쓰기 → 흐름 블록, 자료 블록, 글상자 블록 / 결과 변수 [일기]에 따라 글쓰기

마을

시작하기 버튼을 클릭했을 때

초등학교

시작하기 버튼을 클릭했을 때

실행 화면 초기 설정하기

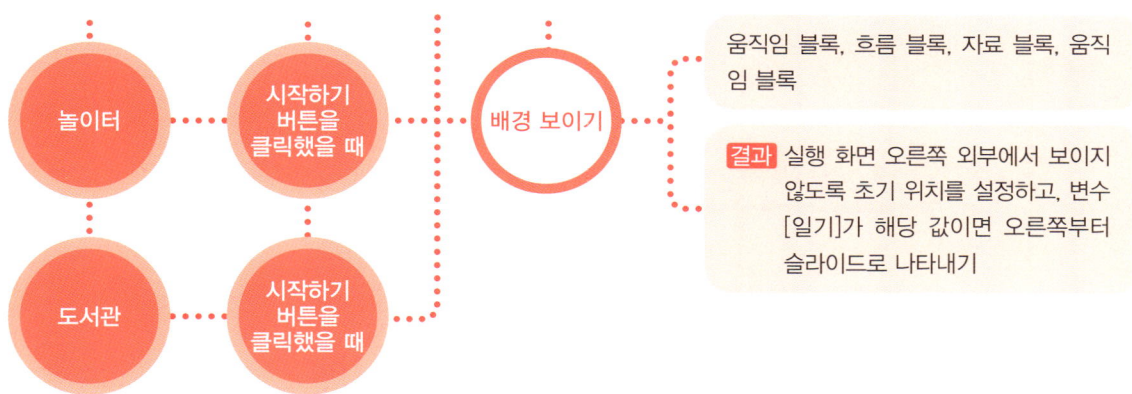

속성

속성	이름	설명
변수	일기	일기의 장면 번호

블록 미리 보기

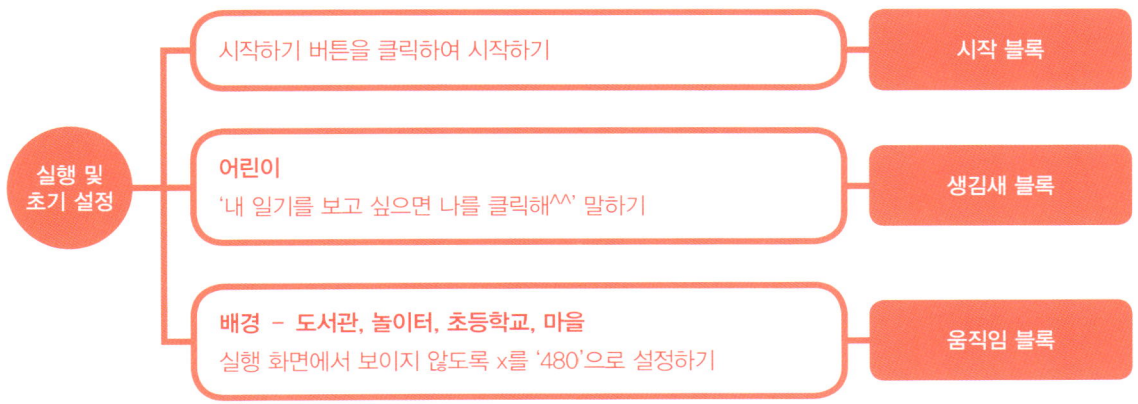

어린이 오브젝트를 클릭했을 때

- 말하기 지우기
- 변수 [일기] 값 확인하기
- [일기] 값이 5보다 작으면 [일기]에 1 더하기
- [일기] 값이 5 이상이면 [일기]를 0으로 설정하고, 2초 후 처음부터 다시 실행하기

생김새 블록
자료 블록
흐름 블록
판단 블록

[일기] 값에 따른 분기

[일기] 값이 1이라면
'엄마가 새로 사주신 예쁜 침대에서 일어났어~' 글쓰기

[일기] 값이 2라면
- 배경을 '마을'로 지정하고 1초 동안 슬라이드 변경하기
- 1초 후 '새로 이사온 동네라 학교가는길이 낯설지만 신나~' 글쓰기

[일기] 값이 3이라면
- 배경을 초등학교로 1초 동안 슬라이드 변경하기
- 1초 후 '예쁜 우리학교야.. 친구들 반가워~~' 글쓰기

[일기] 값이 4라면
- 배경을 놀이터로 1초 동안 슬라이드 변경하기
- 1초 후 '새로운 친구들과 놀이터에서 신나게 놀았어..' 글쓰기

[일기] 값이 5라면
- 배경을 도서관으로 1초 동안 슬라이드 변경하기
- 1초 후 '집옆 예쁜 도서관에서 숙제도 잊지 않았지..' 글쓰기
- y:10 위치로 이동하기
- 1초 후 '오늘 일기 끝...^^' 글쓰기

자료 블록
흐름 블록
판단 블록
글쓰기 블록
움직임 블록

▲ 어린이

시작하기 버튼을 클릭했을 때
내 일기를 보고싶으면 나를 클릭해^^ 을(를) 말하기

오브젝트를 클릭했을 때
말하기 지우기
만일 일기▼ 값 < 5 이라면
  일기▼ 에 1 만큼 더하기
아니면
  일기▼ 를 0 로 정하기
  안녕~~ 을(를) 말하기
2 초 기다리기
처음부터 다시 실행하기

▲ 글상자

시작하기 버튼을 클릭했을 때
계속 반복하기
  만일 일기▼ 값 = 1 이라면
    엄마가 새로 사주신 예쁜 침대에서 일... 라고 글쓰기
  만일 일기▼ 값 = 2 이라면
    1 초 기다리기
    새로 이사온 동네라 학교가는길이 낯설... 라고 글쓰기
  만일 일기▼ 값 = 3 이라면
    1 초 기다리기
    예쁜 우리학교야.. 친구들 반가워~~ 라고 글쓰기
  만일 일기▼ 값 = 4 이라면
    1 초 기다리기
    새로운 친구들과 놀이터에서 신나게 놀... 라고 글쓰기
  만일 일기▼ 값 = 5 이라면
    1 초 기다리기
    집옆 예쁜 도서관에서 숙제도 잊지 않... 라고 글쓰기
    y: 10 위치로 이동하기
    1 초 기다리기
    오늘 일기 끝...^^ 라고 뒤에 이어쓰기

▲ 배경 : 마을

시작하기 버튼을 클릭했을 때
x: 480 위치로 이동하기
계속 반복하기
  만일 일기▼ 값 = 2 이라면
    1 초 동안 공주방▼ 위치로 이동하기

▲ 배경 : 초등학교

시작하기 버튼을 클릭했을 때
x: 480 위치로 이동하기
계속 반복하기
  만일 일기▼ 값 = 3 이라면
    1 초 동안 공주방▼ 위치로 이동하기

▲ 배경 : 놀이터

시작하기 버튼을 클릭했을 때
x: 480 위치로 이동하기
계속 반복하기
  만일 일기▼ 값 = 4 이라면
    1 초 동안 공주방▼ 위치로 이동하기

▲ 배경 : 도서관

시작하기 버튼을 클릭했을 때
x: 480 위치로 이동하기
계속 반복하기
  만일 일기▼ 값 = 5 이라면
    1 초 동안 공주방▼ 위치로 이동하기

01 새로 시작하기

엔트리 프로그램을 새롭게 시작하거나 [파일]−[새로 만들기] 메뉴를 실행합니다. 기본 오브젝트인 '엔트리봇'을 삭제하고 〈오브젝트 추가하기〉 버튼을 클릭합니다.

❶ '어린이(2)' 그리고 [배경]의 '공주방', '마을', '초등학교', '놀이터', '도서관' 오브젝트를 각각 검색하고 선택합니다.

❷ 〈적용하기〉 버튼을 클릭하여 가져옵니다.

02 글상자 추가하기

❶ 일기를 입력하기 위해 먼저 블록 꾸러미에서 [글상자] 탭을 선택합니다.

❷ 처음 보여줄 문자로 "～오늘의 일기～"를 입력합니다. 글상자 배경을 투명하게 만들어 실행 화면의 배경과 잘 어울리도록 합니다.

03 시작 화면 설정하기

가져온 오브젝트를 알맞게 배치합니다. 일기 흐름에
따라 배경을 움직이는 것이 핵심이므로 배경의 순서
를 결정합니다. 다섯 가지 배경을 이야기 흐름에 따라
결정하고 가장 먼저 보일 배경을 맨 아래로 이동하여
오브젝트 목록 순서를 조절합니다.

여기서는 아래에서부터 '공주방 – 마을 – 초등학교 –
놀이터 – 도서관' 순서로 배경을 보여줍니다.

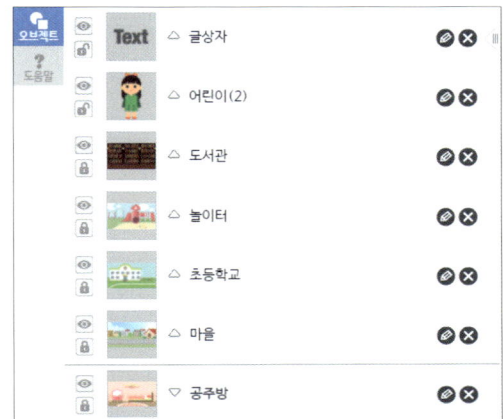

04 속성 추가하기

일기의 배경 순서를 결정하기 위한 변수를 추가합니다.

변수 [일기]를 추가합니다. 배경이 바뀔 때 [일기] 변수 값을 하
나씩 증가시켜 해당 순서의 배경이 실행 화면에 슬라이딩되도록
합니다.

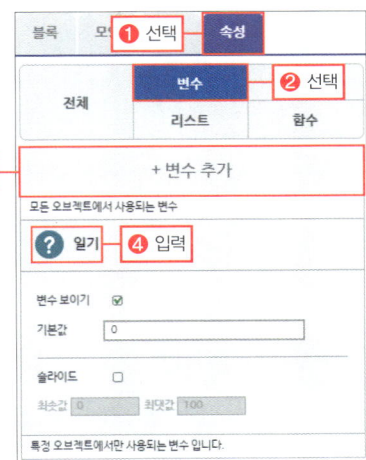

05 어린이 블록 구성하기

변수 [일기] 값을 배경의 숫자만큼 가지도록 하고, 클릭할 때마다 하나
씩 증가하여 다음 배경을 나타냅니다. 또한 배경이 5개 이상일 때는 '0'
으로 초기화하여 시작 화면으로 되돌립니다.

시작(이벤트)	설명
시작하기 버튼을 클릭했을 때	'내 일기를 보고 싶으면 나를 클릭해^^'를 말합니다.
오브젝트를 클릭했을 때	말하기를 지웁니다.
	변수 [일기] 값이 5보다 작으면 1을 더하고, 아니면 0으로 정한 다음 처음부터 실행합니다.

06 글상자 블록 구성하기

글상자는 해당 배경의 일기 내용으로 변수 [일기] 값에 따라 다른 내용
을 보여줍니다.

시작(이벤트)	설명
시작하기 버튼을 클릭했을 때	변수 [일기] 값에 따라 일기 내용을 보여줍니다.
	변수 [일기] 값이 5라면 마지막 배경이므로 처음 배경으로 되돌립니다.

07 마을, 초등학교, 놀이터, 도서관 오브젝트 블록 구성하기

5개의 배경 중에서 첫 번째 배경을 제외한 다른 배경 오브젝트의 블록을 구성합니다. 4개의 배경은 처음에는 보이지 않다가 오른쪽에서 왼쪽으로 서서히 슬라이딩되며 나타납니다.

배경의 X 좌표를 각각 '480'으로 설정합니다.

변수 [일기]가 해당 배경 값이면 1초 동안 '공주방' 위치로 이동합니다. 1초 동안 오른쪽에서 왼쪽으로 슬라이딩되어 '공주방' 배경 위에 나타납니다.

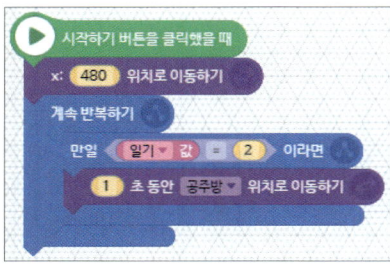

▲ 배경 : 마을

▲ 배경 : 초등학교

▲ 배경 : 놀이터

▲ 배경 : 도서관

08 배경 오브젝트의 슬라이딩 지정하기

공주방을 제외한 다른 배경은 실행 화면 오른쪽 외부에 배치하여 숨깁니다. 오브젝트 목록에서 '공주방'을 맨 아래로 이동하여 다른 배경이 공주방을 가립니다.

09 완성된 엔트리 작품 확인하기

〈시작하기〉 버튼을 클릭하고 '어린이' 오브젝트를 클릭하면 그림일기가 시작되고 다시 클릭하면 다음 장면으로 이동합니다.

'04.그림일기2.ent' 파일을 참고하고 신호를 이용하여 그림일기를 새롭게 구성해 봅니다.

먼저 배경을 바꾸기 위한 신호를 만듭니다. 5개의 신호를 추가하고 각 배경의 이름으로 속성을 지정합니다.

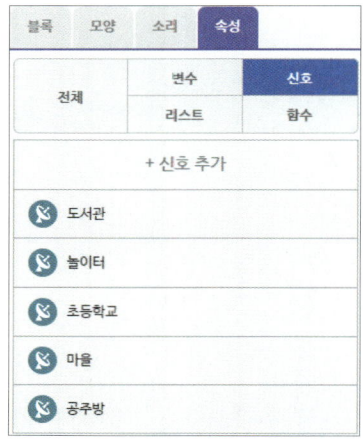

블록 구성은 '어린이'와 '글상자' 오브젝트만 변경하고 배경은 그대로 이용합니다. '어린이' 오브젝트를 클릭할 때마다 변수 [일기] 값을 변경하고, 배경에 해당하는 신호를 보낸 다음 '글상자' 오브젝트에 신호를 받아 그림일기를 보여줍니다.

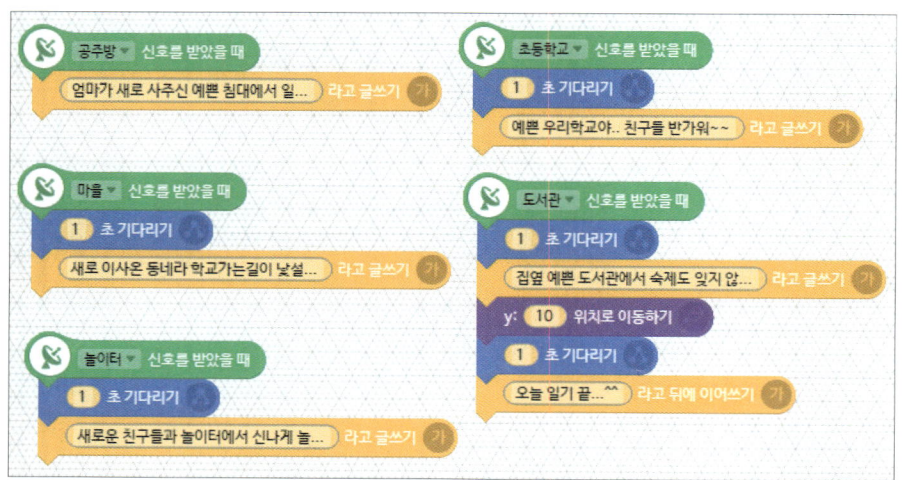

▲ 글상자

시작하기 버튼을 클릭했을 때
　내 일기를 보고싶으면 나를 클릭해^^　을(를) 말하기 ▼

오브젝트를 클릭했을 때
　말하기 지우기
　만일　일기 ▼　값　<　5　이라면
　　일기 ▼　에　1　만큼 더하기
　　만일　일기 ▼　값　=　1　이라면
　　　공주방 ▼　신호 보내기
　　만일　일기 ▼　값　=　2　이라면
　　　마을 ▼　신호 보내기
　　만일　일기 ▼　값　=　3　이라면
　　　초등학교 ▼　신호 보내기
　　만일　일기 ▼　값　=　4　이라면
　　　놀이터 ▼　신호 보내기
　　만일　일기 ▼　값　=　5　이라면
　　　도서관 ▼　신호 보내기
　아니면
　　일기 ▼　를　0　로 정하기
　　안녕~~~　을(를) 말하기 ▼
　　2　초 기다리기
　처음부터 다시 실행하기

▲ 어린이

혼자 해보기 2

'04.오래달리기1.ent' 파일을 참고해서 두 개의 배경을 이용하여 무한 반복되도록 만들어 봅니다.

배경을 오른쪽에서 왼쪽으로 천천히 이동하고, 실행 화면 왼쪽으로 나가 보이지 않으면 그 배경을 다시 오른쪽으로 이동하여 반복할 수 있습니다. 이때 배경의 X 좌표를 '480', '-480'로 설정합니다.

이때 배경 오브젝트의 중심은 실행 화면 가운데가 아니라 배경 왼쪽 위 모서리이며, 이 부분을 기준으로 위치를 지정할 수 있습니다.

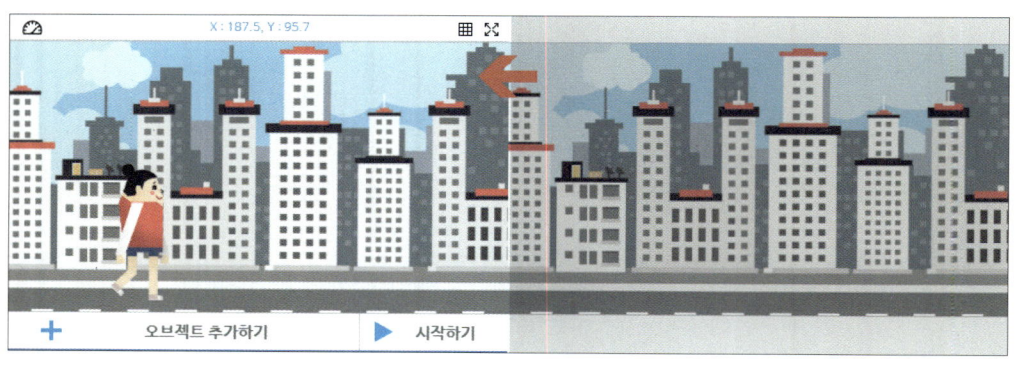

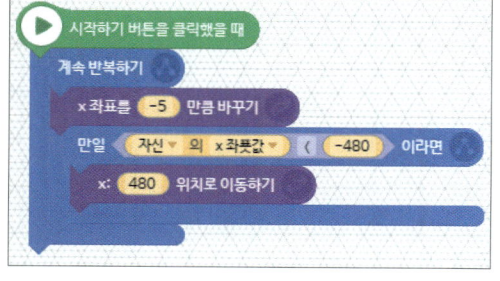

▲ 도시(2)

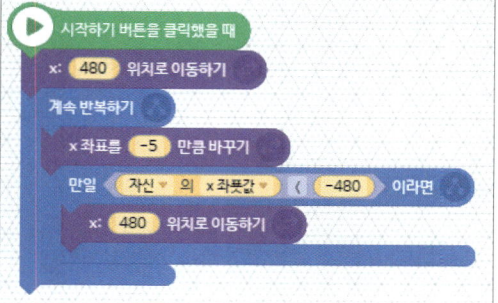

◀ 도시(2)1

덧셈 퀴즈 만들기

간단한 덧셈을 묻고 답하여 정답을 맞히는 퀴즈를 만듭니다. 무작위 수를 변수에 담고 이를 더하는 문제 형태를 만듭니다. 매번 새로운 문제를 출제하고, 문제의 답도 확인할 수 있습니다. 자동으로 문제를 구성하고, 답을 채점해 보세요.

STEP #1

 실행 미리 보기

〈시작하기〉 버튼을 클릭하여 칠판에 나타난 덧셈 문제의 답을 입력하고 Enter 키를 누르거나 답안 오른쪽 아이콘을 클릭하여 정답을 확인합니다.

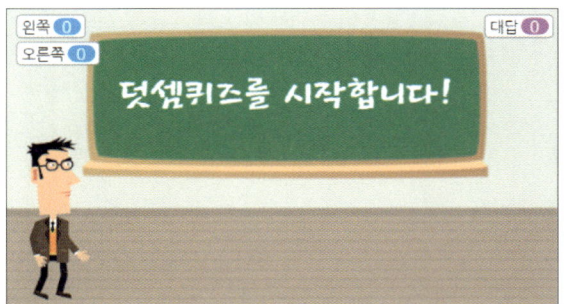

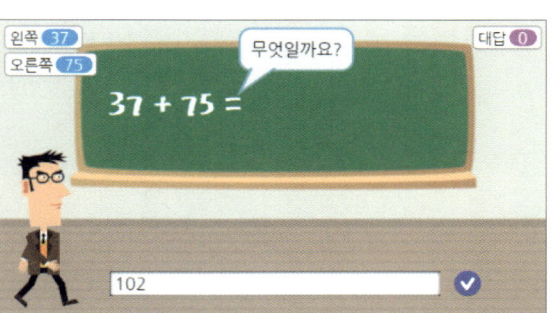

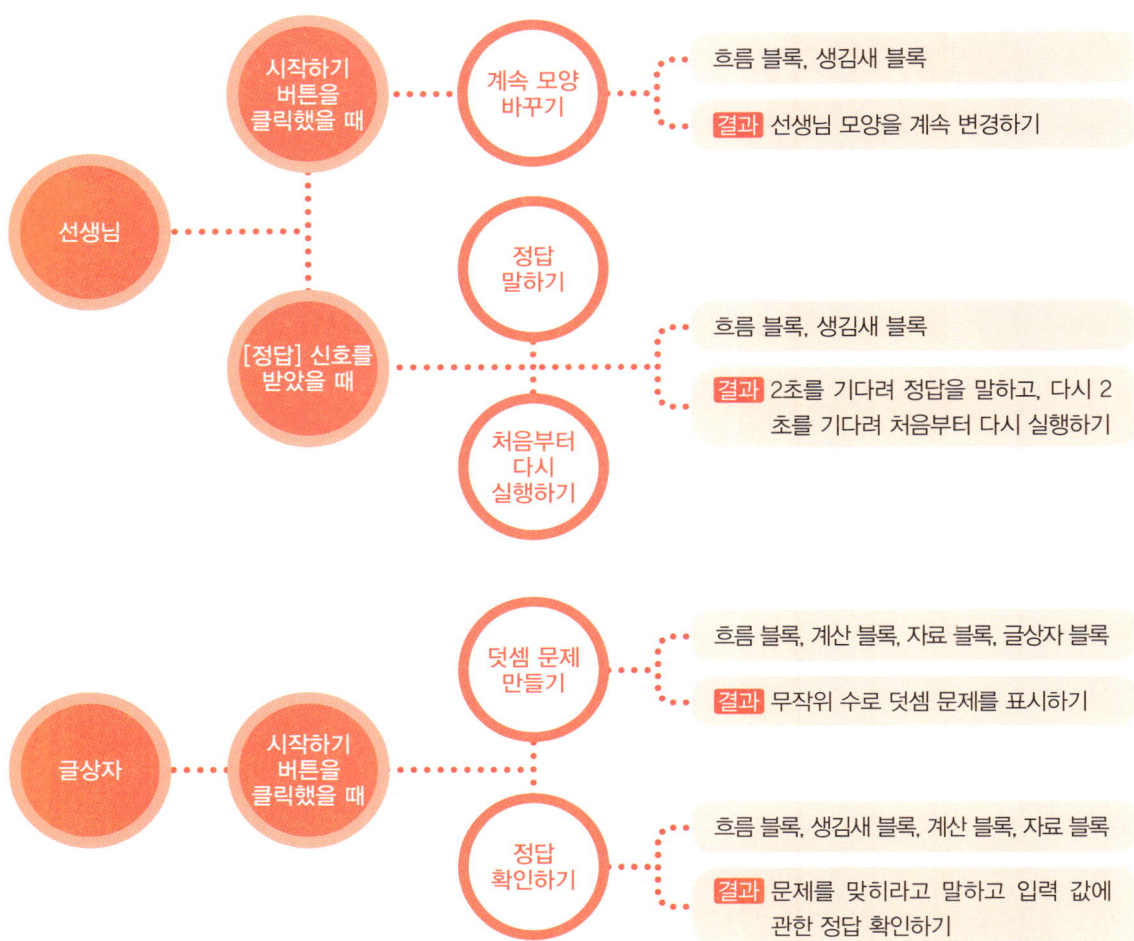

💡 속성

속성	이름	설명
변수	오른쪽	1~99 사이 무작위 수로 뽑힌 오른쪽 문제 수
	왼쪽	1~99 사이 무작위 수로 뽑힌 왼쪽 문제 수
신호	정답	정답일 때 수행할 블록에 전달

블록 미리 보기

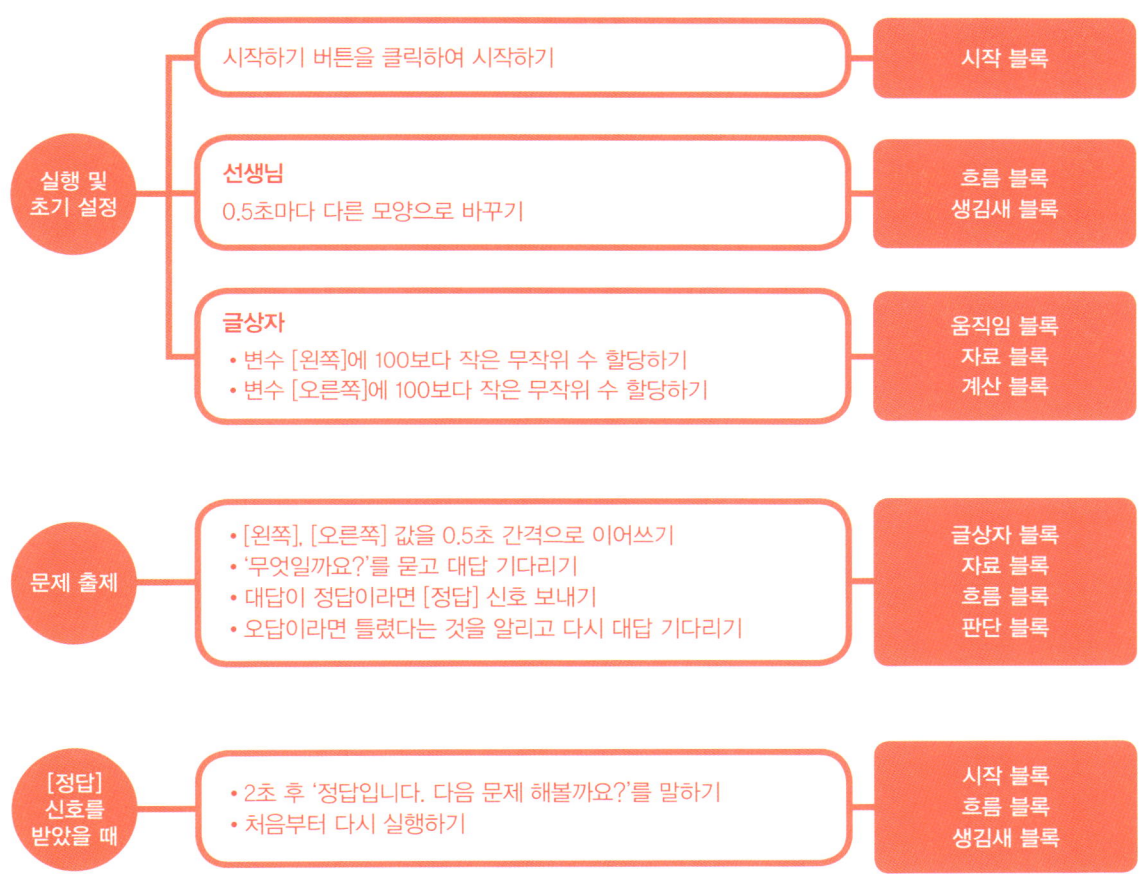

실행 및 초기 설정	시작하기 버튼을 클릭하여 시작하기	시작 블록
	선생님 0.5초마다 다른 모양으로 바꾸기	흐름 블록 생김새 블록
	글상자 • 변수 [왼쪽]에 100보다 작은 무작위 수 할당하기 • 변수 [오른쪽]에 100보다 작은 무작위 수 할당하기	움직임 블록 자료 블록 계산 블록
문제 출제	• [왼쪽], [오른쪽] 값을 0.5초 간격으로 이어쓰기 • '무엇일까요?'를 묻고 대답 기다리기 • 대답이 정답이라면 [정답] 신호 보내기 • 오답이라면 틀렸다는 것을 알리고 다시 대답 기다리기	글상자 블록 자료 블록 흐름 블록 판단 블록
[정답] 신호를 받았을 때	• 2초 후 '정답입니다. 다음 문제 해볼까요?'를 말하기 • 처음부터 다시 실행하기	시작 블록 흐름 블록 생김새 블록

시작하기 버튼을 클릭했을 때
계속 반복하기
　0.5 초 기다리기
　다음 모양으로 바꾸기

정답 신호를 받았을 때
　2 초 기다리기
　정답입니다. 다음 문제 해볼까요? 을(를) 말하기
　2 초 기다리기
　처음부터 다시 실행하기

▲ 선생님

시작하기 버튼을 클릭했을 때
1 초 기다리기
왼쪽 를 1 부터 99 사이의 무작위 수 로 정하기
오른쪽 를 1 부터 99 사이의 무작위 수 로 정하기
왼쪽 값 라고 글쓰기
0.5 초 기다리기
+ 라고 뒤에 이어쓰기
0.5 초 기다리기
오른쪽 값 라고 뒤에 이어쓰기
0.5 초 기다리기
= 라고 뒤에 이어쓰기
무엇일까요? 을(를) 묻고 대답 기다리기
계속 반복하기
　만일 대답 = 왼쪽 값 + 오른쪽 값 이라면
　　대답 라고 뒤에 이어쓰기
　　정답 신호 보내기
　　자신의 코드 멈추기
　아니면
　　틀렸습니다!! 다시 해보세요 을(를) 묻고 대답 기다리기

▲ 글상자

● 대화하기

자료 블록에는 묻고 대답을 기다리는 블록이 있으며, 대답을 입력할 때까지 진행을 멈춥니다. 이러한 대화 기능을 이용하여 퀴즈처럼 사용자에게 질문하고 그 질문으로 이야기를 구성하여 다양한 예제를 만들 수 있습니다.

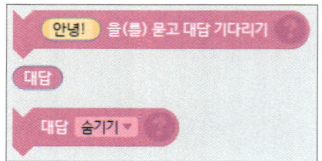

예를 들어, 가위바위보나 복불복 게임처럼 다양한 상황을 연출할 수 있습니다.

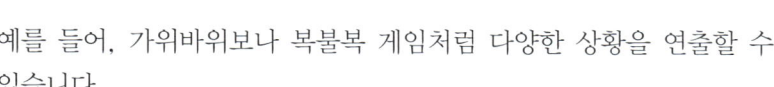

01 새로 시작하기

엔트리 프로그램을 새롭게 시작하거나 [파일]-[새로 만들기] 메뉴를 실행합니다. 기본 오브젝트인 '엔트리봇'을 삭제하고 〈오브젝트 추가하기〉 버튼을 클릭합니다.

❶ 오브젝트 추가하기 창에서 '선생님(1)'과 [배경]의 '칠판' 오브젝트를 선택합니다.

❷ 〈적용하기〉 버튼을 클릭하여 실행 화면에 가져옵니다.

02 속성 추가하기

❶ 덧셈 문제의 왼쪽 항과 오른쪽 항을 저장하기 위한 변수 [왼쪽]과 [오른쪽]을 추가합니다.

❷ 덧셈 문제에서 정답을 맞혔을 때 알릴 신호로 [정답]을 추가합니다.

03 선생님 오브젝트 블록 구성하기

시작(이벤트)	설명
시작하기 버튼을 클릭했을 때	0.5초마다 계속 모양을 바꿔 움직임을 나타냅니다.
[정답] 신호를 받았을 때	'정답입니다. 다음 문제 해볼까요?'를 말합니다.
	2초 기다린 다음 처음부터 다시 실행합니다.

04 글상자 블록 구성하기 1

시작(이벤트)	설명
시작하기 버튼을 클릭했을 때	덧셈할 왼쪽 항과 오른쪽 항의 수를 무작위로 할당합니다.
	덧셈 문제를 화면에 나타냅니다.
	사용자가 대답할 공간을 표시하고 대답하면 정답을 판정합니다.

05 글상자 블록 구성하기 2

'무엇일까요?'를 물으면 사용자가 대답할 수 있도록 대답할 공간을 보여주고 대답을 기다립니다. 사용자가 대답하면 이 값을 변수에 담긴 왼쪽 항과 오른쪽 항 값을 더해 정답을 판별합니다.

정답이라면 [정답] 신호를 보내고, 오답이라면 '틀렸습니다!! 다시해보세요'를 말하고 대답을 기다립니다.

▲ 완성된 '글상자' 오브젝트의 블록

06 완성된 엔트리 작품 확인하기

〈시작하기〉 버튼을 클릭하면 칠판에 나타난 덧셈 퀴즈의 답을 입력하고 Enter 키를 누르거나 답안 오른쪽 아이콘을 클릭하여 정답을 확인합니다.

정답을 맞히거나 틀렸을 때 설정한 내용이 제대로 나타나는지 확인하세요.

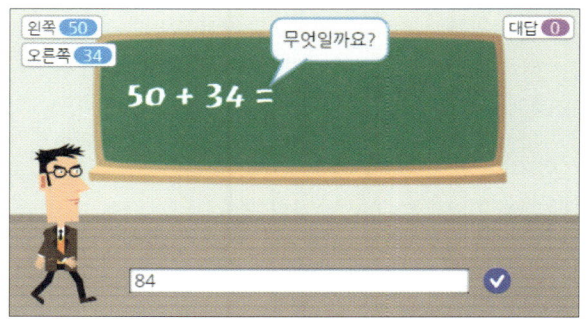

● 언플러그드(Unplugged)

언플러그드는 컴퓨터가 없어도 컴퓨터의 원리를 배울 수 있는 학습 방법입니다. 보통 보드게임 등 방법과 순서가 있는 놀이 형태를 통해서 컴퓨터가 어떻게 동작하고 처리하는지 이해하도록 합니다. 컴퓨터를 처음 시작하는 어린이나 컴퓨터 환경이 불충분할 때 효과적입니다.

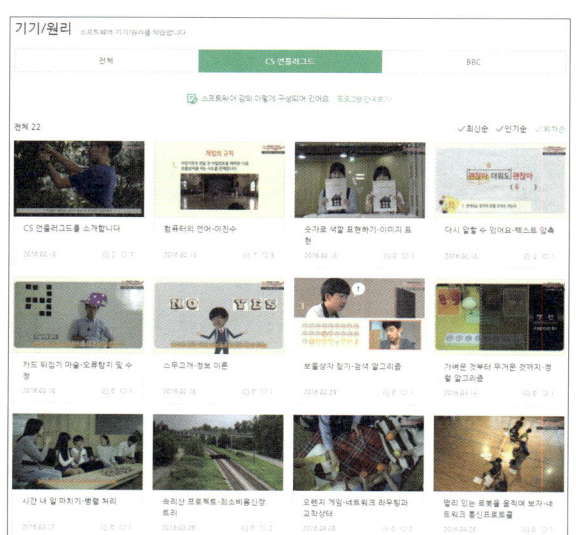

▲ http://www.playsw.or.kr/repo/cs_unplugged

▲ http://csunplugged.org

로봇청소기의 미로 찾기

미로 찾기 게임을 만들어 볼까요? 직접 미로를 만들거나 미로 이미지를 검색해서 이용해도 좋습니다.

'로봇청소기' 오브젝트를 키보드 방향키로 움직여서 미로를 빠져나가 빨간색 깃발에 닿는 게임을 함께 만들어 보겠습니다. 미로를 어렵게 만들거나 중간에 장애물을 설치하면 좀 더 재미있게 만들 수 있습니다.

STEP #1

💡 실행 미리 보기

〈시작하기〉 버튼을 클릭하면 로봇청소기가 시작 위치에서 출발 준비를 합니다. 키보드 방향키를 눌러 전진, 후진, 좌회전, 우회전할 수 있습니다. 미로를 빠져나가 빨간색 깃발에 닿으면 성공입니다. 이때 미로 벽에 닿으면 [하트]의 수가 줄어들고 0이 되면 게임은 종료됩니다.

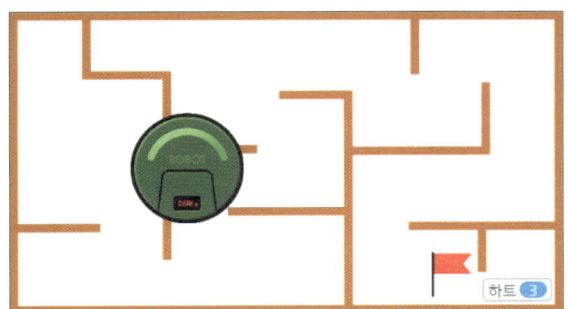

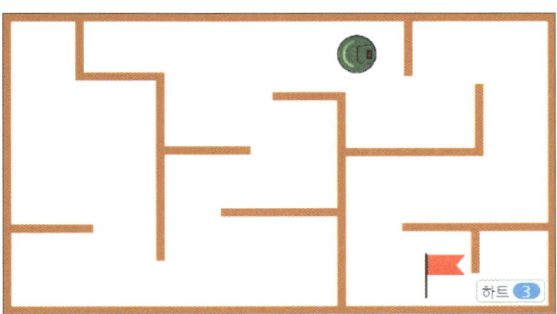

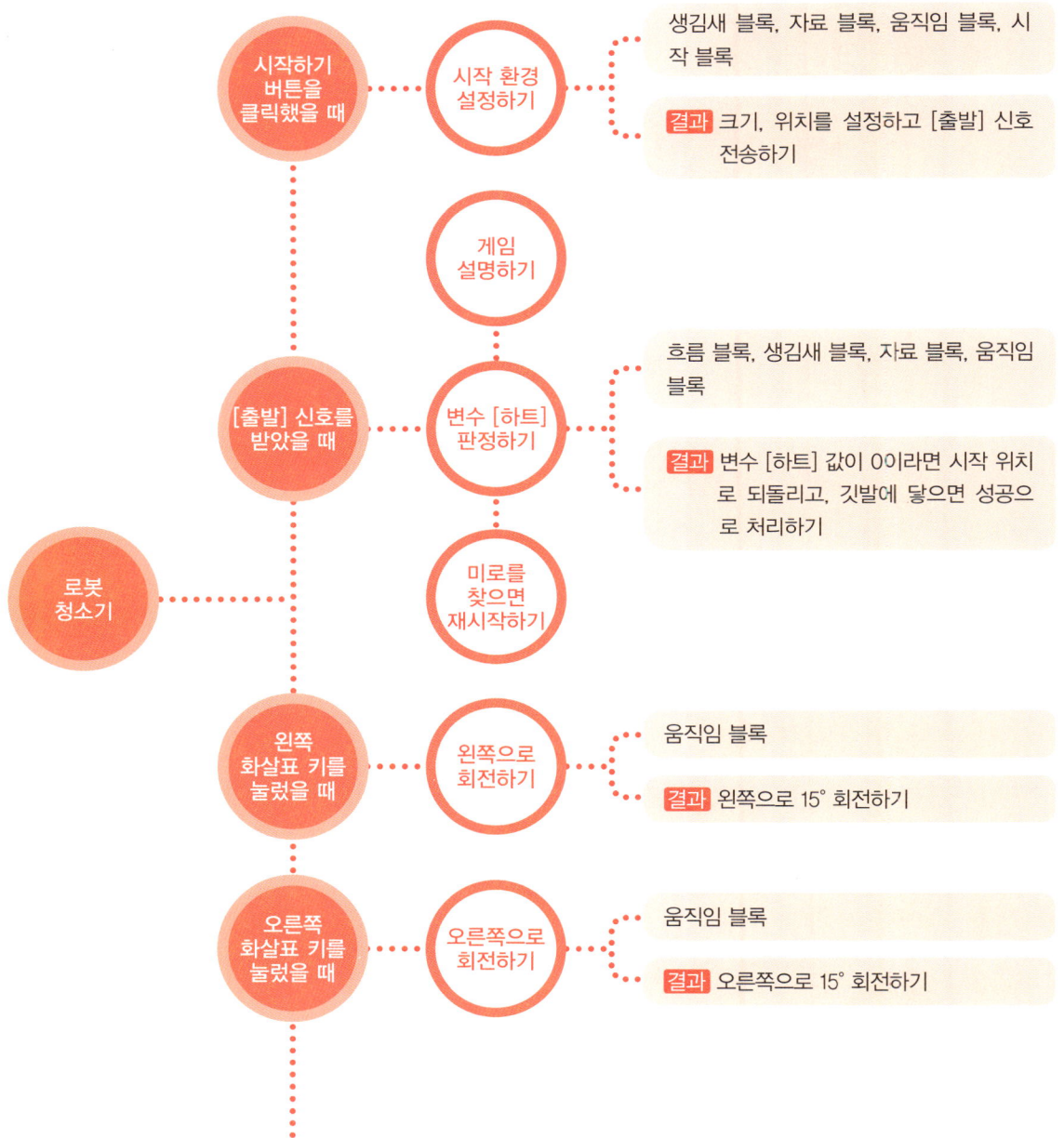

시작하기 버튼을 클릭했을 때 → 시작 환경 설정하기 → 생김새 블록, 자료 블록, 움직임 블록, 시작 블록

결과 크기, 위치를 설정하고 [출발] 신호 전송하기

게임 설명하기

[출발] 신호를 받았을 때 → 변수 [하트] 판정하기 → 흐름 블록, 생김새 블록, 자료 블록, 움직임 블록

결과 변수 [하트] 값이 0이라면 시작 위치로 되돌리고, 깃발에 닿으면 성공으로 처리하기

미로를 찾으면 재시작하기

로봇 청소기

왼쪽 화살표 키를 눌렀을 때 → 왼쪽으로 회전하기 → 움직임 블록

결과 왼쪽으로 15° 회전하기

오른쪽 화살표 키를 눌렀을 때 → 오른쪽으로 회전하기 → 움직임 블록

결과 오른쪽으로 15° 회전하기

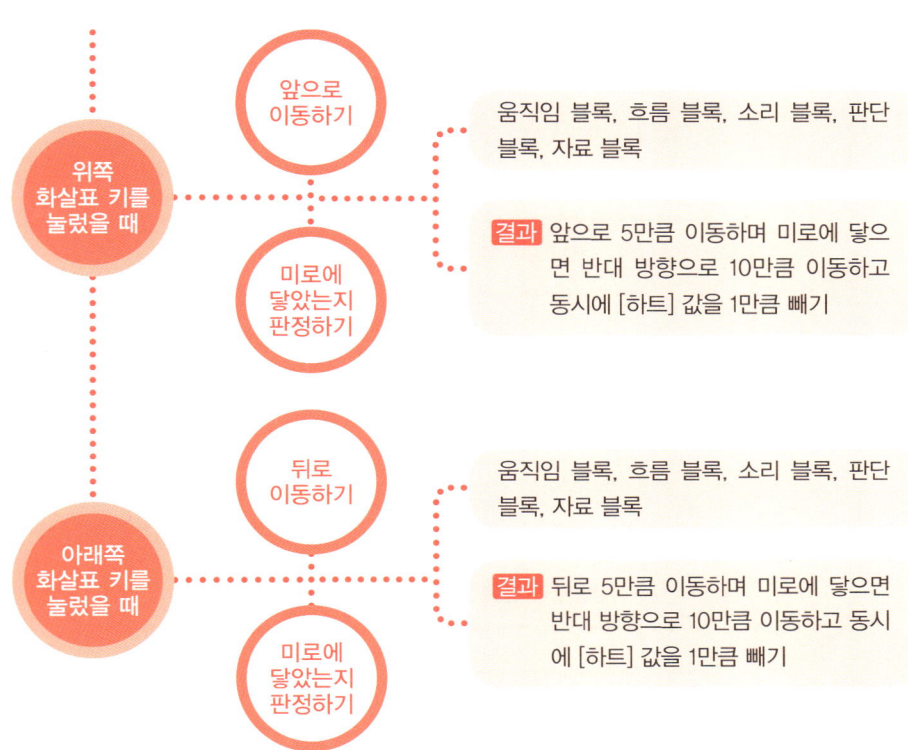

위쪽
화살표 키를
눌렀을 때

앞으로
이동하기

움직임 블록, 흐름 블록, 소리 블록, 판단 블록, 자료 블록

결과 앞으로 5만큼 이동하며 미로에 닿으면 반대 방향으로 10만큼 이동하고 동시에 [하트] 값을 1만큼 빼기

미로에
닿았는지
판정하기

아래쪽
화살표 키를
눌렀을 때

뒤로
이동하기

움직임 블록, 흐름 블록, 소리 블록, 판단 블록, 자료 블록

결과 뒤로 5만큼 이동하며 미로에 닿으면 반대 방향으로 10만큼 이동하고 동시에 [하트] 값을 1만큼 빼기

미로에
닿았는지
판정하기

💡 속성

속성	이름	설명
변수	출발X	'로봇청소기' 오브젝트의 시작 위치 X 좌표 값
	출발Y	'로봇청소기' 오브젝트의 시작 위치 Y 좌표 값
	하트	'로봇청소기'가 미로에 닿는 허용 횟수(기본 값 3)
신호	출발	미로 찾기 게임 시작을 알리는 신호
소리	놀라는소리	'로봇청소기'가 미로에 닿으면 재생

💡 블록 미리 보기

'로봇청소기' 오브젝트에만 블록을 구성합니다. '깃발' 오브젝트는 미로
탈출 확인용으로만 사용합니다.

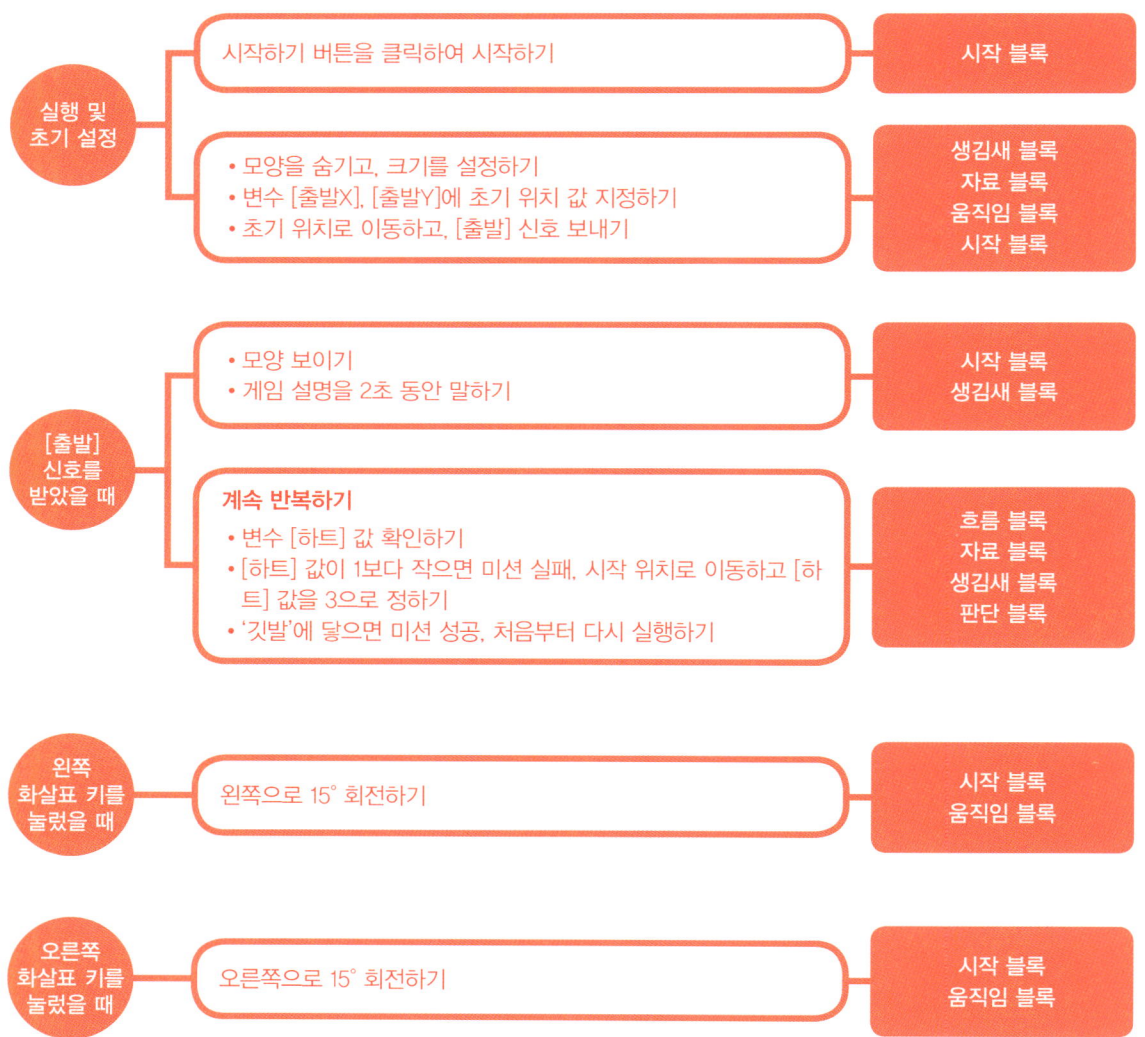

실행 및 초기 설정

시작하기 버튼을 클릭하여 시작하기 — **시작 블록**

- 모양을 숨기고, 크기를 설정하기
- 변수 [출발X], [출발Y]에 초기 위치 값 지정하기
- 초기 위치로 이동하고, [출발] 신호 보내기

**생김새 블록
자료 블록
움직임 블록
시작 블록**

[출발] 신호를 받았을 때

- 모양 보이기
- 게임 설명을 2초 동안 말하기

**시작 블록
생김새 블록**

계속 반복하기
- 변수 [하트] 값 확인하기
- [하트] 값이 1보다 작으면 미션 실패, 시작 위치로 이동하고 [하트] 값을 3으로 정하기
- '깃발'에 닿으면 미션 성공, 처음부터 다시 실행하기

**흐름 블록
자료 블록
생김새 블록
판단 블록**

왼쪽 화살표 키를 눌렀을 때

왼쪽으로 15° 회전하기

**시작 블록
움직임 블록**

오른쪽 화살표 키를 눌렀을 때

오른쪽으로 15° 회전하기

**시작 블록
움직임 블록**

시작하기 버튼을 클릭했을 때
- 모양 숨기기
- 크기를 35 (으)로 정하기
- 출발X 를 -205 로 정하기
- 출발Y 를 105 로 정하기
- x: 출발X 값 y: 출발Y 값 위치로 이동하기
- 출발 신호 보내기

출발 신호를 받았을 때
- 모양 보이기
- 화살표 버튼을 이용해 깃발까지 이동합... 을(를) 2 초 동안 말하기
- 계속 반복하기
  - 만일 하트 값 < 1 이라면
    - 다시합니다 을(를) 2 초 동안 말하기
    - x: 출발X 값 y: 출발Y 값 위치로 이동하기
    - 하트 를 3 로 정하기
  - 만일 깃발 에 닿았는가? 이라면
    - 성공^^ 을(를) 2 초 동안 말하기
    - 처음부터 다시 실행하기

왼쪽 화살표 키를 눌렀을 때
- 방향을 -15° 만큼 회전하기

오른쪽 화살표 키를 눌렀을 때
- 방향을 15° 만큼 회전하기

위쪽 화살표 키를 눌렀을 때
- 이동 방향으로 5 만큼 움직이기
- 만일 미로(4) 에 닿았는가? 이라면
  - 소리 놀라는소리 재생하기
  - 이동 방향으로 -10 만큼 움직이기
  - 하트 에 -1 만큼 더하기

아래쪽 화살표 키를 눌렀을 때
- 이동 방향으로 -5 만큼 움직이기
- 만일 미로(4) 에 닿았는가? 이라면
  - 소리 놀라는소리 재생하기
  - 이동 방향으로 10 만큼 움직이기
  - 하트 에 -1 만큼 더하기

01 새로 시작하기

엔트리 프로그램을 새롭게 시작하거나 [파일]-[새로 만들기] 메뉴를 실행합니다. 기본 오브젝트인 '엔트리봇'을 삭제하고 〈오브젝트 추가하기〉 버튼을 클릭합니다.

❶ '로봇청소기(1)', '깃발'과 [배경]의 '미로(4)'를 선택합니다.

❷ 〈적용하기〉 버튼을 클릭합니다.

02 로봇청소기 이동 방향 설정하기

미로의 시작은 왼쪽 위, 끝은 오른쪽 아래로 지정합니다. 깃발은 도착 지점을 알리기 위한 표시로 사용하기 위해 크기를 조절하여 시작 화면을 설정합니다. 오브젝트 목록에서 '로봇청소기' 오브젝트의 이동 방향을 '180°'로 설정하여 정면으로 수정합니다.

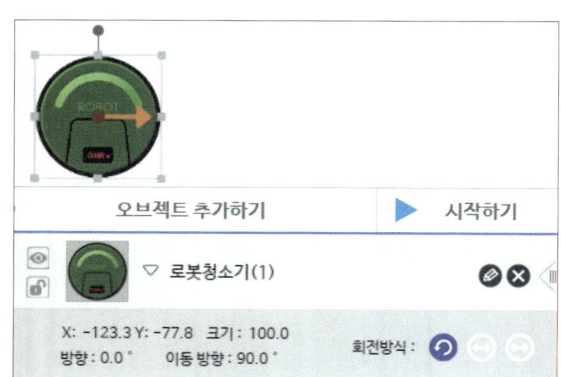

03 속성 추가하기

'인공지능청소기' 프로그래밍을 구성하기 위한 속성을 추가합니다.

❶ '로봇청소기'의 시작 지점 좌표를 담는 변수로 [출발X]와 [출발Y]를 만듭니다.
다시 시도할 수 있는 횟수를 더하기 위해 [하트] 변수를 추가합니다.

❷ 시작 환경을 설정한 다음 키보드를 이용해 '로봇청소기'를 움직이기 위한 블록의
시작을 알리는 신호로 [출발]을 추가합니다. 신호 [출발]은 없어도 블록을 구성
하는 데 문제없지만, 쉽게 블록을 구분하기 위해 추가했습니다.

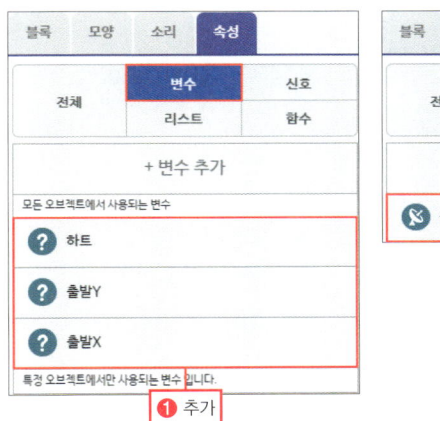 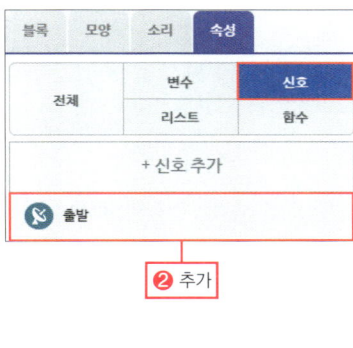

04 소리 추가하기

미로에서 벽에 부딪히는 것을 알리기 위해 '놀라는소리'를 추가합니다.
미로의 벽에 부딪히면 변수 [하트]의 숫자가 줄어들도록 구성합니다.

❶ [소리] 탭을 선택합니다.
❷ 〈소리 추가〉 버튼을 클릭합니다.
❸ '놀라는소리' 파일을 불러옵니다.

05 로봇청소기 오브젝트 블록 구성하기

시작(이벤트)	설명
시작하기 버튼을 클릭했을 때	모양을 숨기고, 크기를 35%로 설정하여 미로보다 작게 만듭니다.
	시작 지점을 변수로 설정하고 그 위치로 이동한 다음 [출발] 신호를 보냅니다.
[출발] 신호를 받았을 때	모양을 보여주고, 사용 방법에 관해 설명합니다.
	변수 [하트]가 1보다 작으면, 다시 시작을 알린 다음 처음 위치로 이동하고, 변수 [하트]를 기본 값으로 설정합니다.
	깃발에 닿으면 '성공'을 말하고 처음부터 다시 실행합니다.
왼쪽 화살표 키를 눌렀을 때	왼쪽으로 15° 회전합니다.
오른쪽 화살표 키를 눌렀을 때	오른쪽으로 15° 회전합니다.
위쪽 화살표 키를 눌렀을 때	이동 방향으로 5만큼 전진합니다.
	미로에 닿으면 '놀라는소리'를 재생하고, 반대 방향으로 10만큼 이동한 다음 변수 [하트]에서 1만큼 뺍니다.
아래쪽 화살표 키를 눌렀을 때	이동 방향으로 5만큼 후진합니다.
	미로에 닿으면 '놀라는소리'를 재생하고, 반대 방향으로 10만큼 이동한 다음 변수 [하트]에서 1만큼 뺍니다.

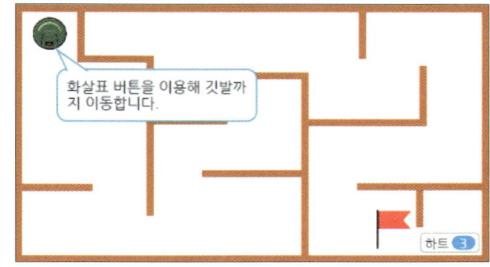

06 완성된 엔트리 작품 확인하기

〈시작하기〉 버튼을 클릭한 다음 키보드 방향키를 눌러 로봇청소기가 미로를 찾아 빠르게 깃발(도착 지점)로 이동하여 청소를 마치도록 합니다.

> 화살표 버튼을 이용해 깃발까지 이동합니다.

하트 ③

🌐 혼자 해보기

계산 블록의 초시계 관련 블록을 이용하여 로봇청소기가 미로 찾는 시간을 계산하기 위한 초시계를 추가해 보세요.

계산 블록의 〔초시계 값〕은 0.1초 단위로 계속해서 시간을 재는 타이머 역할을 합니다.

▶시작하기 버튼을 클릭했을 때 블록에 〔초시계 시작하기 ▾ 🔧〕블록을 연결하여 타이머를 초기화해서 미로를 탈출할 때 타이머를 살펴보면 게임 시간을 확인할 수 있습니다. 여러 명이 순서대로 미로 찾기 게임을 즐길 때 사용하면 순위를 정하는 데 도움이 됩니다.

초시계 값

초시계 시작하기 ▾ 🔧

초시계 숨기기 ▾ 🔧

Part 4 ❯ Section 07

도레미 송 연주하기

키보드를 이용해 도레미 송을 연주해 볼까요? 음계를 담당하는 오브젝트를 실행 화면으로 가져와서 특정 키를 누르면 해당 소리 파일을 재생하고, 연결된 오브젝트에 효과를 적용하거나 움직임을 주면 재미있는 시청각 교재가 됩니다. 여기에 글상자를 이용하여 도레미 송을 글로 표현하면 더욱 재미있습니다.

STEP #1

💡 ❯ 실행 미리 보기

<시작하기> 버튼을 클릭하고 키보드 위에 왼손은 1~4, 오른손은 7~0 키에 올려둔 다음 눌러서 연주해 보세요. 이때 해당 숫자 키가 도레미파솔라시도 음계를 연주할 키보드의 키입니다.

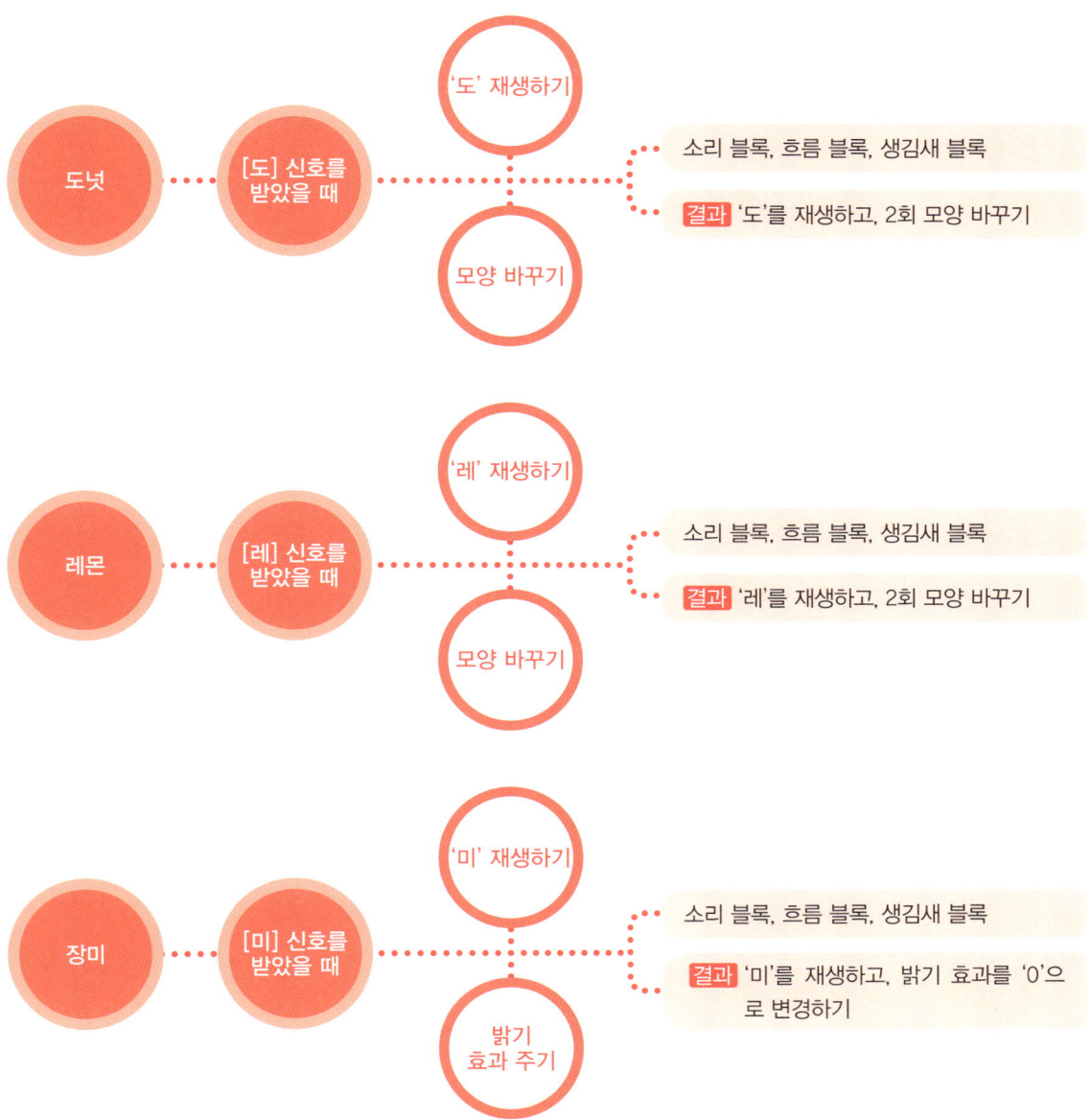

도넛 ····· [도] 신호를 받았을 때 ····· '도' 재생하기

모양 바꾸기

소리 블록, 흐름 블록, 생김새 블록

결과 '도'를 재생하고, 2회 모양 바꾸기

레몬 ····· [레] 신호를 받았을 때 ····· '레' 재생하기

모양 바꾸기

소리 블록, 흐름 블록, 생김새 블록

결과 '레'를 재생하고, 2회 모양 바꾸기

장미 ····· [미] 신호를 받았을 때 ····· '미' 재생하기

밝기 효과 주기

소리 블록, 흐름 블록, 생김새 블록

결과 '미'를 재생하고, 밝기 효과를 '0'으로 변경하기

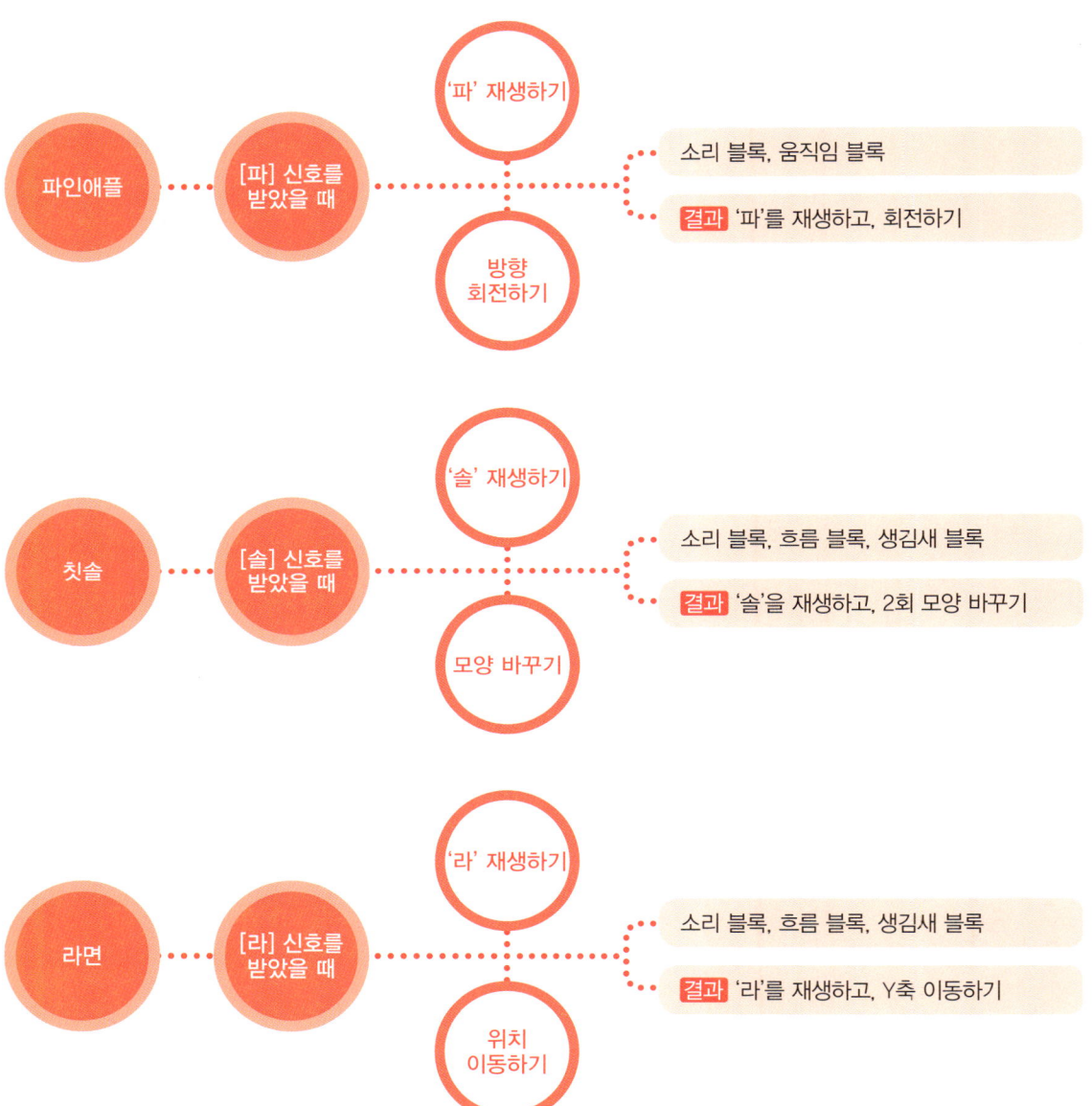

파인애플 ···· [파] 신호를
받았을 때 ···· '파' 재생하기

소리 블록, 움직임 블록

결과 '파'를 재생하고, 회전하기

방향
회전하기

칫솔 ···· [솔] 신호를
받았을 때 ···· '솔' 재생하기

소리 블록, 흐름 블록, 생김새 블록

결과 '솔'을 재생하고, 2회 모양 바꾸기

모양 바꾸기

라면 ···· [라] 신호를
받았을 때 ···· '라' 재생하기

소리 블록, 흐름 블록, 생김새 블록

결과 '라'를 재생하고, Y축 이동하기

위치
이동하기

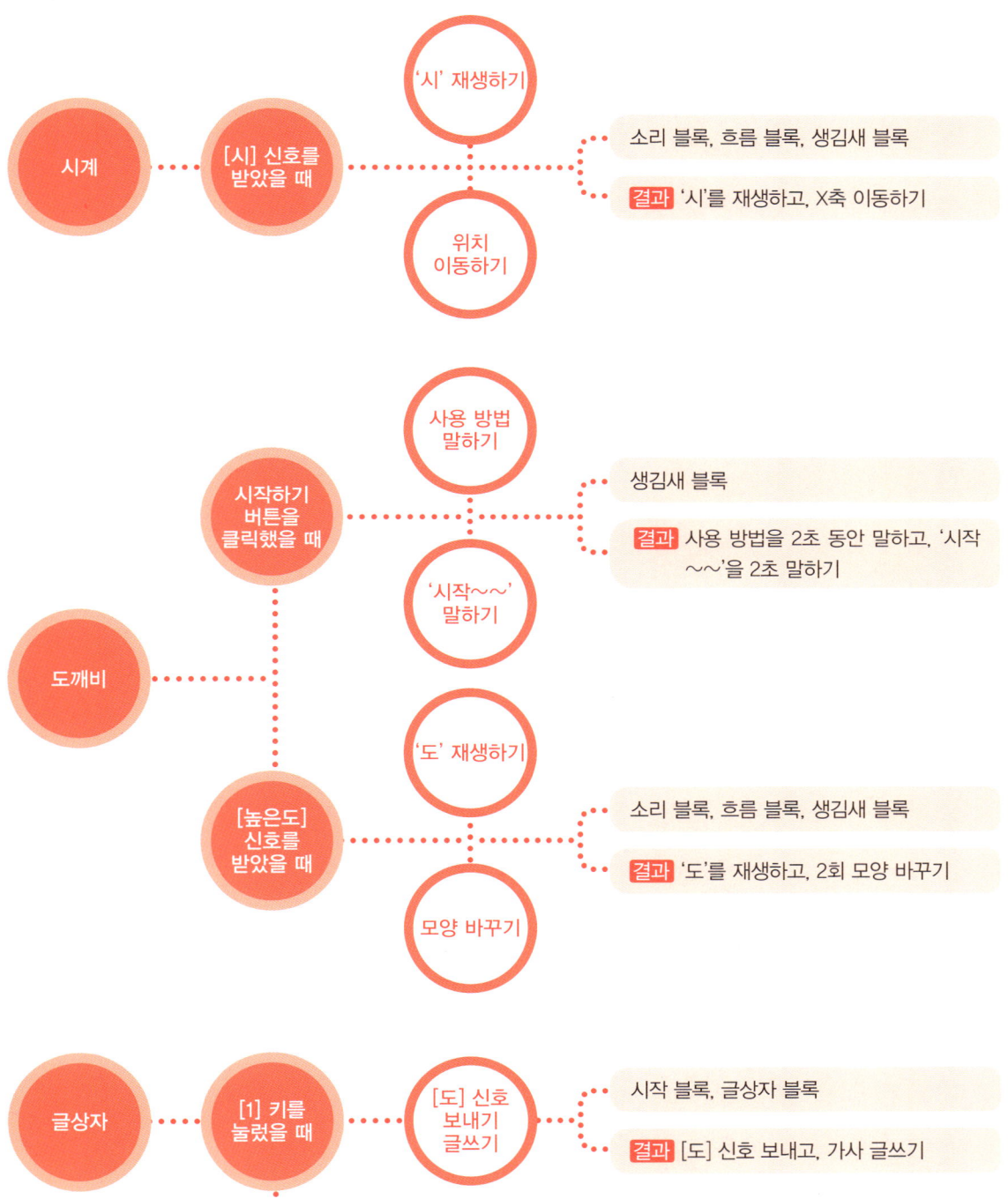

시계 ···· [시] 신호를 받았을 때

'시' 재생하기

위치 이동하기

소리 블록, 흐름 블록, 생김새 블록

결과 '시'를 재생하고, X축 이동하기

도깨비

시작하기 버튼을 클릭했을 때

사용 방법 말하기

'시작~~' 말하기

생김새 블록

결과 사용 방법을 2초 동안 말하고, '시작~~'을 2초 말하기

[높은도] 신호를 받았을 때

'도' 재생하기

모양 바꾸기

소리 블록, 흐름 블록, 생김새 블록

결과 '도'를 재생하고, 2회 모양 바꾸기

글상자 ···· [1] 키를 눌렀을 때

[도] 신호 보내기 글쓰기

시작 블록, 글상자 블록

결과 [도] 신호 보내고, 가사 글쓰기

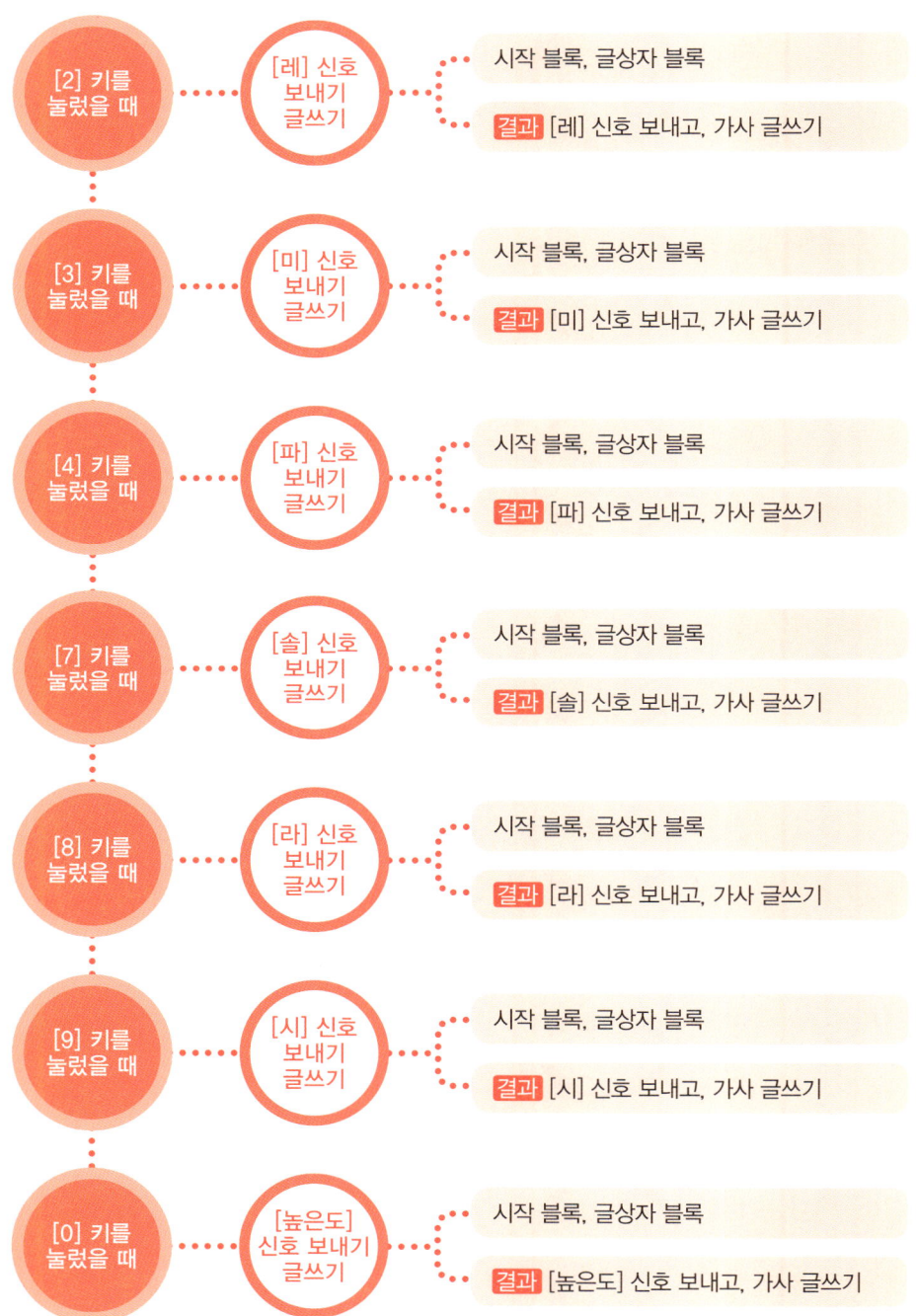

 **속성**

속성	이름	설명
신호	도	[도] 신호 보내기
	레	[레] 신호 보내기
	미	[미] 신호 보내기
	파	[파] 신호 보내기
	솔	[솔] 신호 보내기
	라	[라] 신호 보내기
	시	[시] 신호 보내기
	높은도	[높은도] 신호 보내기
소리	피아노_04도	'도' 음계 재생하기
	피아노_05레	'레' 음계 재생하기
	피아노_06미	'미' 음계 재생하기
	피아노_07파	'파' 음계 재생하기
	피아노_08솔	'솔' 음계 재생하기
	피아노_09라	'라' 음계 재생하기
	피아노_10시	'시' 음계 재생하기
	피아노_11높은도	'높은도' 음계 재생하기

🔎 블록 미리 보기

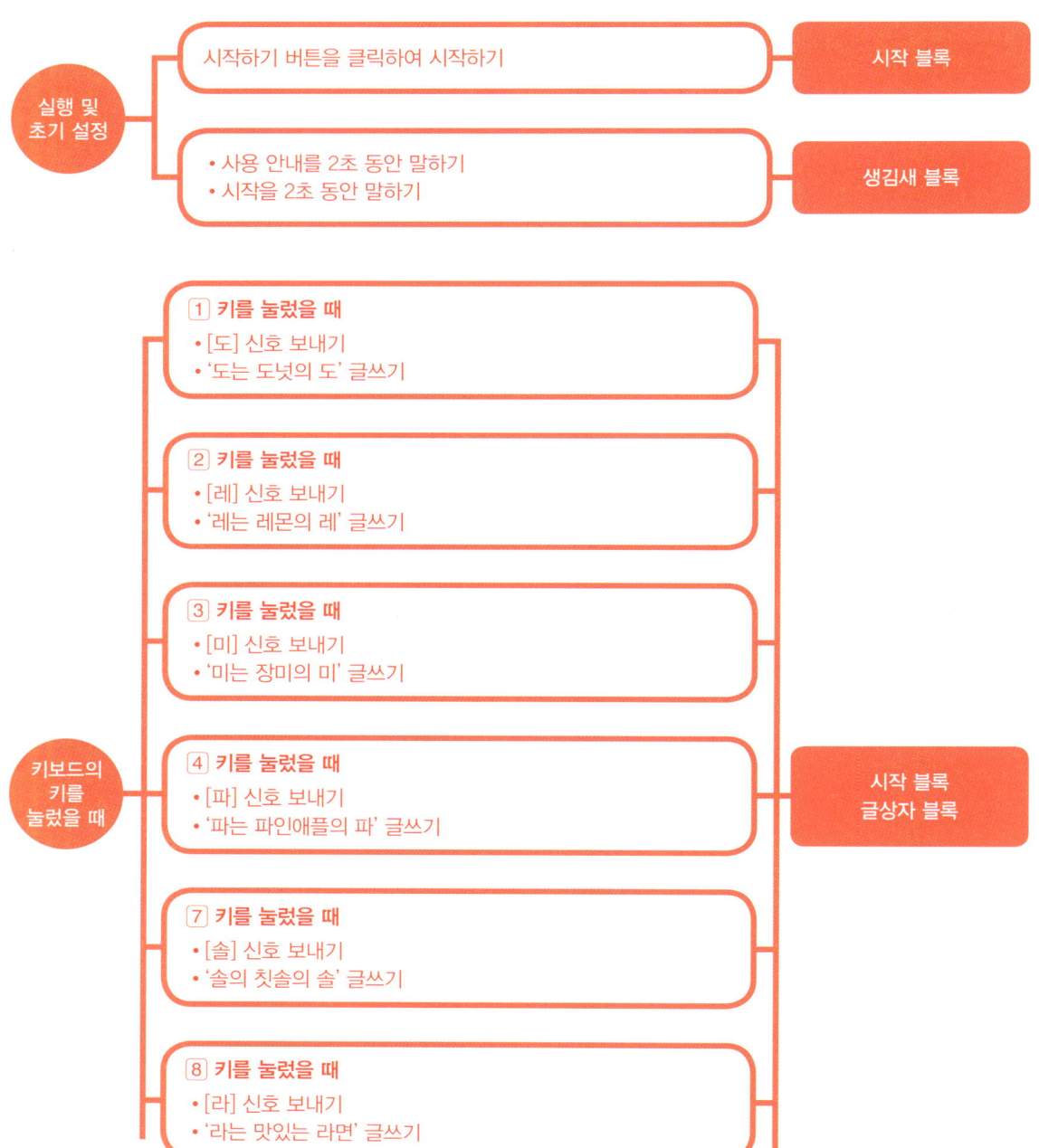

실행 및 초기 설정

시작하기 버튼을 클릭하여 시작하기 → **시작 블록**

• 사용 안내를 2초 동안 말하기
• 시작을 2초 동안 말하기 → **생김새 블록**

키보드의 키를 눌렀을 때

① **키를 눌렀을 때**
• [도] 신호 보내기
• '도는 도넛의 도' 글쓰기

② **키를 눌렀을 때**
• [레] 신호 보내기
• '레는 레몬의 레' 글쓰기

③ **키를 눌렀을 때**
• [미] 신호 보내기
• '미는 장미의 미' 글쓰기

④ **키를 눌렀을 때**
• [파] 신호 보내기
• '파는 파인애플의 파' 글쓰기

⑦ **키를 눌렀을 때**
• [솔] 신호 보내기
• '솔의 칫솔의 솔' 글쓰기

⑧ **키를 눌렀을 때**
• [라] 신호 보내기
• '라는 맛있는 라면' 글쓰기

**시작 블록
글상자 블록**

⑨ 키를 눌렀을 때
- [시] 신호 보내기
- '시는 시계의 시' 글쓰기

⓪ 키를 눌렀을 때
- [높은도] 신호 보내기
- '도는 도깨비의 도' 글쓰기

[도] 신호를 받았을 때
- [도]를 재생하기
- 0.1초마다 다음 모양으로 바꾸기

[레] 신호를 받았을 때
- [레]를 재생하기
- 0.1초마다 다음 모양으로 바꾸기

[미] 신호를 받았을 때
- [미]를 재생하기
- 밝기 효과 조절하기

[파] 신호를 받았을 때
- [파]를 재생하기
- 왔다 갔다 회전하기

[솔] 신호를 받았을 때
- [솔]을 재생하기
- 0.1초마다 다음 모양으로 바꾸기

[라] 신호를 받았을 때
- [라]를 재생하기
- 상하로 이동하기

신호를
받았을 때

소리 블록
흐름 블록
생김새 블록

[시] 신호를 받았을 때
- [시]를 재생하기
- 좌우로 이동하기

[높은도] 신호를 받았을 때
- [높은도]를 재생하기
- 0.1초마다 다음 모양으로 바꾸기

▲ 글상자

▲ 도넛

▲ 레몬(1)

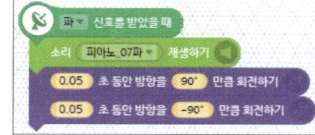

▲ 장미

▲ 파인애플

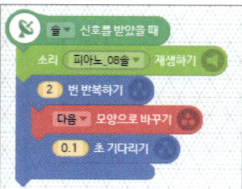

▲ 칫솔(2)

▲ 라면

▲ 시계

▲ 도깨비(1)

01 새로 시작하기

엔트리 프로그램을 새롭게 시작하거나 [파일]−[새로 만들기] 메뉴를 실행합니다. 기본 오브젝트인 '엔트리봇'을 삭제하고 〈오브젝트 추가하기〉 버튼을 클릭합니다.

❶ 도레미파솔라시도로 사용할 오브젝트인 '도넛', '레몬(1)', '장미', '파인애플', '칫솔(2)', '라면', '시계', '도깨비(1)'과 [배경]의 '들판(4)' 오브젝트를 선택합니다.

❷ 〈적용하기〉 버튼을 클릭합니다.

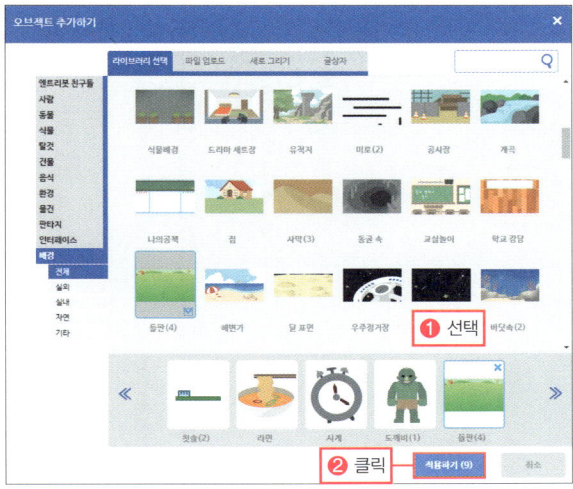

02 글상자 추가하기

계이름을 나타내기 위한 글상자를 실행 화면 가운데 위에 추가합니다.

❶ 블록 꾸러미에서 [글상자] 탭을 선택합니다.

❷ '도레미송~'을 입력합니다.

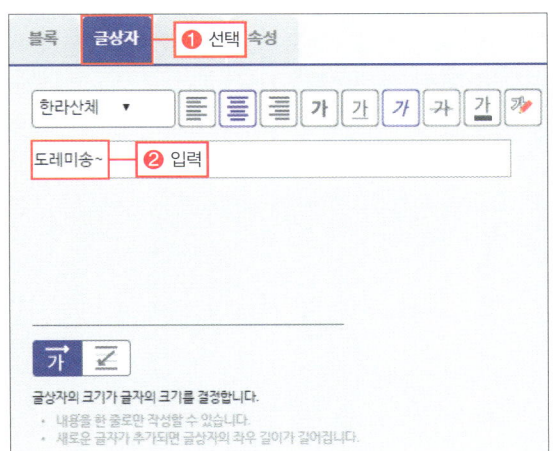

03 소리 파일 추가하기

가져온 오브젝트를 실행 화면 위 적당한 위치에 드래그하여 배치하고,
각 오브젝트에 알맞은 소리를 추가합니다.

 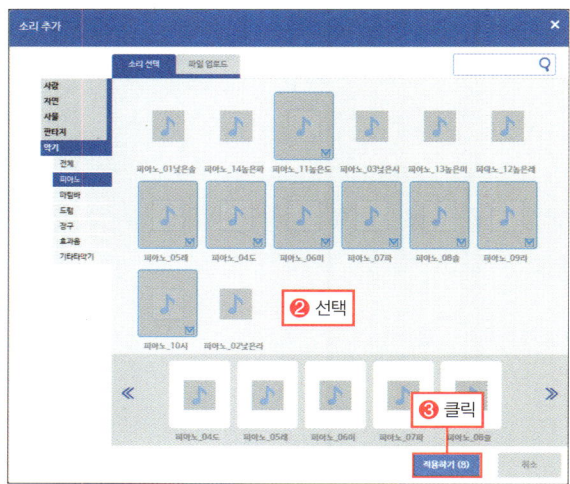

04 신호 추가하기

도레미 송의 소리 재생 신호를 추가합니다. 신호는 음계 이름으로
설정합니다.

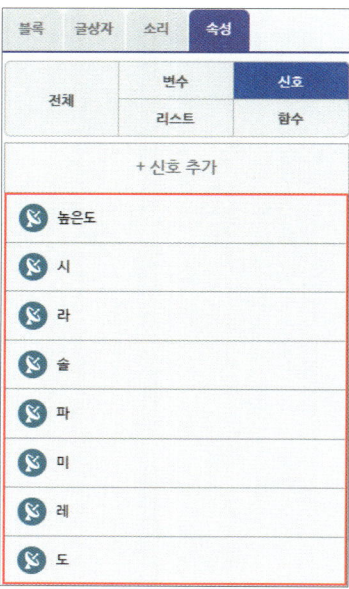

05 도레미 송 블록 구성하기

음계로 이용할 '도넛', '레몬(1)', '장미', '파인애플', '칫솔(2)', '라면', '시계', '도깨비(1)'과 '글상자' 오브젝트에 블록을 구성합니다. 그중 '도깨비(1)'에는 사용 방법과 시작을 말하는 블록을 추가합니다.

시작(이벤트)	설명
시작하기 버튼을 클릭했을 때	'도–1', '레–2', '미–3', '파–4', '솔–7', '라–8', '시–9', '도–0' 사용법을 설명합니다.
	'시작~~'을 2초 동안 말합니다.
키를 눌렀을 때	해당 키에 연결된 신호를 보냅니다.
	해당 키에 연결된 글상자에 글쓰기를 합니다.
신호를 받았을 때	해당 신호에 연결된 소리를 재생합니다.
	해당 신호에 연결된 이동 및 효과를 적용합니다.

◀ 도깨비(1)

◀ 글상자

도 ▼ 신호를 받았을 때
소리 피아노_04도 ▼ 재생하기
2 번 반복하기
다음 ▼ 모양으로 바꾸기
0.1 초 기다리기

레 ▼ 신호를 받았을 때
소리 피아노_05레 ▼ 재생하기
2 번 반복하기
다음 ▼ 모양으로 바꾸기
0.1 초 기다리기

미 ▼ 신호를 받았을 때
소리 피아노_06미 ▼ 재생하기
밝기 ▼ 효과를 70 (으)로 정하기
0.1 초 기다리기
밝기 ▼ 효과를 0 (으)로 정하기

파 ▼ 신호를 받았을 때
소리 피아노_07파 ▼ 재생하기
0.05 초 동안 방향을 90° 만큼 회전하기
0.05 초 동안 방향을 -90° 만큼 회전하기

솔 ▼ 신호를 받았을 때
소리 피아노_08솔 ▼ 재생하기
2 번 반복하기
다음 ▼ 모양으로 바꾸기
0.1 초 기다리기

라 ▼ 신호를 받았을 때
소리 피아노_09라 ▼ 재생하기
y 좌표를 10 만큼 바꾸기
0.1 초 기다리기
y 좌표를 -10 만큼 바꾸기

시 ▼ 신호를 받았을 때
소리 피아노_10시 ▼ 재생하기
x 좌표를 10 만큼 바꾸기
0.1 초 기다리기
x 좌표를 -10 만큼 바꾸기

높은도 ▼ 신호를 받았을 때
소리 피아노_11높은도 ▼ 재생하기
2 번 반복하기
다음 ▼ 모양으로 바꾸기
0.1 초 기다리기

▲ 도넛, 레몬(1), 장미, 파인애플, 칫솔(2), 라면, 시계, 도깨비(1)

06 완성된 엔트리 작품 확인하기

〈시작하기〉 버튼을 클릭한 다음 키보드 1~4에 왼손을 얹고 7~0에 오른손을 올려 둔 채 피아노를 치듯 연주해 보세요. 도레미 송이 멋지게 연주되나요?

시계 만들기

시침, 분침, 초침으로 이루어진 아날로그 형태의 시계와 숫자로 구성된 디지털 형태의 시계를 만들어 봅니다. 시간 정보는 컴퓨터 정보를 바탕으로 화면에 표시됩니다. 중요한 것은 컴퓨터 시계로부터 전달되는 시간 정보를 일반 시계처럼 보여주는 것입니다. 어떻게 하면 좋을지 미리 생각하고 코드를 구성해 봅니다.

STEP #1

💡 실행 미리 보기

〈시작하기〉 버튼을 클릭하면 시계의 시침, 분침, 초침이 아날로그 시계처럼 현재 시각을 보여주고, 숫자로 만들어진 디지털 시계가 같은 시각을 보여줍니다.

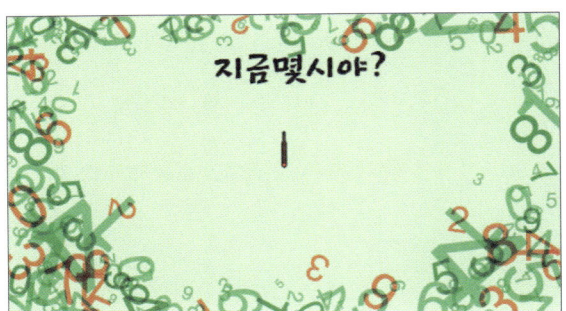

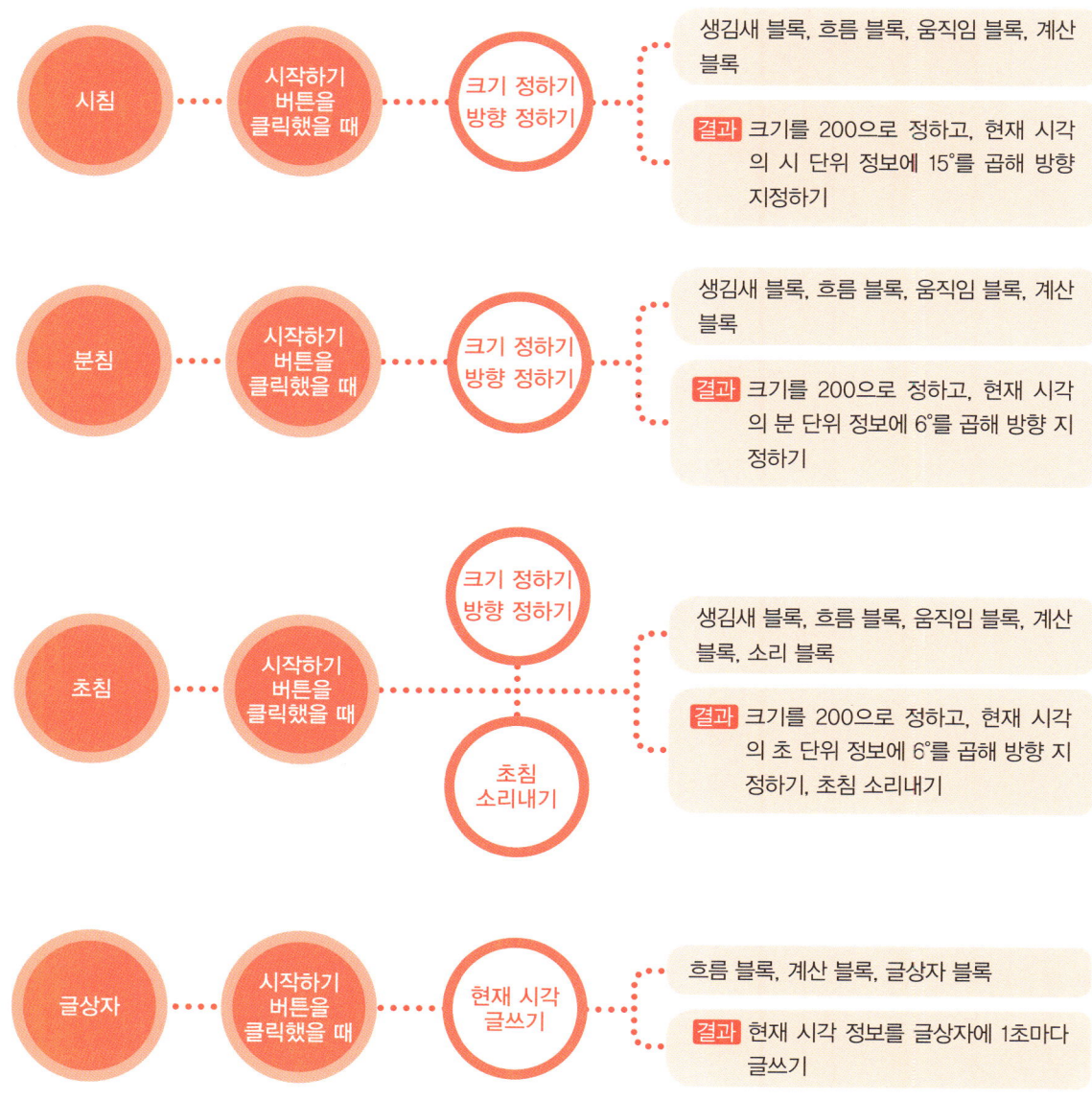

시침 ····· 시작하기 버튼을 클릭했을 때 ····· 크기 정하기 방향 정하기 ····· 생김새 블록, 흐름 블록, 움직임 블록, 계산 블록

결과 크기를 200으로 정하고, 현재 시각의 시 단위 정보에 15°를 곱해 방향 지정하기

분침 ····· 시작하기 버튼을 클릭했을 때 ····· 크기 정하기 방향 정하기 ····· 생김새 블록, 흐름 블록, 움직임 블록, 계산 블록

결과 크기를 200으로 정하고, 현재 시각의 분 단위 정보에 6°를 곱해 방향 지정하기

초침 ····· 시작하기 버튼을 클릭했을 때 ····· 크기 정하기 방향 정하기 / 초침 소리내기 ····· 생김새 블록, 흐름 블록, 움직임 블록, 계산 블록, 소리 블록

결과 크기를 200으로 정하고, 현재 시각의 초 단위 정보에 6°를 곱해 방향 지정하기, 초침 소리내기

글상자 ····· 시작하기 버튼을 클릭했을 때 ····· 현재 시각 글쓰기 ····· 흐름 블록, 계산 블록, 글상자 블록

결과 현재 시각 정보를 글상자에 1초마다 글쓰기

🔆 블록 미리 보기

| 실행 및 초기 설정 | 시작하기 버튼을 클릭하여 시작하기 | 시작 블록 |
| | 시침, 분침, 초침의 크기를 2배로 정하기 | 생김새 블록 |

| 초침 회전 운동 | • 1초마다 [현재 시각(초)]×6 값만큼 회전하기
• '핑거스냅' 소리 재생하기 | 계산 블록
흐름 블록
움직임 블록
소리 블록 |

| 분침 회전 운동 | 1초마다 [현재 시각(분)]×6 값만큼 회전하기 | 계산 블록
흐름 블록
움직임 블록 |

| 시침 회전 운동 | • 1초마다 [현재 시각(시)]×30 값만큼 회전하기
• [현재 시각(시)]이 12보다 크면 12를 뺀 값으로 계산하기 | 시작 블록
흐름 블록
움직임 블록
판단 블록 |

| 현재 시각 표시 | • [시:분:초] 형태로 글상자에 표현하기
• 분, 초 값이 10보다 작으면 '0'을 추가하여 표현하기 | 시작 블록
흐름 블록
글상자 블록
판단 블록 |

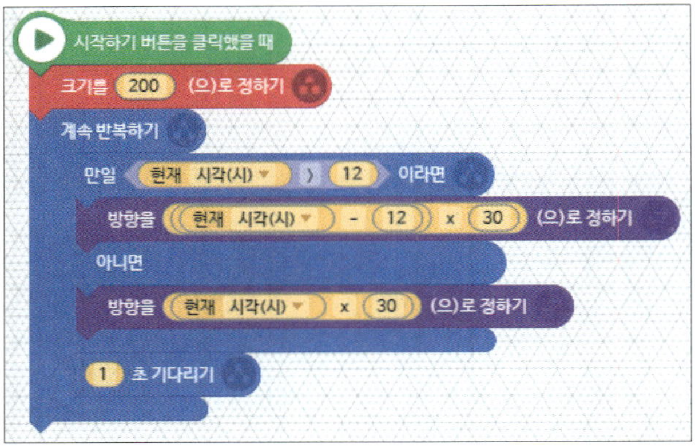
시작하기 버튼을 클릭했을 때
크기를 200 (으)로 정하기
계속 반복하기
만일 현재 시각(시) > 12 이라면
방향을 ((현재 시각(시) - 12) x 30) (으)로 정하기
아니면
방향을 (현재 시각(시) x 30) (으)로 정하기
1 초 기다리기

▲ 시침

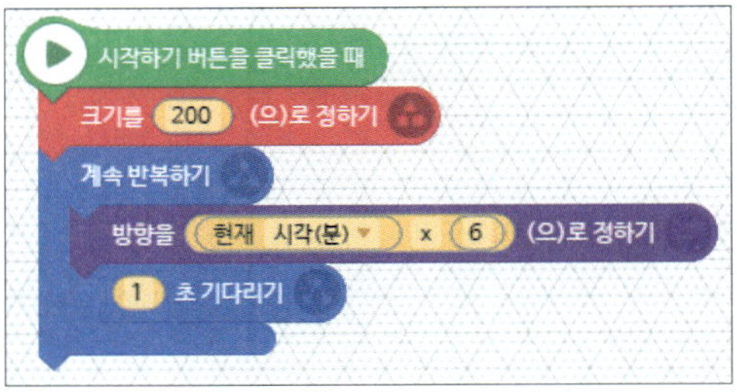
시작하기 버튼을 클릭했을 때
크기를 200 (으)로 정하기
계속 반복하기
방향을 (현재 시각(분) x 6) (으)로 정하기
1 초 기다리기

▲ 분침

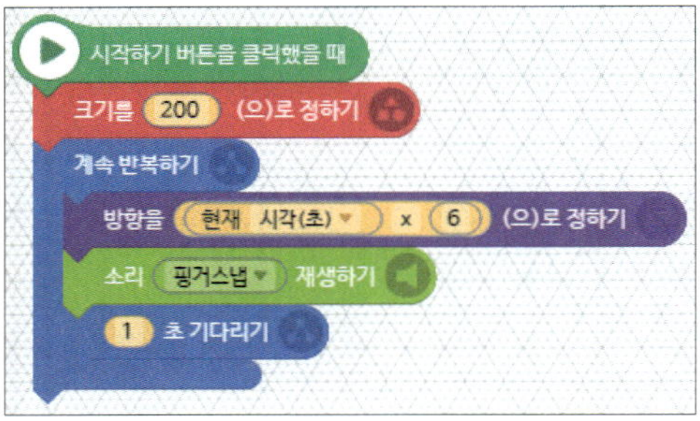
시작하기 버튼을 클릭했을 때
크기를 200 (으)로 정하기
계속 반복하기
방향을 (현재 시각(초) x 6) (으)로 정하기
소리 핑거스냅 재생하기
1 초 기다리기

▲ 초침

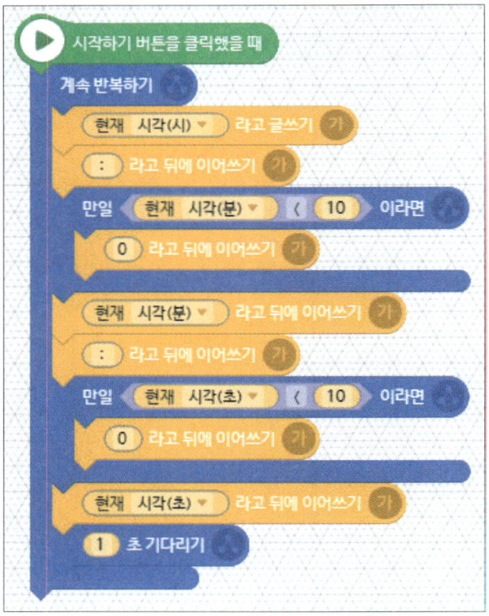
시작하기 버튼을 클릭했을 때
계속 반복하기
현재 시각(시) 라고 글쓰기
: 라고 뒤에 이어쓰기
만일 현재 시각(분) < 10 이라면
0 라고 뒤에 이어쓰기
현재 시각(분) 라고 뒤에 이어쓰기
: 라고 뒤에 이어쓰기
만일 현재 시각(초) < 10 이라면
0 라고 뒤에 이어쓰기
현재 시각(초) 라고 뒤에 이어쓰기
1 초 기다리기

▲ 글상자

01 새로 시작하기

엔트리 프로그램을 새롭게 시작하거나 [파일]-[새로 만들기] 메뉴를 실행합니다. 기본 오브젝트인 '엔트리봇'을 삭제하고 〈오브젝트 추가하기〉 버튼을 클릭합니다.

❶ 시계바늘로 사용할 '시계침' 오브젝트와 [배경]의 '숫자나라'를 선택합니다.

❷ 〈적용하기〉 버튼을 클릭합니다.

02 시침, 분침, 초침 확인하기

시계바늘이 움직이는 아날로그 시계를 만들기 위해 '시계침' 오브젝트의 [모양] 탭에서 먼저 시침, 분침, 초침의 모양을 확인합니다.

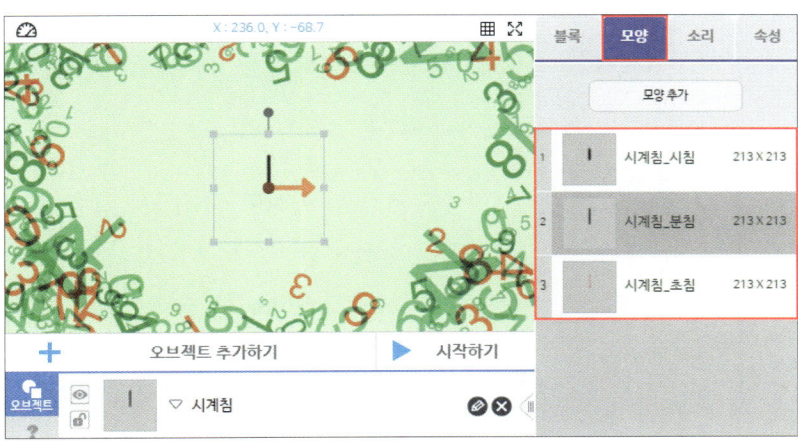

03 시침, 분침, 초침 조정하기

❶ 먼저 실행 화면 위 '시계침' 오브젝트 위치와 크기를 설정하여 알맞게 배치합니다.

❷ 오브젝트 목록의 '시계침' 오브젝트에서 마우스 오른쪽 버튼을 클릭합니다.

❸ [복제] 메뉴를 실행합니다.

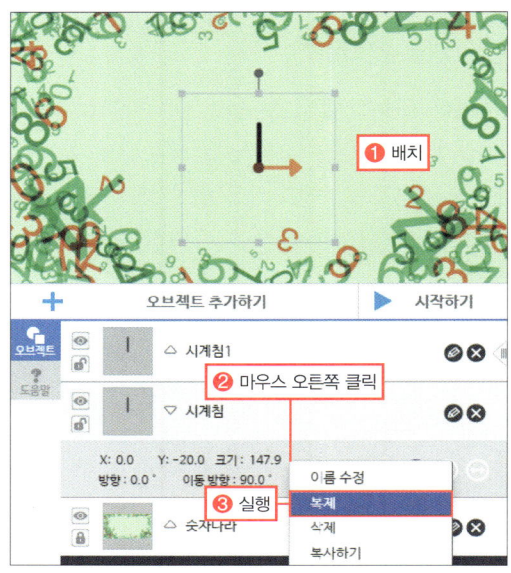

▶ **알아두기**

시침, 분침, 초침 오브젝트를 만들어야 분리된 초침, 분침, 시침의 중심이 맞아 마치 하나의 오브젝트처럼 움직일 수 있습니다. 오브젝트 속성이나 블록을 이용하여 맞출 수도 있지만, 이 방법이 가장 쉽습니다.

04 오브젝트 모양 삭제하기

각 오브젝트에서 해당 모양만 남기고 나머지는 지웁니다.

예를 들어, 초침에는 '시계침_초침' 모양만 남기고 나머지는 삭제합니다.

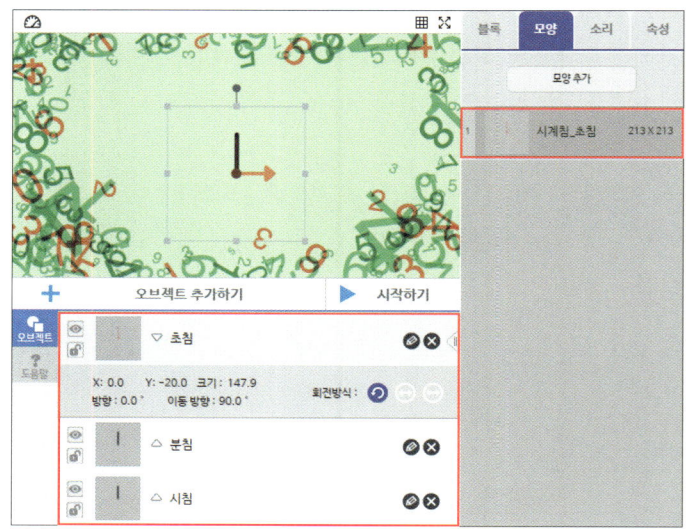

05 시침 오브젝트 블록 구성하기

'현재 시각(시)' 블록의 값은 24시간을 표현합니다. 오후 3시라면 15
라는 값을 가집니다. 시침이 12시간 동안 한 번 회전하므로 1시간 동안
30°(360/12=30) 회전합니다.

시작(이벤트)	설명
시작하기 버튼을 클릭했을 때	크기를 '200'으로 정합니다.
	현재 시각(시)이 12보다 크면 12를 빼고 30°를 곱해 시침의 회전 각도를 정합니다.

06 분침 오브젝트 블록 구성하기

분침은 60분 동안 한 번 회전하므로 1분에 6°(360/60=6) 회전합니다.

시작(이벤트)	설명
시작하기 버튼을 클릭했을 때	크기를 '200'으로 정합니다.
	현재 시각(분)에 6°를 곱해 분침의 회전 각도를 정합니다.

07 초침 오브젝트 블록 구성하기

초침은 60초 동안 한 번 회전하므로 1초에 6°(360/60=6) 회전합니다.

시작(이벤트)	설명
시작하기 버튼을 클릭했을 때	크기를 '200'으로 정합니다.
	현재 시각(초)에 6°를 곱해 분침의 회전 각도를 정합니다.
	'핑거스냅' 소리를 재생하여 초침의 째깍 째깍 소리를 대신합니다.

08 글상자 블록 구성하기

숫자로 현재 시각을 표현하여 디지털 시계를 추가합니다. 각 단위 자릿수는 두 자리로 표현하여 안정감을 줍니다. 분과 초가 10보다 작을 때는 앞자리에 '0'을 추가합니다.

시작(이벤트)	설명
시작하기 버튼을 클릭했을 때	크기를 '200'으로 정합니다.
	매초마다 '현재 시각(시)' : '현재 시각(분)' : '현재 시각(초)'로 표현합니다.

09 완성된 엔트리 작품 확인하기

〈시작하기〉 버튼을 클릭하면 아날로그 시계와 디지털 시계가 동시에 현재 시각을 나타냅니다.

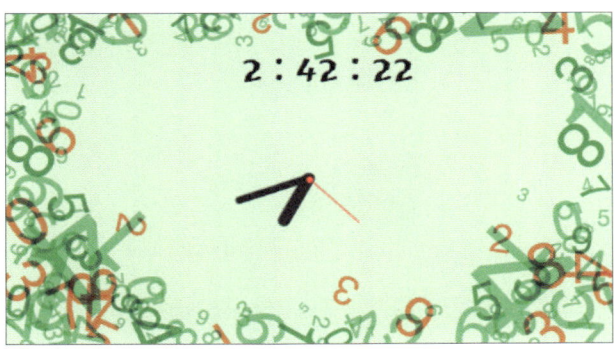

아날로그 시계를 좀 더 세밀하게 만들어 봅니다.

시침은 분침의 이동 정도에 따라 다음 시각으로 이동합니다. 3시 정각 이라면 시침은 정확히 3시를 가리키지만, 3시 30분이라면 3시와 4시 중간에 위치합니다. 현재 시각의 시침 위치에 분침 이동에 따른 값을 더 하면 세밀한 시계가 만들어집니다.

1시간 동안 시침은 30° 움직입니다. 여기에 '현재 시각(분)'을 60(분)으로 나눈 값에 1시간 동안 시침의 회전 각도인 30°를 곱합니다. 나누면 소수점 이하 값이 생길 수 있는데, 여기서는 필요 없으므로 0보다 작은 값은 버립니다.

방향을 (((현재 시각(시) ▼) - (12)) x (30)) + (((현재 시각(분) ▼) / (60)) x (30)) 의 소수점 버림값 ▼) (으)로 정하기

방향을 ((현재 시각(시) ▼) x (30)) + (((현재 시각(분) ▼) / (60)) x (30)) 의 소수점 버림값 ▼) (으)로 정하기

▶ 시작하기 버튼을 클릭했을 때
크기를 (200) (으)로 정하기
계속 반복하기
  만일 ((현재 시각(시) ▼) > (12)) 이라면
    방향을 (((현재 시각(시) ▼) - (12)) x (30)) + (((현재 시각(분) ▼) / (60)) x (30)) 의 소수점 버림값 ▼) (으)로 정하기
  아니면
    방향을 ((현재 시각(시) ▼) x (30)) + (((현재 시각(분) ▼) / (60)) x (30)) 의 소수점 버림값 ▼) (으)로 정하기
  (1) 초 기다리기

▲ 완성된 좀 더 세밀한 시계

● 공모전에 도전하세요!

엔트리를 이용하여 직접 흥미로운 아이디어와 줄거리로 작품을 만들어
보세요.

도전하는 것만으로도 재미와 실력을 높일 수 있는 좋은 방법입니다.

Part 05

엔트리
게임 프로그래밍

승부차기

축구의 승부차기 게임을 만들어 볼까요? 골키퍼 대신 골대가 왼쪽, 오른쪽으로 자유롭게 움직일 때 공을 차고 골인했을 때 점수화하는 간단한 게임을 만들어 봅니다. 축구공에 이동 방향과 각도를 무작위로 적용해도 재미를 더할 수 있습니다.

STEP #1

실행 미리 보기

〈시작하기〉 버튼을 클릭하면 골대가 좌우로 움직입니다. 골대의 움직이는 속도는 조금씩 달라지므로 승부차기 결과를 예측하기는 쉽지 않습니다. 이 골대를 향해 Spacebar 키를 눌러 승부차기 게임을 진행합니다.

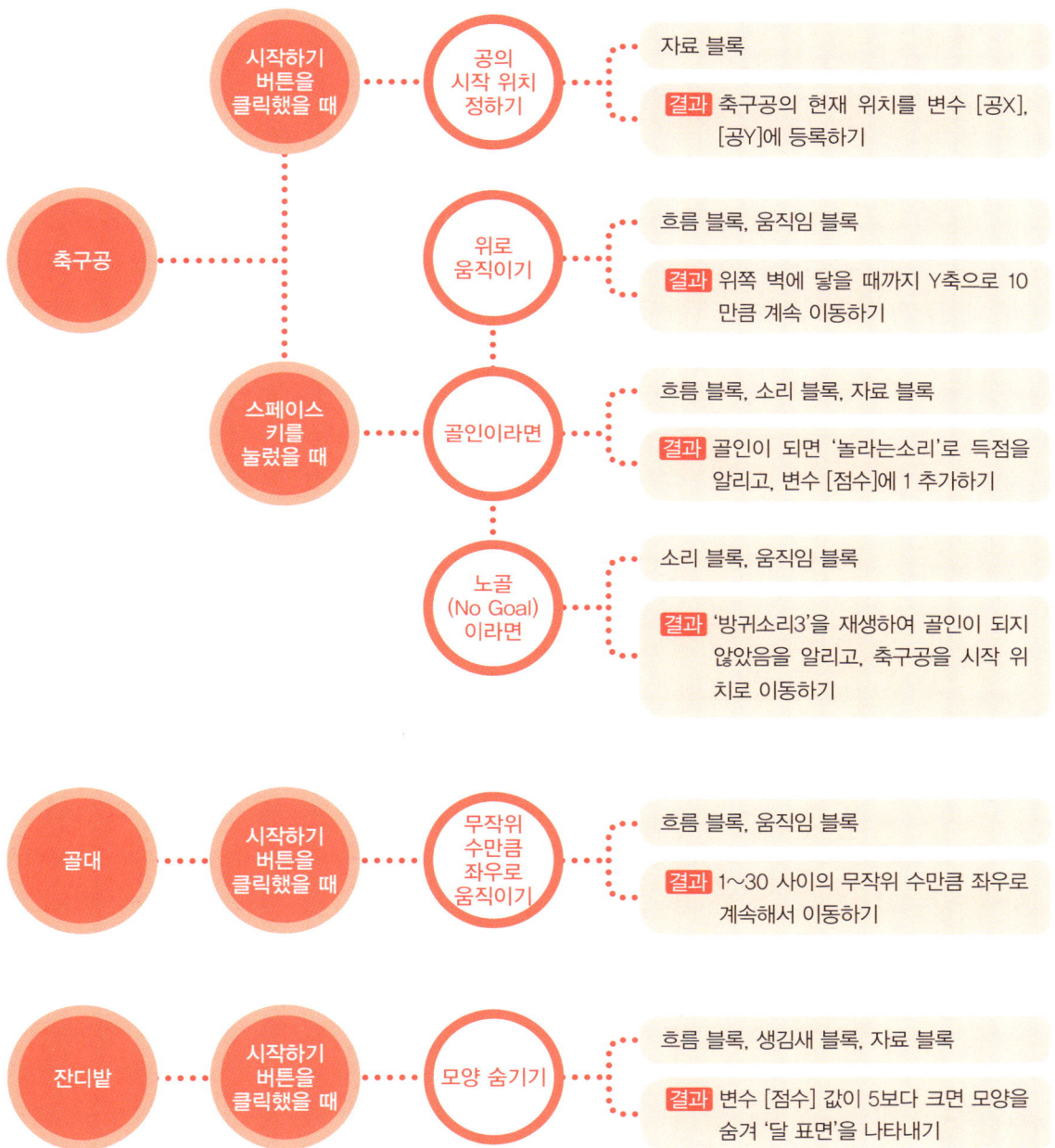

축구공

- **시작하기 버튼을 클릭했을 때**
  - **공의 시작 위치 정하기**
    - 자료 블록
    - **결과** 축구공의 현재 위치를 변수 [공X], [공Y]에 등록하기
- **스페이스 키를 눌렀을 때**
  - **위로 움직이기**
    - 흐름 블록, 움직임 블록
    - **결과** 위쪽 벽에 닿을 때까지 Y축으로 10만큼 계속 이동하기
  - **골인이라면**
    - 흐름 블록, 소리 블록, 자료 블록
    - **결과** 골인이 되면 '놀라는소리'로 득점을 알리고, 변수 [점수]에 1 추가하기
  - **노골 (No Goal) 이라면**
    - 소리 블록, 움직임 블록
    - **결과** '방귀소리3'을 재생하여 골인이 되지 않았음을 알리고, 축구공을 시작 위치로 이동하기

골대

- **시작하기 버튼을 클릭했을 때**
  - **무작위 수만큼 좌우로 움직이기**
    - 흐름 블록, 움직임 블록
    - **결과** 1~30 사이의 무작위 수만큼 좌우로 계속해서 이동하기

잔디밭

- **시작하기 버튼을 클릭했을 때**
  - **모양 숨기기**
    - 흐름 블록, 생김새 블록, 자료 블록
    - **결과** 변수 [점수] 값이 5보다 크면 모양을 숨겨 '달 표면'을 나타내기

273

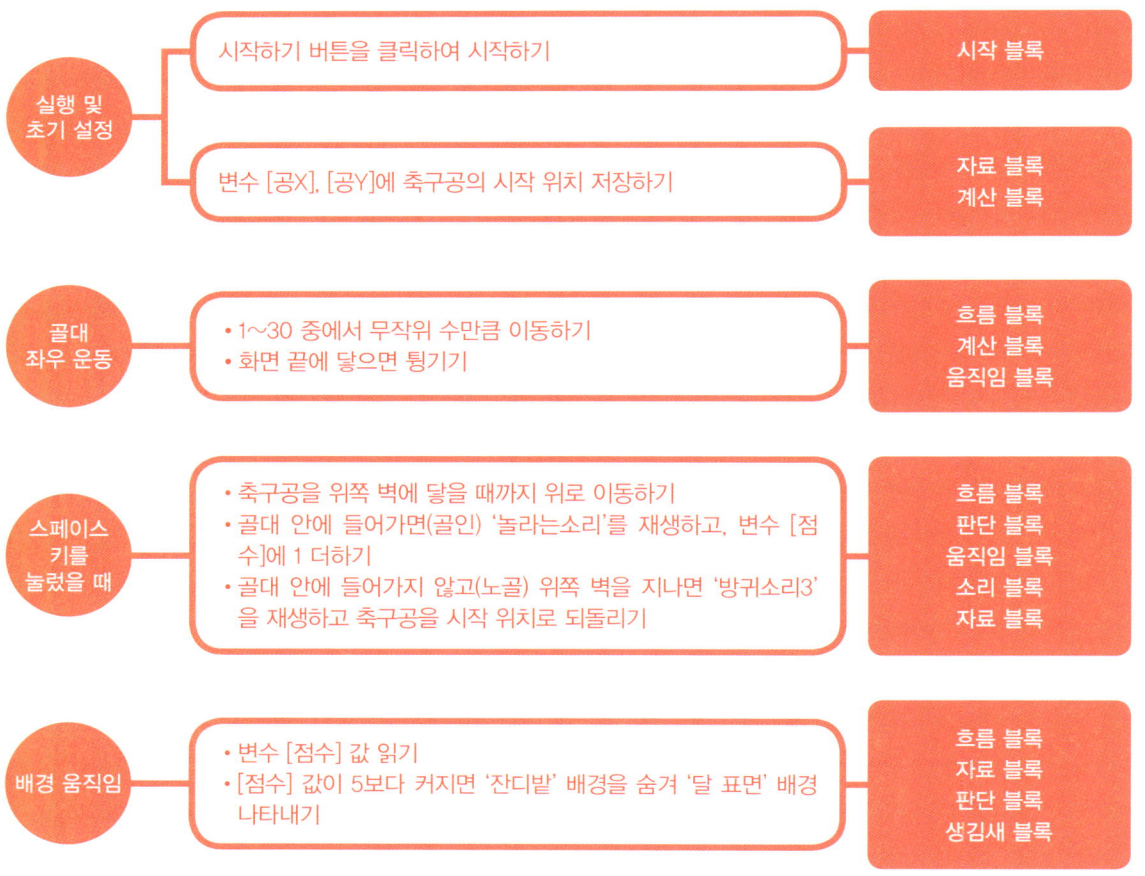

속성

속성	이름	설명
변수	공X	'축구공' 오브젝트의 시작 위치 X 좌표 값
	공Y	'축구공' 오브젝트의 시작 위치 Y 좌표 값
	점수	'축구공' 오브젝트가 '골대(1)'에 닿는 횟수 – 득점

블록 미리 보기

| 실행 및 초기 설정 | 시작하기 버튼을 클릭하여 시작하기 | 시작 블록 |
| | 변수 [공X], [공Y]에 축구공의 시작 위치 저장하기 | 자료 블록
계산 블록 |

| 골대 좌우 운동 | • 1~30 중에서 무작위 수만큼 이동하기
• 화면 끝에 닿으면 튕기기 | 흐름 블록
계산 블록
움직임 블록 |

| 스페이스 키를 눌렀을 때 | • 축구공을 위쪽 벽에 닿을 때까지 위로 이동하기
• 골대 안에 들어가면(골인) '놀라는소리'를 재생하고, 변수 [점수]에 1 더하기
• 골대 안에 들어가지 않고(노골) 위쪽 벽을 지나면 '방귀소리3'을 재생하고 축구공을 시작 위치로 되돌리기 | 흐름 블록
판단 블록
움직임 블록
소리 블록
자료 블록 |

| 배경 움직임 | • 변수 [점수] 값 읽기
• [점수] 값이 5보다 커지면 '잔디밭' 배경을 숨겨 '달 표면' 배경 나타내기 | 흐름 블록
자료 블록
판단 블록
생김새 블록 |

시작하기 버튼을 클릭했을 때
공X ▼ 를 축구공 ▼ 의 x좌푯값 ▼ 로 정하기
공Y ▼ 를 축구공 ▼ 의 y좌푯값 ▼ 로 정하기

스페이스 ▼ 키를 눌렀을 때
위쪽 벽 ▼ 에 닿았는가? 이 될 때까지 ▼ 반복하기
y 좌표를 10 만큼 바꾸기
만일 골대(1) ▼ 에 닿았는가? 이라면
소리 놀라는소리 ▼ 1 초 재생하기
점수 ▼ 에 1 만큼 더하기
반복 중단하기
소리 방귀 소리3 ▼ 1 초 재생하기
x: 공X ▼ 값 y: 공Y ▼ 값 위치로 이동하기

▲ 축구공

시작하기 버튼을 클릭했을 때
계속 반복하기
이동 방향으로 1 부터 30 사이의 무작위 수 만큼 움직이기
화면 끝에 닿으면 튕기기

▲ 골대(1)

시작하기 버튼을 클릭했을 때
계속 반복하기
만일 점수 ▼ 값 > 5 이라면
모양 숨기기
반복 중단하기

▲ 잔디밭

01 새로 시작하기

엔트리 프로그램을 새롭게 시작하거나 [파일]-[새로 만들기] 메뉴를 실행합니다. 기본 오브젝트인 '엔트리봇'을 삭제하고 〈오브젝트 추가하기〉 버튼을 클릭합니다.

❶ 오브젝트 추가하기 창에서 '축구공', '골대(1)' 오브젝트와 [배경]의 '잔디밭', '달 표면' 오브젝트를 선택합니다.

❷ 〈적용하기〉 버튼을 클릭합니다.

02 소리 추가하기

'축구공' 오브젝트를 선택한 다음 골인 또는 노골이 되었을 때 재생하기 위해 '놀라는소리', '방귀 소리3' 소리를 추가합니다.

골인이 되면 '놀라는소리'를 재생하고, 노골이 되면 '방귀 소리3'을 재생합니다.

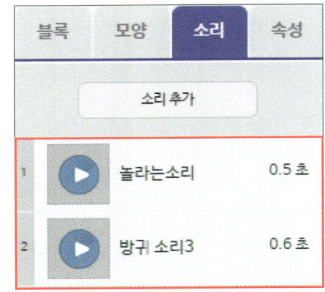

03 속성 추가하기

'축구공' 오브젝트의 시작 위치 [공X]와 [공Y], 골인되었을 때 점수를 저장하기 위한 [점수] 변수를 추가합니다.

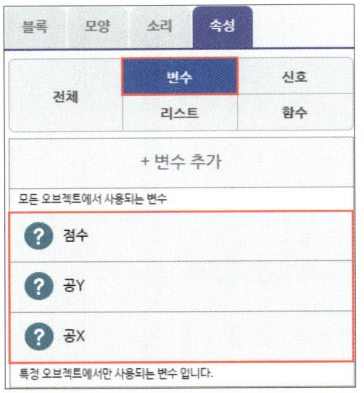

04 축구공 오브젝트 블록 구성하기

시작(이벤트)	설명
시작하기 버튼을 클릭했을 때	현재 축구공 위치를 변수 [공X]와 [공Y]에 저장합니다.
스페이스 키를 눌렀을 때	위쪽 벽에 닿을 때까지 Y 좌표를 10만큼 바꾸어 이동합니다.
	골대 안에 들어가면 골인이 된 것으로 '놀라는소리'를 재생하고, 변수 [점수]에 1을 추가합니다.
	노골이 되면 '방귀소리3'을 재생하고 축구공을 시작 위치로 이동합니다.

05 골대 오브젝트 블록 구성하기

시작(이벤트)	설명
시작하기 버튼을 클릭했을 때	1~99 사이의 무작위 수만큼 이동 방향으로 계속 움직입니다.
	화면 끝에 닿으면 튕깁니다.

06 잔디밭 오브젝트 블록 구성하기

❶ 오브젝트 목록에서 '잔디밭'을 '달 표면' 오브젝트보다 위에 배치하여 '잔디밭' 모양을 숨기면 '달 표면'이 나타납니다.

하나의 오브젝트에 모양을 이용해 여러 개의 배경을 다뤄도 좋습니다.

❷ 점수가 5보다 크면 배경을 바꾸도록 블록을 구성합니다.

시작(이벤트)	설명
시작하기 버튼을 클릭했을 때	변수 [점수]가 5보다 크면 모양을 숨기고, 반복을 중단합니다.

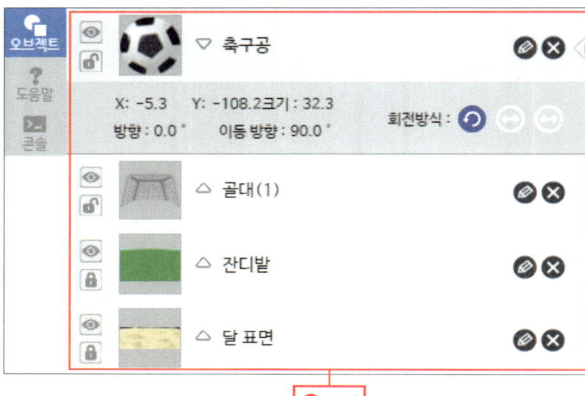

07 완성된 엔트리 작품 확인하기

〈시작하기〉 버튼을 클릭하면 골대가 좌우로 빠르거나 느리게 움직입니다. [Spacebar] 키를 누르면 슛으로 연결되어 승부차기 게임을 즐길 수 있습니다.

혼자 해보기

골대 대신 축구공이 움직이는 상황에서 즐길 수 있는 승부차기 게임을 만들어 보세요.

'골대(1)' 오브젝트의 블록 대신 일부를 축구공에 적용합니다. 다음은 수정된 '축구공' 오브젝트의 블록 구성입니다.

[시작하기 버튼을 클릭했을 때] 블록 아래에 축구공을 좌우로 움직이는 블록을 구성했습니다. '축구공' 오브젝트는 공을 차기 전에 좌우로 움직이다가 공을 찰 때만 전진해야 하므로, 변수 [슛]을 추가해서 현재 상황이 슛인지 아닌지를 구별합니다.

변수 [슛]은 슛 상황이 아닌 상태를 기본 0으로 하고, Spacebar 키를 눌렀을 때는 슛 상황으로 인지하여 1로 변경합니다. 변수 [슛]은 0인 상태에서만 좌우로 움직이므로 '축구공' 오브젝트는 앞으로만 움직입니다. 슛이 끝나면 다시 변수 [슛]을 0으로 변경하여 좌우로 움직입니다.

물풍선 피하기

하루 중 가장 바쁜 시간인 아침, 출근길을 배경으로 하늘에서 다양한 색과 크기의 물풍선이 떨어집니다. 떨어지는 물풍선을 요리조리 피해서 회사에 늦지 않게 출근할 수 있을까요? 가장 흔한 게임 유형인 피하기 게임을 함께 만들어 봅니다.

STEP #1

실행 미리 보기

〈시작하기〉 버튼을 클릭하여 게임을 시작하고, 왼쪽 화살표 키와 오른쪽 화살표 키를 눌러 하늘에서 떨어지는 다양한 물풍선을 피합니다. 이때 Spacebar 키를 누르면 뛰어오르면서 물풍선을 피할 수 있습니다. 초기 점수는 10점으로 물풍선을 맞을 때마다 1점씩 감점되며, 0점이면 게임이 종료됩니다.

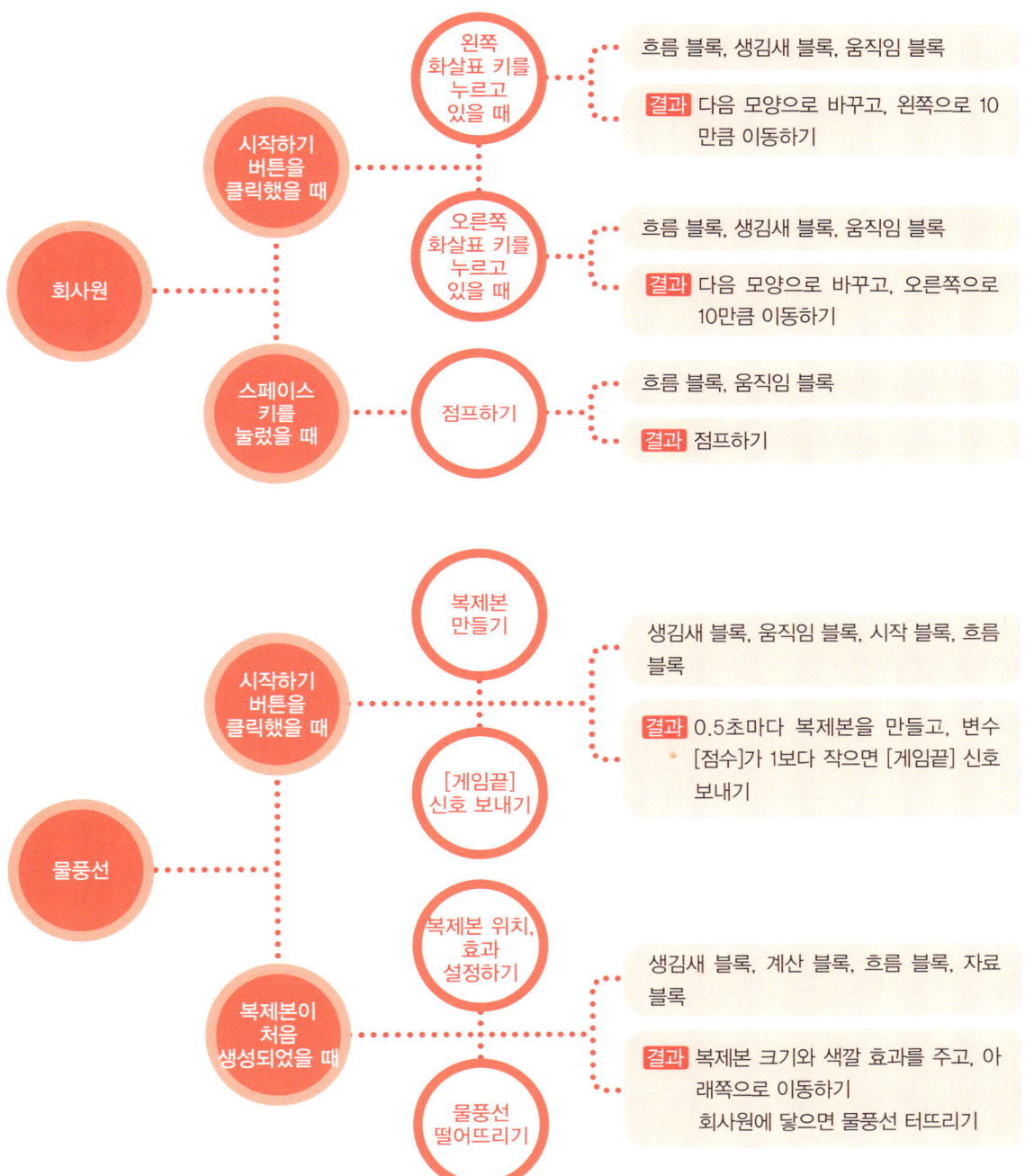

회사원

시작하기
버튼을
클릭했을 때

왼쪽
화살표 키를
누르고
있을 때

- 흐름 블록, 생김새 블록, 움직임 블록
- 결과 다음 모양으로 바꾸고, 왼쪽으로 10 만큼 이동하기

오른쪽
화살표 키를
누르고
있을 때

- 흐름 블록, 생김새 블록, 움직임 블록
- 결과 다음 모양으로 바꾸고, 오른쪽으로 10만큼 이동하기

스페이스
키를
눌렀을 때

점프하기

- 흐름 블록, 움직임 블록
- 결과 점프하기

물풍선

시작하기
버튼을
클릭했을 때

복제본
만들기

- 생김새 블록, 움직임 블록, 시작 블록, 흐름 블록
- 결과 0.5초마다 복제본을 만들고, 변수 [점수]가 1보다 작으면 [게임끝] 신호 보내기

[게임끝]
신호 보내기

복제본이
처음
생성되었을 때

복제본 위치,
효과
설정하기

- 생김새 블록, 계산 블록, 흐름 블록, 자료 블록
- 결과 복제본 크기와 색깔 효과를 주고, 아래쪽으로 이동하기
  회사원에 닿으면 물풍선 터뜨리기

물풍선
떨어뜨리기

속성

속성	이름	설명
변수	점수	10점을 기본 점수로 하고, 물풍선을 맞으면 1점씩 감점
신호	게임끝	변수 [점수]가 0점이 되면 게임 종료를 위해 신호 전송

블록 미리 보기

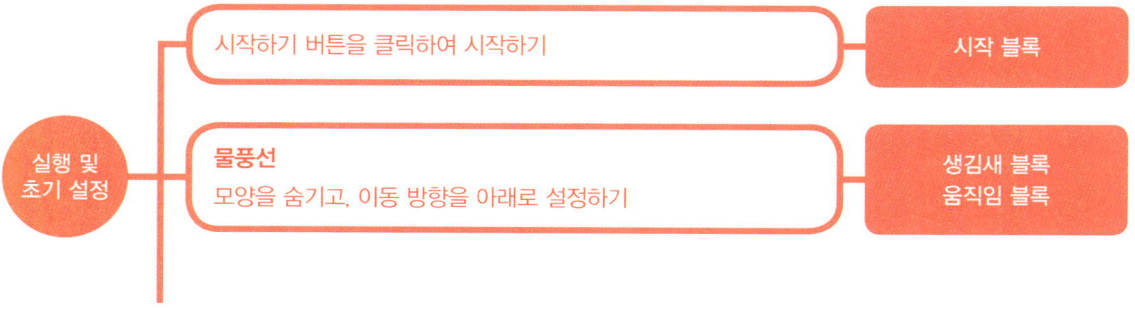

다시하기 버튼
모양 숨기기

생김새 블록

물풍선 복제
- 자신을 복제하기
- 변수 [점수]가 1보다 작으면 [게임끝] 신호를 보내고, 게임 종료하기

흐름 블록
자료 블록
시작 블록

복제된 물풍선 이동
- 무작위 수로 크기와 색깔 효과 설정하기
- 실행 화면 위쪽 임의의 위치로 이동하고, 모양 보이기
- 아래쪽 벽에 닿을 때까지 아래로 움직이기
- 회사원과 닿으면 '물풍선_터진' 모양으로 바꾸고, [점수]를 1만큼 빼기
- 필요 없는 물풍선 삭제하기

흐름 블록
계산 블록
판단 블록
생김새 블록
움직임 블록
자료 블록

회사원 조정
- 왼쪽 화살표 키를 누르면 왼쪽으로 이동하기
- 오른쪽 화살표 키를 누르면 오른쪽으로 이동하기

흐름 블록
판단 블록
생김새 블록
움직임 블록

스페이스 키를 눌렀을 때
- 회사원을 점프하기

흐름 블록
움직임 블록

[게임끝] 신호를 받았을 때
- 〈다시하기〉 버튼을 보이기
- [점수]를 0으로 초기화하기

생김새 블록
자료 블록

다시하기 버튼을 클릭했을 때
처음부터 다시 실행하기

시작 블록
흐름 블록

▲ 회사원(2)

```
시작하기 버튼을 클릭했을 때
    모양 숨기기
    이동 방향을 180° (으)로 정하기
    계속 반복하기
        자신 ▼ 의 복제본 만들기
        0.5 초 기다리기
        만일 < 점수 ▼ 값 < 1 > 이라면
            게임끝 ▼ 신호 보내기
            자신의 ▼ 코드 멈추기
```

```
복제본이 처음 생성되었을때
    크기를 30 부터 50 사이의 무작위 수 (으)로 정하기
    색깔 ▼ 효과를 30 부터 70 사이의 무작위 수 만큼 주기
    x: -240 부터 240 사이의 무작위 수 y: 150 위치로 이동하기
    모양 보이기
    아래쪽 벽 ▼ 에 닿았는가? 이 될 때까지 ▼ 반복하기
        이동 방향으로 5 만큼 움직이기
        만일 < 회사원(2) ▼ 에 닿았는가? > 이라면
            물풍선_터진 ▼ 모양으로 바꾸기
            점수 ▼ 에 -1 만큼 더하기
            0.3 초 기다리기
            이 복제본 삭제하기
    이 복제본 삭제하기
```

▲ 물풍선

▲ 다시하기 버튼

● 점프하기

이동하면서 점프할 때는 달려오는 힘과 위로 뛰어오르는 힘이 합쳐져 포물선 운동을 합니다. 엔트리 프로그램에서는 어떻게 점프할까요?

상승하고 하강하는 순간을 구간으로 나누면 그럴듯한 포물선이 그려집니다. 예제에서는 상승하고 이동하는 값을 10단계로 나누고 다시 하강하는 부분도 같게 처리했습니다. 반복 횟수를 늘리고 반복 블록의 이동 거리를 약간 줄이면 좀 더 부드러운 포물선 운동을 찾을 수 있습니다. 값을 바꿔서 살펴보세요.

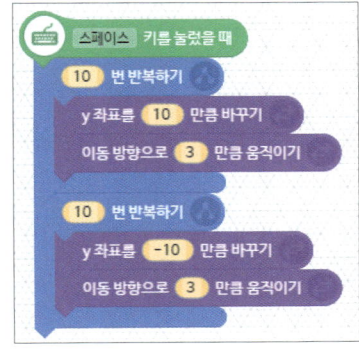

STEP #2

01 새로 시작하기

엔트리 프로그램을 새롭게 시작하거나 [파일]-[새로 만들기] 메뉴를 실행합니다.

❶ 실행 화면의 '엔트리봇'을 삭제합니다.
❷ 〈오브젝트 추가하기〉 버튼을 클릭합니다.

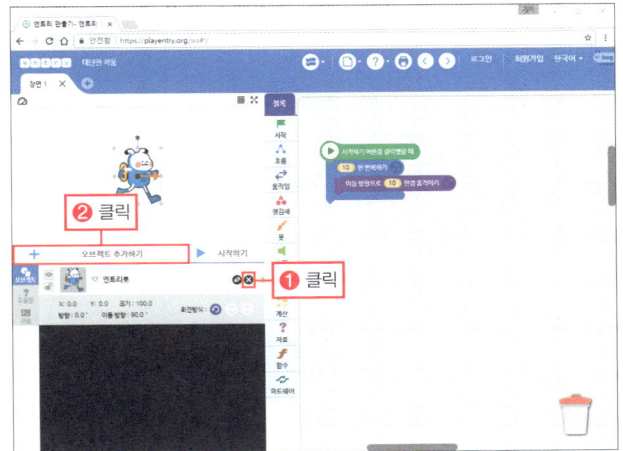

02 오브젝트 가져오기

❶ 오브젝트 추가하기 창에서 '회사원(2)', '물풍
선', '다시하기 버튼'과 [배경]의 '시장' 오브젝
트를 선택합니다.
❷ 〈적용하기〉 버튼을 클릭합니다.

03 속성 추가하기

게임 점수로 활용할 [점수] 변수를 만든 다음, 기본 값을 '10'으로 설정
합니다. 물풍선과 충돌하면 1점씩 감점하며 0점이면 게임을 종료하도록
구성합니다.

게임을 종료할 때 초기화하기 위한 신호인 [게임끝]을 추가합니다.

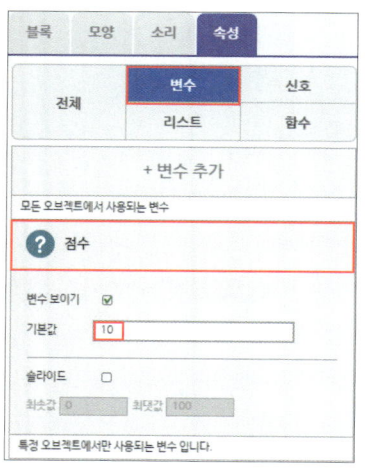
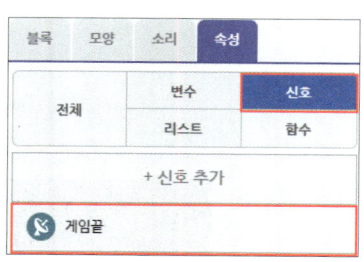

04 회사원 오브젝트 블록 구성하기

Spacebar 키를 누르면 물풍선을 피해 점프하도록 블록을 구성합니다.

상승과 하강 효과가 자연스럽게 나타나도록 점프 궤적을 포물선으로 만들기 위해 단계적으로 조금씩 나눠서 반복합니다.

시작(이벤트)	설명
왼쪽 화살표 키를 눌렀을 때	0.01초마다 다음 모양으로 바꿉니다(속도 조절).
	왼쪽으로 10만큼 움직입니다.
오른쪽 화살표 키를 눌렀을 때	0.01초마다 다음 모양으로 바꿉니다(속도 조절).
	오른쪽으로 10만큼 움직입니다.
스페이스 키를 눌렀을 때	한 번에 위로 10만큼, 이동 방향으로 3만큼 이동하며, 10번 반복합니다(상승).
	한 번에 아래로 10만큼, 이동 방향으로 3만큼 이동하며, 10번 반복합니다(하강).

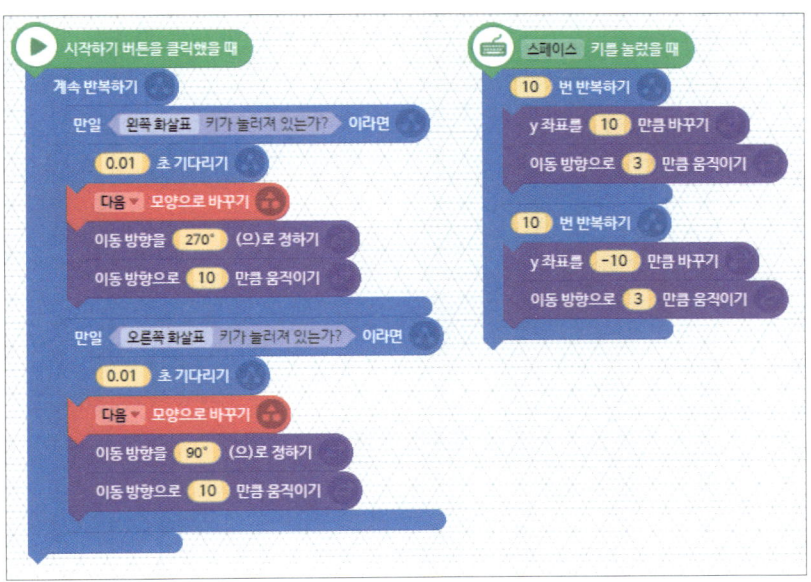

05 물풍선 오브젝트 블록 구성하기

시작(이벤트)	설명
시작하기 버튼을 클릭했을 때	원본 물풍선을 숨기고, 이동 방향을 아래로 변경합니다.
	0.5초마다 복제본을 만듭니다.
	변수 [점수]가 1보다 작으면 신호 [게임끝]을 보내고 코드를 멈춥니다.
복제본이 처음 생성되었을 때	복제된 물풍선의 크기, 색깔 효과, 위치를 적용하고, 모양을 나타냅니다.
	아래쪽 벽에 닿을 때까지 떨어뜨립니다.
	'회사원(2)'에 닿으면 다음 모양으로 바꾸고 변수 [점수]에서 1을 뺍니다.
	'회사원(2)'에 닿았거나 아래쪽 벽에 닿으면 복제본을 삭제합니다.

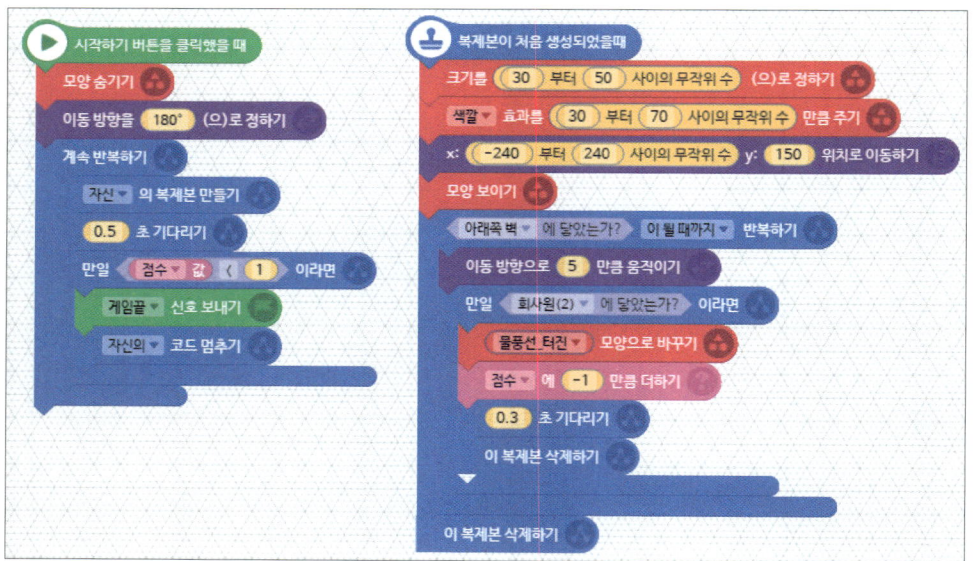

06 다시하기 버튼 오브젝트 블록 구성하기

시작(이벤트)	설명
시작하기 버튼을 클릭했을 때	모양을 숨깁니다.
오브젝트를 클릭했을 때	처음부터 다시 실행합니다.
[게임끝] 신호를 받았을 때	모양을 나타냅니다.
	[점수]를 0으로 초기화합니다.

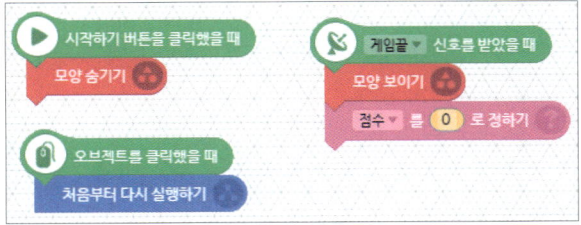

07 완성된 엔트리 작품 확인하기

〈시작하기〉 버튼을 클릭한 다음 왼쪽/오른쪽 화살표 키를 눌러 회사원을 좌우로 움직여 하늘에서 떨어지는 물풍선을 피합니다. Spacebar 키를 누르면 점프할 수 있으므로 필요할 때 이용하세요. 기회는 10번입니다.

주사위 놀이 만들기

무작위 수(난수)를 이용한 게임을 만듭니다. 알려진 값의 범위에서 어떤 값이 나올지 모르는 상황은 게임에서 사용하기에 가장 좋은 소재 중 하나입니다. 예를 들어 가위바위보, 주사위 굴리기, 추측하기 등 다양한 게임을 만들 수 있습니다. 여기서는 주사위를 굴려 얻은 수를 비교하는 게임을 만들어 봅니다.

STEP #1

실행 미리 보기

남주와 동현이가 주사위 놀이를 합니다. 동현이(사용자)가 주사위를 클릭하면 주사위 숫자가 계속 바뀌고, 다시 한 번 클릭하면 멈춥니다. 동시에 남주는 컴퓨터가 자동으로 뽑은 숫자의 주사위 값을 가집니다. 남주의 주사위 숫자와 비교해 작으면 물풍선이 점점 내려옵니다. 5번 지면 물풍선은 아래로 떨어져서 터지고 게임은 종료됩니다.

얼굴(남) ···· 시작하기 버튼을 클릭했을 때 ···· 변수 값에 따라 모양 바꾸기

- 흐름 블록, 자료 블록, 생김새 블록
- **결과** [하트]에 따라 모양 바꾸기

주사위 ···· 오브젝트를 클릭했을 때

주사위 동작 설정하기
- 흐름 블록, 자료 블록
- **결과** 클릭에 따라 [주사위동작] 값 변경하기

모양 바꾸기
- 흐름, 자료, 계산, 생김새 블록
- **결과** [주사위동작]이 0이라면, 무작위로 모양 바꾸기

남주 주사위 값 결정하기
- 자료 블록, 계산 블록
- **결과** 1~6 사이 무작위 수로 [남주주사위] 값 결정하기

주사위 값 판정하기
- 흐름, 계산, 생김새, 시작 블록
- **결과** [남주주사위]보다 작으면 [졌다] 신호를 보내고, 크면 '야호~'를 말하기

물풍선 ···· [졌다] 신호를 받았을 때 ···· [하트] 값을 1만큼 빼기

더 크게 만들기
- 생김새 블록, 자료 블록
- **결과** 크기를 10만큼 크게 하고, [하트] 값을 1만큼 축소하기

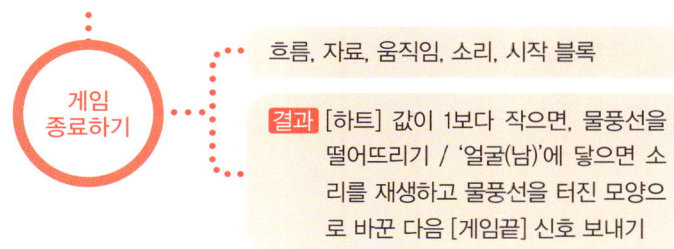

속성

속성	이름	설명
변수	주사위동작	주사위 숫자가 동작 중인지, 멈춰져 있는지 여부
	남주주사위	엔트리(컴퓨터)가 주사위 수로 얻은 무작위 값
	하트	주사위 놀이를 할 수 있는 횟수(기본 값은 5)
신호	졌다	동현이가 남주보다 주사위 값이 작을 때 보내는 신호
	게임끝	[하트]가 0이 되어 게임에서 졌을 때 보내는 신호

💡 블록 미리 보기

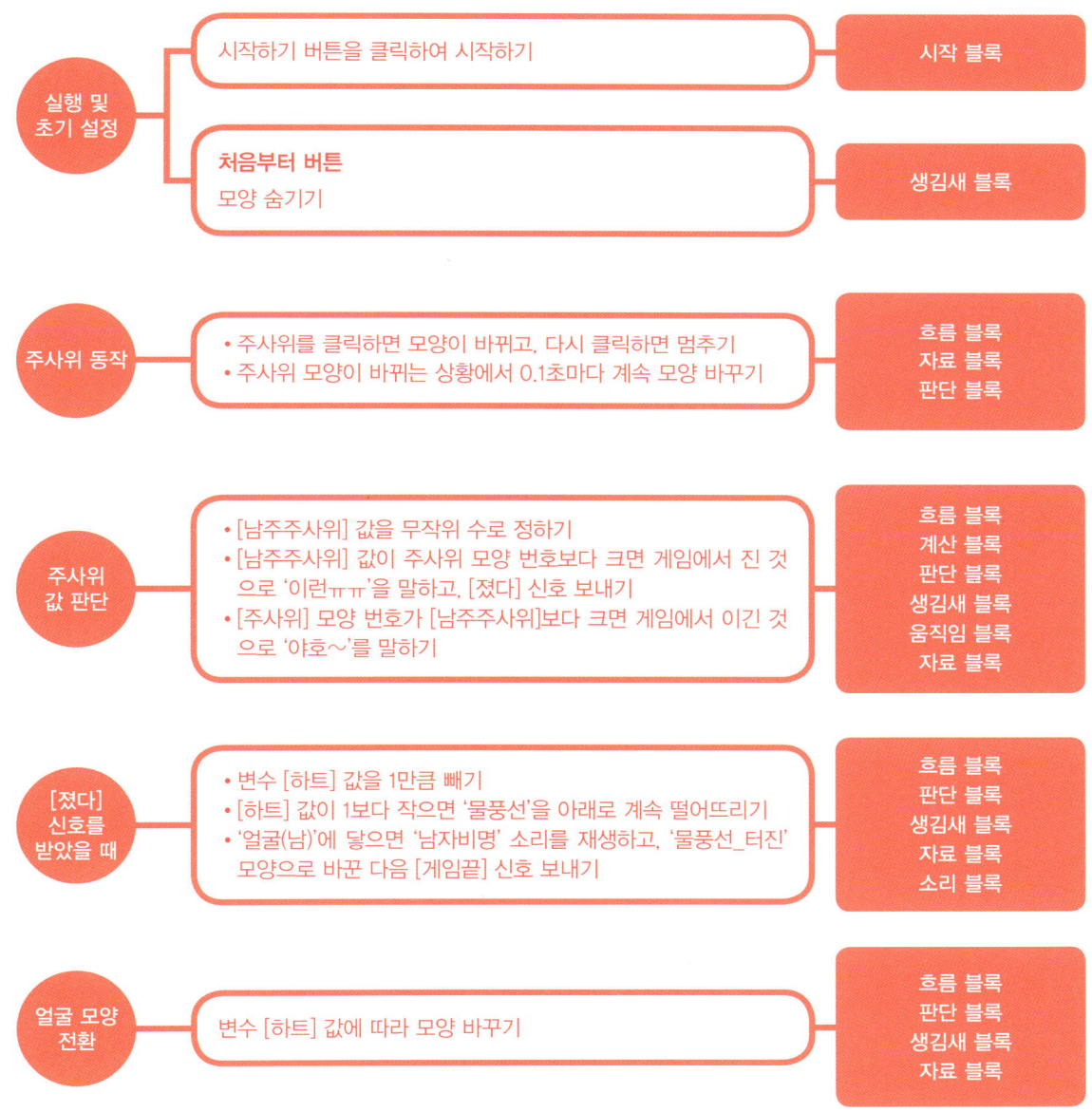

| 실행 및 초기 설정 | 시작하기 버튼을 클릭하여 시작하기 | 시작 블록 |
| | **처음부터 버튼**
모양 숨기기 | 생김새 블록 |

| 주사위 동작 | • 주사위를 클릭하면 모양이 바뀌고, 다시 클릭하면 멈추기
• 주사위 모양이 바뀌는 상황에서 0.1초마다 계속 모양 바꾸기 | 흐름 블록
자료 블록
판단 블록 |

| 주사위 값 판단 | • [남주주사위] 값을 무작위 수로 정하기
• [남주주사위] 값이 주사위 모양 번호보다 크면 게임에서 진 것으로 '이런ㅠㅠ'을 말하고, [졌다] 신호 보내기
• [주사위] 모양 번호가 [남주주사위]보다 크면 게임에서 이긴 것으로 '야호~'를 말하기 | 흐름 블록
계산 블록
판단 블록
생김새 블록
움직임 블록
자료 블록 |

| [졌다] 신호를 받았을 때 | • 변수 [하트] 값을 1만큼 빼기
• [하트] 값이 1보다 작으면 '물풍선'을 아래로 계속 떨어뜨리기
• '얼굴(남)'에 닿으면 '남자비명' 소리를 재생하고, '물풍선_터진' 모양으로 바꾼 다음 [게임끝] 신호 보내기 | 흐름 블록
판단 블록
생김새 블록
자료 블록
소리 블록 |

| 얼굴 모양 전환 | 변수 [하트] 값에 따라 모양 바꾸기 | 흐름 블록
판단 블록
생김새 블록
자료 블록 |

[게임끝] 신호를 받았을 때	〈다시하기〉 버튼 보이기	생김새 블록
다시하기 버튼을 클릭했을 때	처음부터 다시 실행하기	시작 블록 흐름 블록

```
시작하기 버튼을 클릭했을 때
계속 반복하기
  만일 〈하트 값 < 3〉 이라면
    얼굴(남)_우는 모양으로 바꾸기
  아니면
    만일 〈하트 값 < 4〉 이라면
      얼굴(남)_아픈 모양으로 바꾸기
    아니면
      만일 〈하트 값 < 5〉 이라면
        얼굴(남)_놀란 모양으로 바꾸기
      아니면
        얼굴(남)_웃는 모양으로 바꾸기
```

▲ 얼굴(남)

```
오브젝트를 클릭했을 때
만일 〈주사위동작 값 = 0〉 이라면
  주사위동작 를 1 로 정하기
아니면
  주사위동작 를 0 로 정하기
주사위동작 값 = 0 이 될때까지 반복하기
  0.1 초 기다리기
  1 부터 6 사이의 무작위 수 모양으로 바꾸기
남주사위 를 1 부터 6 사이의 무작위 수 로 정하기
만일 〈남주사위 값 > 주사위 의 모양 번호〉 이라면
  이런ㅠㅠ 을(를) 1 초 동안 말하기
  졌다 신호 보내기
아니면
  야호~~ 을(를) 1 초 동안 말하기
```

▲ 주사위

▲ 물풍선

▲ 처음부터 버튼

● 토글 버튼과 불린 변수

토글(Toggle) 버튼은 막대 모양의 단추로 흔히 전기 스위치에 많이 활용하며, 위로 올리거나 아래로 내려서 스위치 값을 결정합니다. 두 가지 값뿐인 전등 스위치처럼 불을 켜거나 끄는 상태이며 ON 또는 OFF, 참 또는 거짓의 값을 갖습니다.

불린(Boolean) 변수는 참(True) 또는 거짓(False) 값을 갖는 변수를 말하며, 결국 이 두 가지 용어의 용도는 같습니다.

오른쪽 블록은 [주사위동작] 변수를 나타냅니다. 주사위를 굴리는 상황을 나타내며, 한 번 클릭하면 '1'로 정하고 다시 한 번 클릭하면 '0'으로 돌아가 결국 0과 1의 두 가지 값만 가집니다. 주사위를 굴리거나 던지기 전이라는 두 가지 단계를 표현하기 위해 사용했습니다.

● 구간 값 지정

시험 성적에 따라 수우미양가 또는 ABC와 같은 등급을 매깁니다. 이를 '구간 값 정하기'라고 표현하는데, 특정 구간 값에 따라 다른 등급이 정해집니다.

프로그램에서는 'switch' 구문을 이용하여 구간 값을 결정하는데, 블록에서는 이러한 구문을 표현할 블록이 없어 블록으로 표현합니다.

다음의 블록에서는 먼저 [하트]와 3을 비교합니다. 만약 거짓이라면 4와 비교하고 끝으로 5와 비교합니다. 작은 수부터 비교하는 것이 조금 더 블록을 구성하고 이해하기 편합니다.

01 새로 시작하기

엔트리 프로그램을 새롭게 시작하거나 [파일]─[새로 만들기] 메뉴를
실행합니다. 기본 오브젝트인 '엔트리봇'을 삭제하고 〈오브젝트 추가하
기〉 버튼을 클릭합니다.

❶ 오브젝트 추가하기 창에서 '얼굴(남)', '주사위', '물풍선', '처음부터 버튼'과 [배
경]의 '교실'을 선택합니다.

❷ 〈적용하기〉 버튼을 클릭합니다.

❸ 실행 화면에서 오브젝트들을 알맞게 배치합니다.

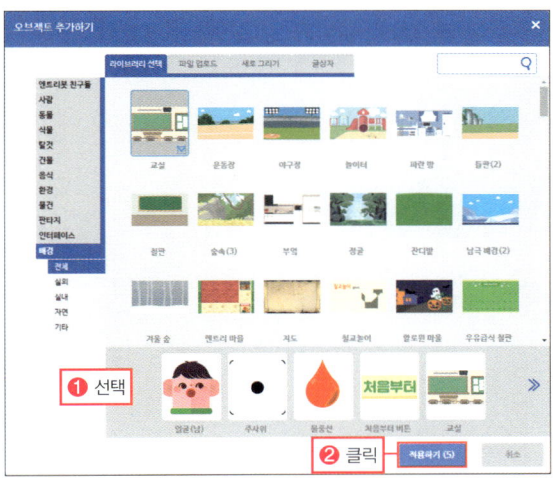

02 소리 추가하기

오브젝트 목록에서 '얼굴(남)'을 선택합니다.

5번 져서 게임이 종료되면 물풍선이 '얼굴(남)' 위로 떨어져 터질 때
재생되는 소리인 '남자 비명' 소리를 추가합니다.

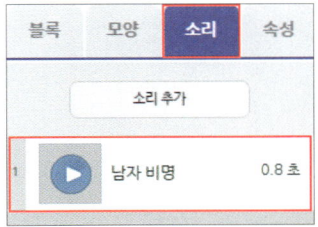

03 변수 추가하기

주사위의 동작 상황을 나타내는 [주사위동작], 남주의 주사위 값을 나타내는 [남주주사위], 주사위 게임 횟수(5번)를 저장하기 위한 [하트] 변수를 추가합니다.

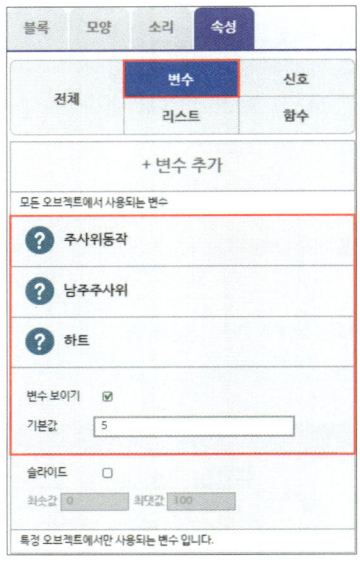

04 신호 추가하기

주사위 게임에서 한 번 졌을 때를 위한 [졌다], 5번 모두 졌을 때 게임을 종료하기 위한 [게임끝] 신호를 추가합니다.

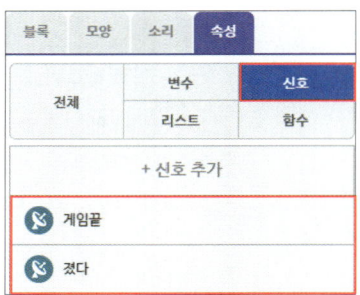

05 얼굴 오브젝트 블록 구성하기

시작(이벤트)	설명
시작하기 버튼을 클릭했을 때	변수 [하트] 값에 따라 바뀌는 모양을 선택합니다.

06 주사위 오브젝트 블록 구성하기

시작(이벤트)	설명
오브젝트를 클릭했을 때	클릭할 때마다 변수 [주사위동작]을 0 또는 1로 바꿔 주사위 동작 여부를 표현합니다.
	변수 [주사위동작]이 1이라면 0으로 바뀌기 전까지 계속 주사위 모양을 바꿉니다.
	변수 [남주주사위] 값을 무작위 수로 정합니다.
	변수 [남주주사위]와 결정된 주사위 값을 비교하여 승부를 결정합니다.

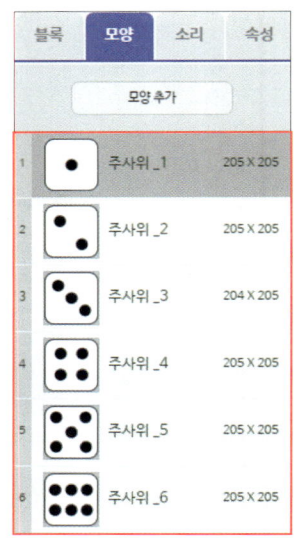

07 물풍선 오브젝트 블록 구성하기

시작(이벤트)	설명
[졌다] 신호를 받았을 때	크기를 10만큼 크게 하고, 변수 [하트]에서 1만큼 뺍니다.
	변수 [하트]가 1보다 작아 게임이 끝나면 물풍선을 아래로 떨어뜨립니다.
	물풍선이 얼굴에 달으면 '남자비명' 소리를 재생하고, '물풍선_터진'으로 모양을 바꾼 다음 [게임끝] 신호를 보냅니다.

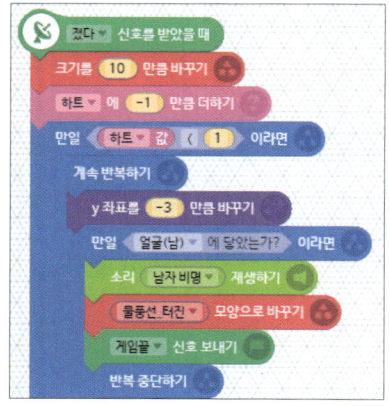

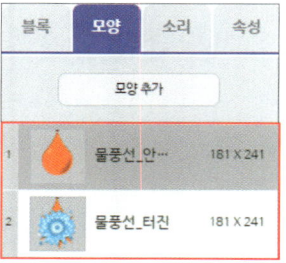

08 처음부터 버튼 오브젝트 블록 구성하기

시작(이벤트)	설명
시작하기 버튼을 클릭했을 때	모양을 숨깁니다.
오브젝트를 클릭했을 때	처음부터 다시 실행합니다.
[게임끝] 신호를 받았을 때	모양을 나타냅니다.

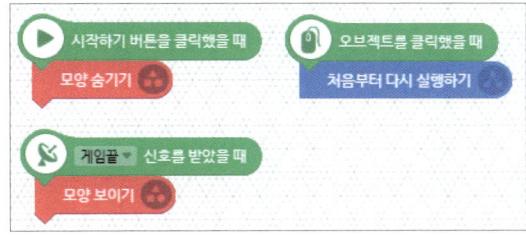

09 완성된 엔트리 작품 확인하기

〈시작하기〉 버튼을 클릭하여 게임을 시작합니다. 주사위를 한 번 클릭하면 주사위 숫자가 계속해서 바뀌고 다시 클릭하면 숫자가 결정됩니다. 무작위 수로 결정된 [남주주사위]와 비교하여 숫자가 작으면 [하트]가 줄어들어 0이 될 때 머리 위 물풍선이 떨어지고 게임은 종료됩니다.

퐁 게임 만들기

퐁(Pong) 게임은 70년대 유명 비디오 게임에서 비롯된 것으로, 공을 칠 때 들리는 소리에 따라 게임 이름을 퐁이라고 했습니다. 그래서 일반적으로 공을 치는 게임을 퐁 게임이라고 합니다.

마우스 포인터를 이용해 막대를 움직여서 화면 왼쪽은 엔트리(컴퓨터), 오른쪽은 사용자가 직접 공을 치는 퐁 게임을 만듭니다. 시간이나 점수 차이에 따라 게임 난이도를 조절하면 더 재미있게 구성할 수 있습니다.

STEP #1

실행 미리 보기

〈시작하기〉 버튼을 클릭하면 수조 속 야구공이 좌우로 움직입니다. 왼쪽 막대기는 컴퓨터가 공을 받아서 치고, 오른쪽 막대기는 직접 마우스 포인터를 상하로 이동하면서 공을 치는 퐁 게임입니다. 컴퓨터보다 더 오래 야구공을 칠 수 있을지 게임 프로그래밍을 시작해 볼까요?

컴퓨터 ····· 시작하기 버튼을 클릭했을 때 ····· 야구공 Y축 따라 이동 ·····

흐름 블록, 움직임 블록, 계산 블록

결과 야구공 Y 좌표 값에 따라 Y 위치 이동하기

나 ····· 시작하기 버튼을 클릭했을 때 ····· 마우스 Y축 따라 이동 ·····

생김새, 흐름, 움직임, 계산 블록

결과 색깔 효과 주고, 마우스 Y 좌표 값에 따라 Y 위치 이동하기

처음 모양으로 변경하기 ·····

계산 블록, 움직임 블록

결과 초시계를 숨기고, 이동 방향을 무작위로 정하기

계속 반복하기 ·····

흐름 블록, 움직임 블록

결과 이동 방향으로 10만큼 움직이고, 화면 끝에 닿으면 튕기기

야구공 ····· 시작하기 버튼을 클릭했을 때 ·····

'컴퓨터' 또는 '나'에 닿으면 ·····

판단, 흐름, 움직임, 계산 블록

결과 튕기는 방향 및 회전 설정하기

'오른쪽 벽'에 닿으면 ·····

판단, 소리, 자료, 흐름, 시작 블록

결과 종소리 재생하고, 변수 [하트]에 1만큼 뺀 다음 [게임끝] 신호 보내기

속성	이름	설명
변수	하트	퐁 게임을 할 수 있는 횟수(기본 값 5)
신호	게임끝	[하트]가 0이 되어 게임에서 졌을 때 보내는 신호
소리	종소리	공을 받지 못했을 때 재생하는 소리

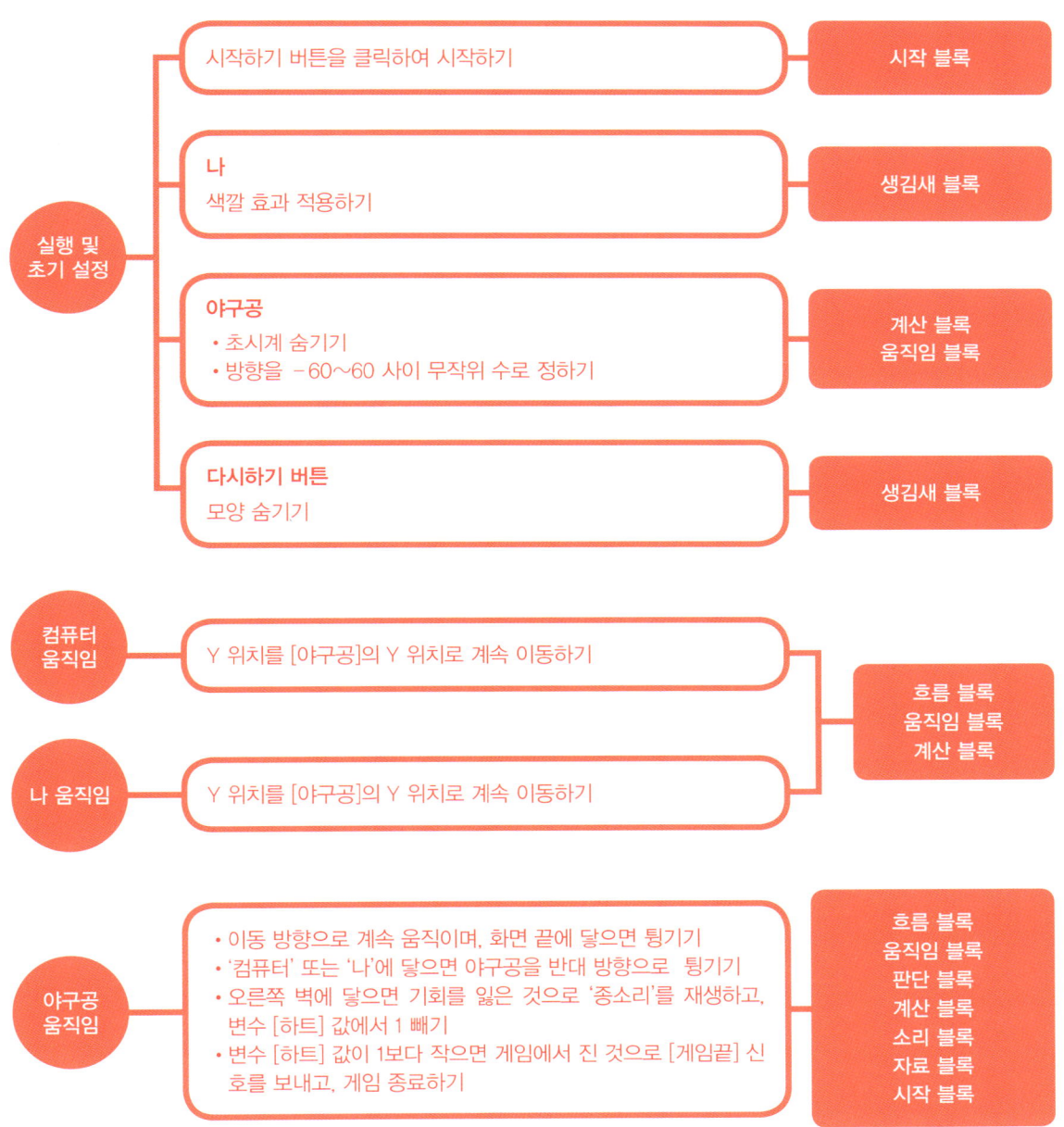

실행 및 초기 설정

시작하기 버튼을 클릭하여 시작하기 → 시작 블록

나
색깔 효과 적용하기 → 생김새 블록

야구공
• 초시계 숨기기
• 방향을 −60∼60 사이 무작위 수로 정하기 → 계산 블록 움직임 블록

다시하기 버튼
모양 숨기기 → 생김새 블록

컴퓨터 움직임
Y 위치를 [야구공]의 Y 위치로 계속 이동하기

나 움직임
Y 위치를 [야구공]의 Y 위치로 계속 이동하기

→ 흐름 블록 움직임 블록 계산 블록

야구공 움직임
• 이동 방향으로 계속 움직이며, 화면 끝에 닿으면 튕기기
• '컴퓨터' 또는 '나'에 닿으면 야구공을 반대 방향으로 튕기기
• 오른쪽 벽에 닿으면 기회를 잃은 것으로 '종소리'를 재생하고, 변수 [하트] 값에서 1 빼기
• 변수 [하트] 값이 1보다 작으면 게임에서 진 것으로 [게임끝] 신호를 보내고, 게임 종료하기

→ 흐름 블록 움직임 블록 판단 블록 계산 블록 소리 블록 자료 블록 시작 블록

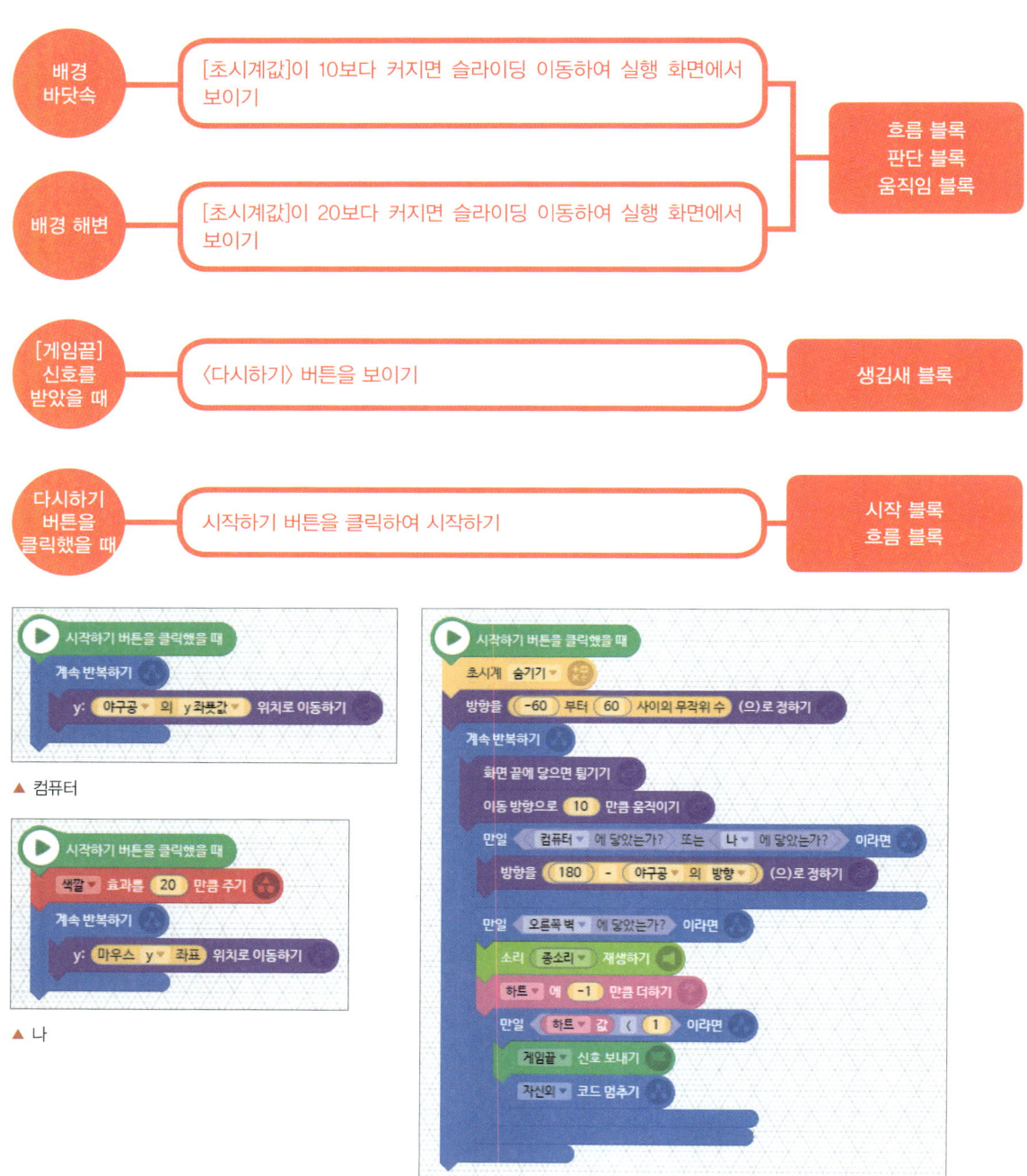

| 배경 바닷속 | [초시계값]이 10보다 커지면 슬라이딩 이동하여 실행 화면에서 보이기 | 흐름 블록
판단 블록
움직임 블록 |
| 배경 해변 | [초시계값]이 20보다 커지면 슬라이딩 이동하여 실행 화면에서 보이기 | |

| [게임끝] 신호를 받았을 때 | 〈다시하기〉 버튼을 보이기 | 생김새 블록 |

| 다시하기 버튼을 클릭했을 때 | 시작하기 버튼을 클릭하여 시작하기 | 시작 블록
흐름 블록 |

시작하기 버튼을 클릭했을 때
계속 반복하기
y: 야구공 의 y좌푯값 위치로 이동하기

▲ 컴퓨터

시작하기 버튼을 클릭했을 때
색깔 효과를 20 만큼 주기
계속 반복하기
y: 마우스 y 좌표 위치로 이동하기

▲ 나

시작하기 버튼을 클릭했을 때
초시계 숨기기
방향을 -60 부터 60 사이의 무작위 수 (으)로 정하기
계속 반복하기
화면 끝에 닿으면 튕기기
이동 방향으로 10 만큼 움직이기
만일 컴퓨터 에 닿았는가? 또는 나 에 닿았는가? 이라면
방향을 180 - 야구공 의 방향 (으)로 정하기
만일 오른쪽 벽 에 닿았는가? 이라면
소리 공소리 재생하기
하트 에 -1 만큼 더하기
만일 하트 값 < 1 이라면
게임끝 신호 보내기
자신의 코드 멈추기

▲ 야구공

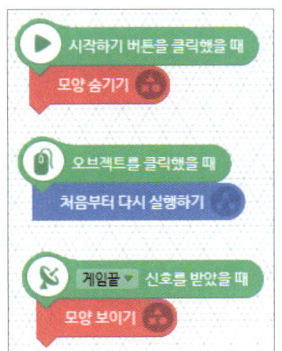

▲ 다시하기 버튼

▲ 바닷속(3)

▲ 해변

01 새로 시작하기

엔트리 프로그램을 새롭게 시작하거나 [파일]−[새로 만들기] 메뉴를 실행합니다. 기본 오브젝트인 '엔트리봇'을 삭제하고 〈오브젝트 추가하기〉 버튼을 클릭합니다.

❶ 오브젝트 추가하기 창에서 '판', '야구공', '다시하기 버튼', '바닷속(3)'과 함께 [배경]의 '해변가'를 선택합니다.

❷ 〈적용하기〉 버튼을 클릭합니다.

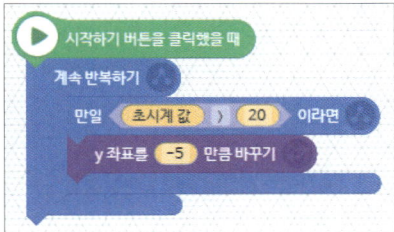

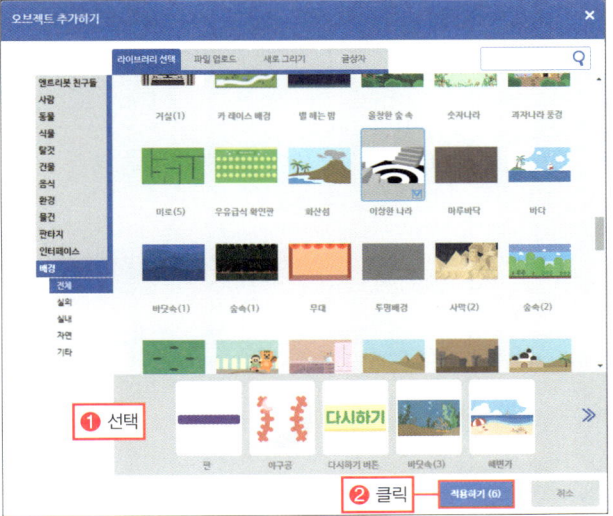

02 소리 추가하기

움직이는 야구공을 오른쪽 막대기(Paddle, 나)로 치지 못해 오른쪽 벽에 닿으면 게임에서 한 번의 기회를 잃은 것으로 처리하고, 재생할 '종소리'를 추가합니다.

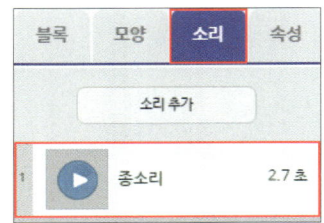

03 속성 추가하기

게임 실행 횟수(생명)를 나타내기 위한 변수 [하트]에 기본 값 '5'를 설정합니다.

[하트]를 모두 소진했을 때 게임을 종료하기 위한 신호 [게임끝]을 추가합니다.

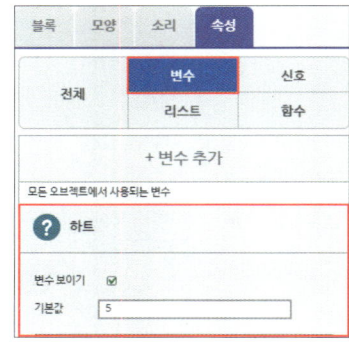
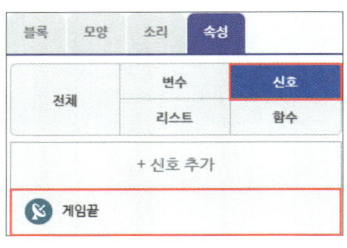

04 나 오브젝트 블록 구성하기

시작(이벤트)	설명
시작하기 버튼을 클릭했을 때	색깔 효과로 컴퓨터 막대와 구별합니다.
	마우스 포인터의 Y 좌표에 따라 나 오브젝트를 계속 이동합니다.

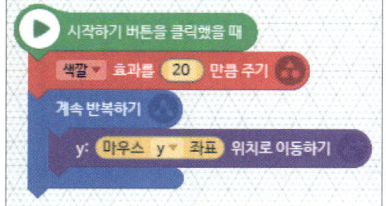

05 컴퓨터 오브젝트 블록 구성하기

시작(이벤트)	설명
시작하기 버튼을 클릭했을 때	야구공의 Y 좌표에 따라 컴퓨터 오브젝트를 계속 이동합니다.

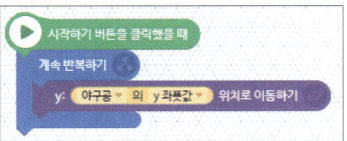

06 야구공 오브젝트 블록 구성하기

시작(이벤트)	설명
시작하기 버튼을 클릭했을 때	시작 환경을 설정합니다(초시계 감추기, 이동 방향 −60~60 사이 무작위 수로 회전하기).
	이동 방향을 계속 10만큼 움직이고, 화면 끝에 닿으면 튕깁니다.
	'컴퓨터' 또는 '나'와 닿으면 반대 방향으로 튕깁니다.
	오른쪽 벽에 닿으면 '종소리'를 재생하고, [하트] 1을 뺀 다음 [게임끝] 신호를 전송합니다.

07 다시하기 버튼 오브젝트 블록 구성하기

시작(이벤트)	설명
시작하기 버튼을 클릭했을 때	모양을 숨깁니다.
오브젝트를 클릭했을 때	처음부터 다시 실행합니다.
[게임끝] 신호를 받았을 때	모양을 나타냅니다.

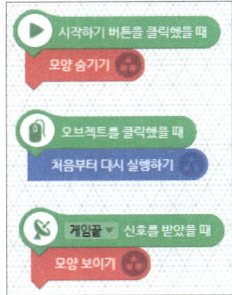

08 바닷속 오브젝트 블록 구성하기

시작(이벤트)	설명
시작하기 버튼을 클릭했을 때	초시계 값이 10보다 크면 위쪽으로 5만큼 올라가서 안 보이도록 합니다.

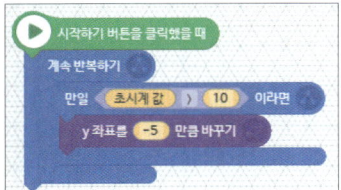

09 해변 오브젝트 블록 구성하기

시작(이벤트)	설명
시작하기 버튼을 클릭했을 때	초시계 값이 20보다 크면 위쪽으로 5만큼 올라가서 안 보이도록 합니다.

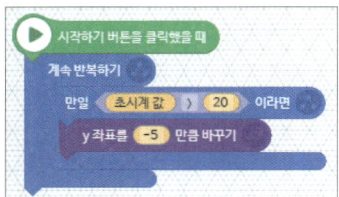

10 완성된 엔트리 작품 확인하기

〈시작하기〉 버튼을 클릭하면 야구공이 이동합니다. 마우스 포인터를 상하로 움직이면 오른쪽 붉은색 막대기가 따라 움직이며, 막대기로 야구공을 치면 게임을 계속할 수 있습니다. 야구공을 치지 못하는 횟수가 5번을 넘으면 [하트]가 0이 되어 게임은 종료됩니다.

게임 시간이 10초 지나면 배경이 '해변'으로 바뀌고, 20초가 지나면 '이상한 나라'로 바뀝니다.

🔵 혼자 해보기

'컴퓨터' 또는 '나'에 닿으면 공이 튕기는 게임을 만듭니다.

방향은 위쪽이 기준 방향인 0이고 시계 방향으로 회전하여 아래쪽일 때 180 또는 -180으로 설정합니다. 왼쪽은 -90 또는 270이 됩니다.

'컴퓨터' 오브젝트에서 공이 Y축 오른쪽을 향해 나아가는 방향은 0~180, '나' 오브젝트에서 Y축 왼쪽은 0~-180 사이 값을 갖습니다.

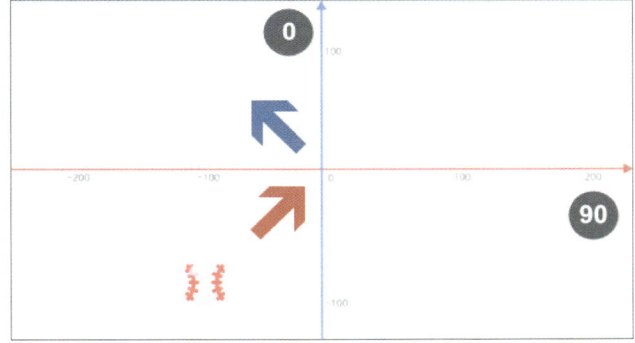

아래 그림에서 빨간색 화살표 방향은 225(또는 45), 파란색 화살표는 -45(또는 135)입니다. 빨간색 화살표 방향으로 나아가 '나' 오브젝트에 닿으면 튕기는 방향은 -45(180-225)가 되어 -45° 방향으로 야구공이 튕깁니다. [야구공방향] 변수를 추가하고 테스트해 보세요.

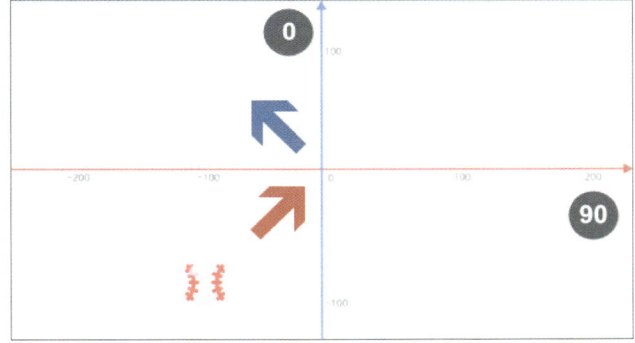

이동 중인 야구공의 방향을 확인(모니터링)하기 위해 변수를 추가해서 화면에 나타냅니다. 야구공이 막대 모양의 '나' 또는 '컴퓨터'에 부딪혀 반대 방향으로 되돌아가는 이동 방향을 확인하기 위해서입니다. 임시로 사용할 변수 [야구공방향]을 추가하여 실행 화면에 나타내고 '야구공' 오브젝트 블록에서 의 자료 블록에 추가합니다.

게임의 난이도를 높이기 위해 야구공이 움직이는 속도를 높이거나 막대기 모양의 손잡이인 '나'의 크기를 줄일 수도 있습니다. 마음껏 도전해 보세요.

짝 맞추기

짝 맞추기는 오래전부터 유행하는 간단한 게임으로 몰입하여 재미있게 즐길 수 있습니다. 예제에서는 원통을 클릭하여 뒤집어서 내용을 확인하고 같은 모양이 연이어 나오면 성공이며, 다르면 다시 뒤집는 형식의 게임을 만듭니다.

짝 맞추기 게임의 소요 시간을 확인하여 누가 빨리 짝을 맞추는지 겨뤄도 재미있습니다. 예제에서는 3쌍의 원통 모양 오브젝트와 내부의 색깔 공으로 짝 맞추기를 합니다. 게임을 시작할 때마다 3쌍의 원통 모양 오브젝트 위치를 다르게 하고, 연속으로 2번 선택했을 때 같은 색깔의 공과 다른 색깔의 공을 판단하는 것이 핵심입니다. 먼저 어떻게 하면 좋을지 생각한 다음 게임 프로그래밍을 합니다. 그리고 새로운 블록인 함수에 관한 학습도 놓치지 마세요.

STEP #1

💡 실행 미리 보기

〈시작하기〉 버튼을 클릭하여 짝 맞추기 게임을 시작하면 임의의 위치에 원통 모양의 '방패' 오브젝트가 나타납니다. '방패' 오브젝트를 클릭하여 연속해서 같은 색깔 공이 나오면 해당 오브젝트 쌍은 없어지고, 다른 색깔 공이 나오면 다시 뒤집어집니다. 빠른 시간 안에 짝을 찾아 미션을 완료하세요.

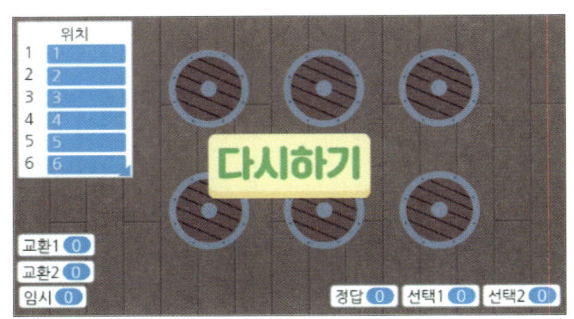

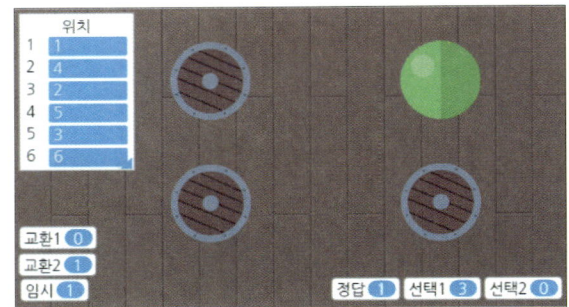

위치
1 1
2 2
3 3
4 4
5 5
6 6
다시하기
교환1 0
교환2 0
임시 0
정답 0
선택1 0
선택2 0

위치
1 1
2 4
3 2
4 5
5 3
6 6
교환1 0
교환2 1
임시 1
정답 1
선택1 3
선택2 0

방패
시작하기 버튼을 클릭했을 때
모양 숨기기
생김새 블록
결과 실행 화면에서 보이지 않기
오브젝트를 클릭했을 때
방패 클릭하기 함수 호출하기
함수 블록
결과 방패 클릭하고 함수 호출하기
[위치바꾸기] 신호를 받았을 때
위치 변경하기 함수 호출하기
함수 블록
결과 위치 변경하고 함수 호출하기
[맞춤] 신호를 받았을 때
모양 숨기기
생김새 블록
결과 실행 화면에서 모양 숨기기
[다시선택] 신호를 받았을 때
원래대로 바꾸기
생김새 블록
결과 방패 모양으로 바꾸고, 크기를 70으로 정하기

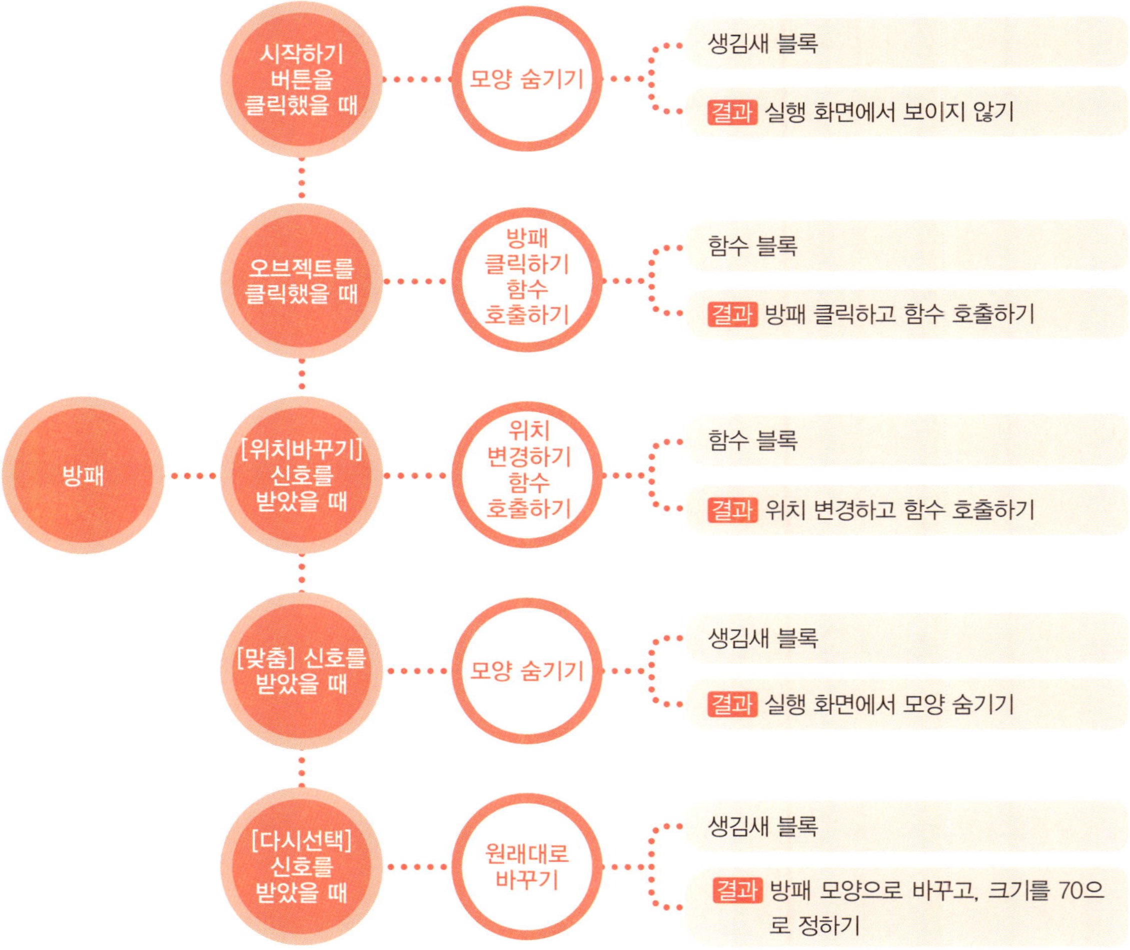

	시작하기 버튼을 클릭했을 때	모양 숨기기
		생김새 블록
		결과 실행 화면에서 숨기기
다시하기 버튼	오브젝트를 클릭했을 때	처음부터 다시 실행하기
		흐름 블록
		결과 처음부터 다시 시작하기
	[게임종료] 신호를 받았을 때	모양 보이기
		생김새 블록
		결과 실행 화면에서 모양 보이기

	시작하기 버튼을 클릭했을 때	짝맞춤 판단하기
		게임 종료 판단하기
		흐름, 자료, 판단, 시작, 소리, 생김새 블록
		결과 짝이 맞춰졌는지 판단하고 신호 보내기 / 짝을 모두 맞추면 게임 종료 신호 보내기
마루바닥	[게임시작] 신호를 받았을 때	방패 위치 무작위로 섞기
		자료, 판단, 계산, 흐름, 시작 블록
		결과 방패 오브젝트 위치를 무작위로 추출하고, [위치바꾸기] 신호 보내기
	[짝맞춤] 신호를 받았을 때	짝맞춤 처리하기
		소리 블록, 자료 블록
		결과 전자 신호음으로 짝 맞춤을 알리고, 변수 초기화하기

 **속성**

속성	이름	설명
변수	교환1	'방패' 오브젝트 위치를 섞기 위한 값 저장
	교환2	'방패' 오브젝트 위치를 섞기 위한 값 저장
	임시	'방패' 오브젝트 위치를 섞기 위한 값 저장
	선택1	처음 선택한 세트 번호 저장(3개 세트) – 기본 값 0
	선택2	두 번째 선택한 세트 번호 저장(3개 세트) – 기본 값 0
	정답	정답을 맞힌 개수 저장(모두 3개)
신호	게임시작	게임 시작 알리기 – 시작 환경 설정
	위치바꾸기	'방패' 오브젝트 시작 위치 정렬
	방패1맞춤	'방패' 오브젝트의 첫 번째 세트 정답 처리
	방패2맞춤	'방패' 오브젝트의 두 번째 세트 정답 처리
	방패3맞춤	'방패' 오브젝트의 세 번째 세트 정답 처리
	짝맞춤	[방패1맞춤], [방패2맞춤], [방패3맞춤] 신호 이후 처리
	다시선택	변수 [선택1]과 [선택2]가 다르면 처리
	게임종료	모든 짝을 맞춘 다음 게임 종료를 위한 신호 전송
리스트	위치	'방패' 오브젝트의 위치 순서 저장
함수	위치변경하기	'방패' 오브젝트의 정렬 순서에 따른 위치 이동
	방패클릭하기	'방패' 오브젝트를 클릭할 때 모양 번호가 1이면 모양 변경(뒤집기)
	짝 맞추기	'방패' 오브젝트를 클릭하면 변수 '선택1', '선택2'에 클릭한 세트 번호 저장(1, 2, 3)

🔆 블록 미리 보기

| 실행 및
초기 설정 | 시작하기 버튼을 클릭하여 시작하기 | 시작 블록 |
| | [게임시작] 신호 보내기 | 시작 블록 |

| [게임시작]
신호를
받았을 때 | • [방패] 위치를 변수 [위치]에 임의의 순서로 설정하기
• [위치바꾸기] 신호 보내기 | 자료 블록
흐름 블록
판단 블록
시작 블록 |

| [위치바꾸기]
신호를
받았을 때 | • [위치변경하기] 함수 실행하기
• [방패]의 첫 번째 모양을 나타내고 실행 화면 외부로 이동하여
대기하기
• 리스트 [위치] 순서 값에 따라 정해진 위치로 방패를 0.5초 동
안 순서대로 이동하기 | 흐름 블록
계산 블록
판단 블록
생김새 블록
움직임 블록 |

| [방패] 선택 | • 방패를 두 번 선택하여 짝 맞추기
• 방패를 선택할 때 [방패클릭하기] 함수 실행하기
• 첫 번째 선택과 두 번째 선택이 같은 쌍일 때 해당 짝 맞춤 신
호와 [짝맞춤] 신호 보내기
• 첫 번째 선택과 두 번째 선택이 서로 다른 쌍일 때 '위험경고'
소리를 재생하고 [다시선택] 신호 보내기
• 변수 [정답]의 값이 30이면 모든 짝을 맞춘 것으로 [게임종료]
신호 보내기 | 흐름 블록
판단 블록
시작 블록
자료 블록
소리 블록 |

[방패 클릭하기] 함수 실행	• 모양 번호가 1이라면 2 모양을 나타내어 선택한 것을 나타내기 • [짝맞추기] 함수 실행하기	흐름 블록 생김새 블록 판단 블록
[짝맞추기] 함수 실행	• 변수 [선택1]의 값이 0이라면 처음 선택한 것으로 [선택1]에 해당 '방패' 값 입력하기 • 변수 [선택1]의 값이 0이 아니라면 두 번째 선택한 것으로 [선택2]에 해당 '방패' 값 입력하기	흐름 블록 판단 블록 자료 블록
[방패1맞춤], [방패2맞춤], [방패3맞춤] 신호를 받았을 때	해당 쌍의 모양을 숨겨 실행 화면에서 안 보이도록 하여 같은 방패를 선택했음을 표현하기	생김새 블록
[짝맞춤] 신호를 받았을 때	• '전자신호음3' 소리 재생하기 • 변수 [정답] 값에 1만큼 더하기 • 변수 [선택1], [선택2]를 0으로 초기화하기	소리 블록 자료 블록
[다시선택] 신호를 받았을 때	• 해당 방패 쌍의 처음 모양으로 변경하기 • 변수 [선택1], [선택2]를 0으로 초기화하기	소리 블록 자료 블록
[게임종료] 신호를 받았을 때	〈다시하기〉 버튼을 보이기	생김새 블록
다시하기 버튼을 클릭했을 때	처음부터 다시 실행하기	시작 블록 흐름 블록

마루바닥

```
시작하기 버튼을 클릭했을 때
게임시작▼ 신호 보내기
계속 반복하기
    만일 <선택1▼ 값 > 0 그리고 선택2▼ 값 > 0> 이라면
        0.5 초 기다리기
        만일 <선택1▼ 값 = 선택2▼ 값> 이라면
            만일 <선택1▼ 값 = 1> 이라면
                방패1맞춤▼ 신호 보내기
            만일 <선택1▼ 값 = 2> 이라면
                방패2맞춤▼ 신호 보내기
            만일 <선택1▼ 값 = 3> 이라면
                방패3맞춤▼ 신호 보내기
            꽉맞춤▼ 신호 보내기
        아니면
            소리 위험 경고▼ 재생하기
            선택1▼ 를 0 로 정하기
            선택2▼ 를 0 로 정하기
            다시선택▼ 신호 보내기
    만일 <정답▼ 값 = 3> 이라면
        게임종료▼ 신호 보내기
```

```
게임시작▼ 신호를 받았을 때
고환1▼ 를 위치▼ 항목 수 로 정하기
고환1▼ 값 < 1 이 될 때까지▼ 반복하기
    고환2▼ 를 1 부터 고환1▼ 값 사이의 무작위 수 로 정하기
    임시▼ 를 위치▼ 의 고환1▼ 값 번째 항목 로 정하기
    위치▼ 고환1▼ 값 번째 항목을 위치▼ 의 고환2▼ 값 번째 항목 (으)로 바꾸기
    위치▼ 고환2▼ 값 번째 항목을 임시▼ 값 (으)로 바꾸기
    고환1▼ 에 -1 만큼 더하기
위치바꾸기▼ 신호 보내기
```

```
꽉맞춤▼ 신호를 받았을 때
소리 전자신호음3▼ 재생하기
정답▼ 에 1 만큼 더하기
선택1▼ 를 0 로 정하기
선택2▼ 를 0 로 정하기
```

▲ 마루바닥

```
시작하기 버튼을 클릭했을 때
모양 숨기기
```

```
오브젝트를 클릭했을 때
처음부터 다시 실행하기
```

```
게임종료▼ 신호를 받았을 때
모양 보이기
```

▲ 다시하기 버튼

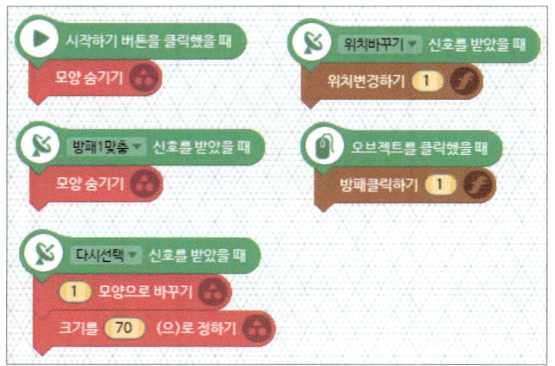

▲ 방패11

시작하기 버튼을 클릭했을 때
모양 숨기기

위치바꾸기 ▼ 신호를 받았을 때
위치변경하기 1

방패1맞춤 ▼ 신호를 받았을 때
모양 숨기기

오브젝트를 클릭했을 때
방패클릭하기 1

다시선택 ▼ 신호를 받았을 때
1 모양으로 바꾸기
크기를 70 (으)로 정하기

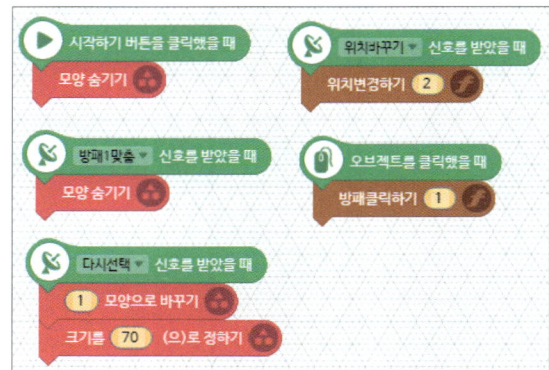

▲ 방패12

시작하기 버튼을 클릭했을 때
모양 숨기기

위치바꾸기 ▼ 신호를 받았을 때
위치변경하기 2

방패1맞춤 ▼ 신호를 받았을 때
모양 숨기기

오브젝트를 클릭했을 때
방패클릭하기 1

다시선택 ▼ 신호를 받았을 때
1 모양으로 바꾸기
크기를 70 (으)로 정하기

시작하기 버튼을 클릭했을 때
모양 숨기기

위치바꾸기 ▼ 신호를 받았을 때
위치변경하기 3

방패2맞춤 ▼ 신호를 받았을 때
모양 숨기기

오브젝트를 클릭했을 때
방패클릭하기 2

다시선택 ▼ 신호를 받았을 때
1 모양으로 바꾸기
크기를 70 (으)로 정하기

▲ 방패21

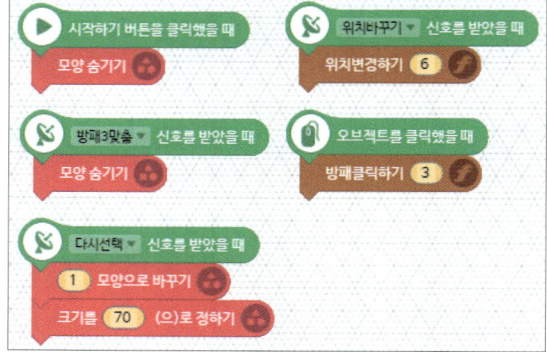

▲ 방패22

시작하기 버튼을 클릭했을 때
모양 숨기기

위치바꾸기 ▼ 신호를 받았을 때
위치변경하기 5

방패3맞춤 ▼ 신호를 받았을 때
모양 숨기기

오브젝트를 클릭했을 때
방패클릭하기 3

다시선택 ▼ 신호를 받았을 때
1 모양으로 바꾸기
크기를 70 (으)로 정하기

▲ 방패31

시작하기 버튼을 클릭했을 때
모양 숨기기

위치바꾸기 ▼ 신호를 받았을 때
위치변경하기 6

방패3맞춤 ▼ 신호를 받았을 때
모양 숨기기

오브젝트를 클릭했을 때
방패클릭하기 3

다시선택 ▼ 신호를 받았을 때
1 모양으로 바꾸기
크기를 70 (으)로 정하기

▲ 방패32

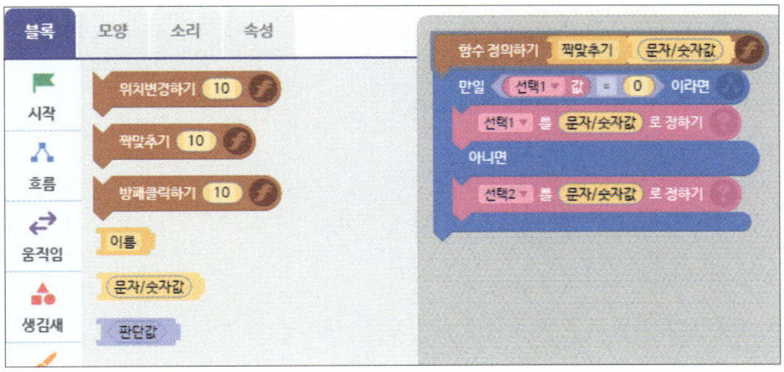

▲ 함수 : 짝맞추기

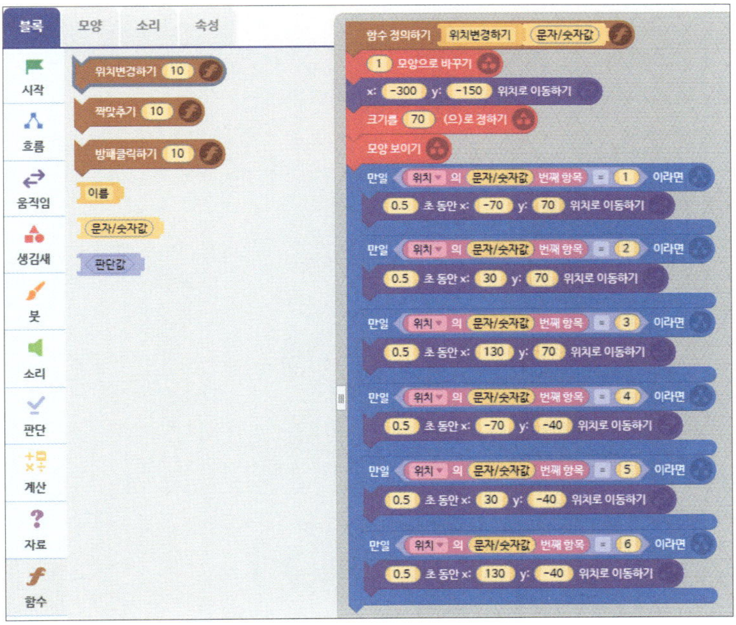

◀ 함수 : 위치변경하기

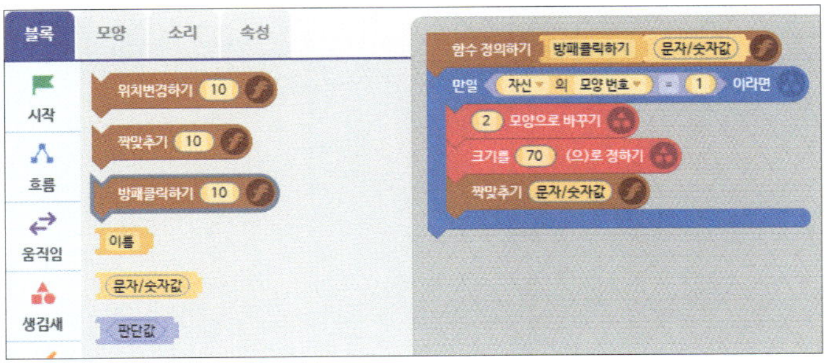

◀ 함수 : 방패클릭하기

● 리스트

지금까지 다뤄온 변수는 하나의 변수에 하나의 값이 대응하는 형식으로 [정답] 변수에는 3 또는 4처럼 하나의 값만 가질 수 있습니다.

이번에 새롭게 다루는 리스트는 하나의 변수에 여러 개의 값을 가집니다. 변수는 값이 들어갈 방이 하나밖에 없는 상태이고, 리스트는 값이 들어갈 방을 여러 개 만들 수 있는 상태와도 같습니다.

예제에서는 '방패' 오브젝트를 자유롭게 배치하기 위해 6개의 방을 갖는 리스트를 사용했습니다. '마루바닥' 오브젝트의 리스트를 섞는 블록에서 리스트 값이 무작위로 섞이는 것을 눈으로 확인하기 위해 임시로 [2 초 기다리기] 블록을 추가해서 실행 화면 왼쪽의 리스트 항목을 살펴보세요. 무작위로 섞이는 것을 관찰할 수 있습니다.

● 함수 만들기

함수란 소프트웨어에서 특정 동작을 수행하는 일정 코드 부분을 말합니다. 같은 코드가 반복되거나 논리적, 기능적으로 구분할 필요가 있을 때 별도로 만드는 코드 모음입니다.

예제에서는 6개의 '방패' 오브젝트 위치를 무작위로 바꾸거나 '방패' 오브젝트를 클릭할 때 일어나는 일이 같은 흐름입니다. 그래서 함수 형태로 만들면 블록을 중복시키지 않아 복잡함을 줄이고, 간단하게 표현할 수 있으며 무엇보다 다른 프로그래밍에 다시 활용할 수 있습니다.

블록 꾸러미에서 [함수]를 선택하면 4개의 블록이 나타납니다.

함수 이름을 입력하면 함수에 전달하는 문자, 숫자나 참/거짓을 나타내는 판단 값의 인자(파라미터, Parameter)를 구성합니다. 인자는 함수를 호출할 때 함께 전달되는 값으로 함수를 다양한 환경에서 사용할 수 있습니다. 예를 들어, '방패' 오브젝트 번호를 인자로 사용하면 해당 '방패' 오브젝트에 각각 적용할 수 있습니다.

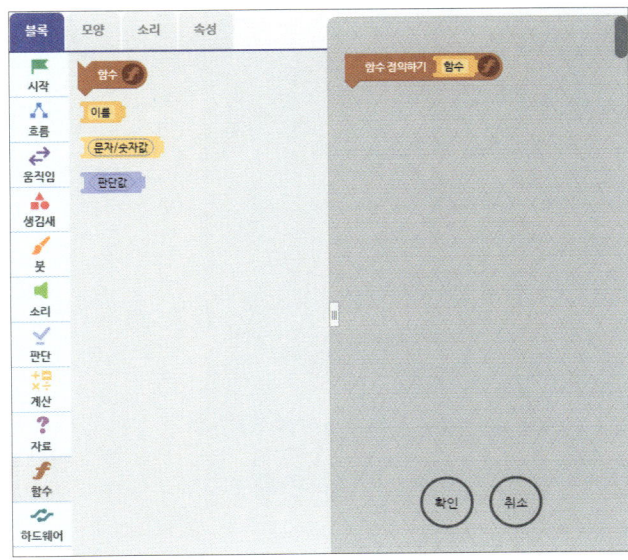

▲ 함수 만들기

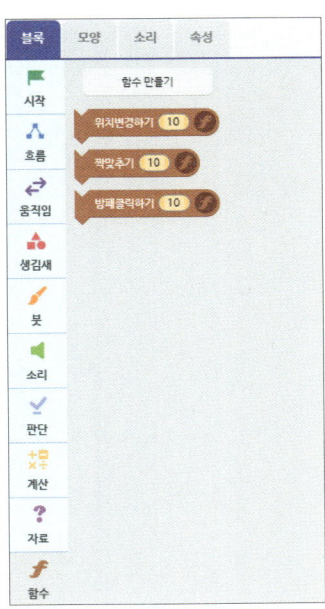

▲ 완성된 함수

● 함수 추가하기

〈함수 만들기〉 버튼을 클릭하고 함수를 구성할 이름과 인자를 결정한 다음 해당 함수를 이루는 코드를 블록 꾸러미에서 가져와 연결합니다.

다음은 함수 이름을 [위치변경하기]로 지정하고 전달 인자는 문자나 수치이며, 그 아래에 위치 변경을 위한 코드를 블록으로 구성했습니다. 무작위로 섞인 리스트 순서를 가져와 블록 위치를 결정합니다. 함수 블록을 모두 구성하면 블록 조립소 아래의 〈확인〉 버튼을 클릭하여 완성합니다.

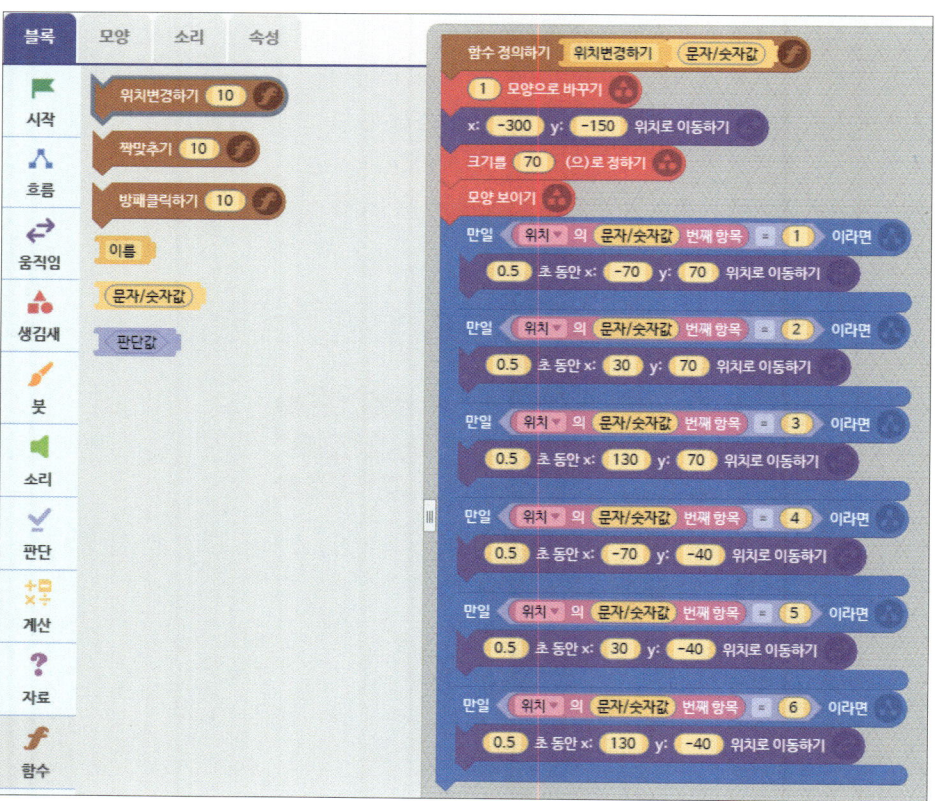

💡 블록 미리 보기

f 함수 블록	설명
함수 정의하기 ⟩ 함수 정의하기 이름 문자/숫자값 판단값 *f*	자주 이용하는 코드를 이 블록에 조립하여 함수로 만듭니다. '함수 정의하기' 오른쪽 빈칸에 이름 을 조립하여 함수 이름을 정할 수 있습니다. 함수를 실행하는 데 입력 값이 필요하면 빈칸에 문자/숫자값 , 판단값 을 조립하여 매개 변수로 사용합니다.
이름	'함수 정의하기'의 빈칸에 조립하고, 이름을 입력하여 함수 이름을 정합니다.
문자/숫자값	해당 함수를 실행할 때 문자/수치가 필요하면 빈칸에 조립하여 매개 변수로 이용합니다. 이 블록 내 문자/숫자값 을 분리하여 함수 코드 중 필요한 부분에 넣습니다.
판단값	해당 함수를 실행할 때 참 또는 거짓의 판단이 필요하면 빈칸에 조립하여 매개 변수로 사용합니다. 이 블록의 판단값 을 분리하여 함수 코드 중 필요한 부분에 넣어 사용합니다.
함수 *f* 이름 10 참 *f*	현재 만들고 있는 함수 블록 또는 지금까지 만든 함수 블록입니다.

STEP #2

01 새로 시작하기

엔트리 프로그램을 새롭게 시작하거나 [파일]−[새로 만들기] 메뉴를 실행합니다. 기본 오브젝트인 '엔트리봇'을 삭제하고 〈오브젝트 추가하기〉 버튼을 클릭합니다.

❶ 오브젝트 추가하기 창에서 '방패', '다시하기 버튼'과 [배경]의 '마루바닥' 오브젝트를 선택합니다.

❷ 〈적용하기〉 버튼을 클릭합니다.

02 짝 구성하기

'방패' 오브젝트가 모두 6개가 되도록 복제하고, 오브젝트 목록에서 '방패' 오브젝트 이름을 변경합니다. 두 개씩 쌍을 이뤄 '방패11/방패12', '방패21/방패22', '방패31/방패32' 로 지정합니다.

03 모양 추가하기

각각의 오브젝트를 선택하고 [모양] 탭을 선택한 다음 〈모양 추가〉 버튼을 클릭합니다.

❶ 모양 추가 창에서 두 번째 모양인 '신호_노란', '신호_빨간', '신호_초록'을 선택하여 숨겨진 색깔 공을 추가합니다.

❷ 〈적용하기〉 버튼을 클릭합니다.

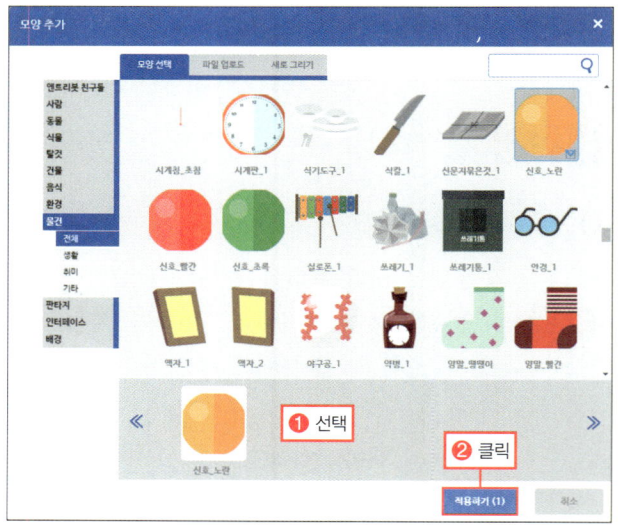

04 모양 연결하기

오브젝트 목록의 '방패11/방패12'는 '신호_노란', '방패21/방패22'는
'신호_빨간', '방패31/방패32'는 '신호_초록' 모양을 연결합니다. 방패
와 신호의 크기가 약간 다르지만 이후 블록 구성에서 조절할 것입니다.

  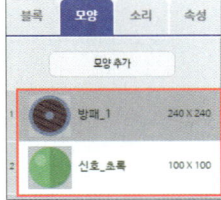

05 속성 추가하기

실행 화면에서 '방패' 오브젝트의 위치를 자유롭게 지정합니다. 선택 순
서 등을 저장하기 위한 변수 [교환1], [교환2], [임시], [선택1], [선택
2], [정답]과 같이 모두 6개를 추가합니다.

짝 맞추기 흐름에 따른 신호 [방패1맞춤], [방패2맞춤], [방패3맞춤],
[짝맞춤], [위치바꾸기], [다시선택], [게임시작], [게임종료]를 추가합
니다.

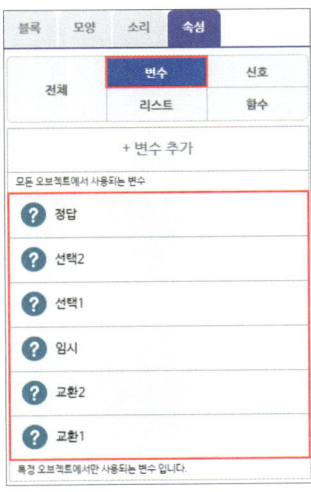 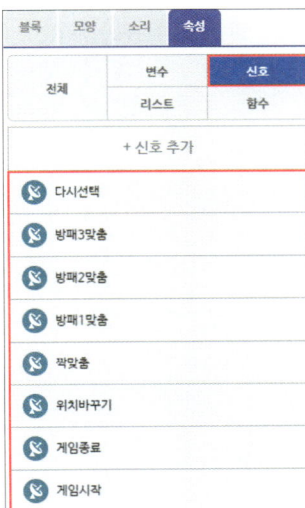

06 리스트 추가하기

특별한 변수 형태인 리스트 [위치]를 추가합니다. 변수는 하나의 값만 갖지만 리스트는 여러 개의 값을 갖습니다. 예제에서는 '방패' 순서를 무작위로 섞기 위해 리스트를 사용합니다. 방패는 모두 6개이므로 리스트 항목 수를 '6'으로 설정하고 각 값에 1부터 6을 입력합니다.

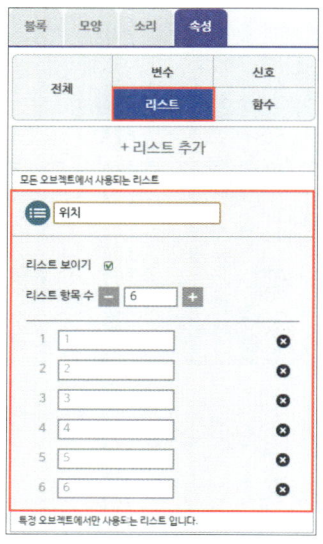

07 함수 추가하기

새로운 속성인 함수를 추가합니다. 함수는 중복해서 사용하는 블록을 간단하게 만들어 재활용할 수 있도록 하는 형태입니다. [속성] 탭에서 [함수]를 선택한 다음 〈함수 추가〉 버튼을 클릭하고 [위치변경하기 문자/숫자값], [짝맞추기 문자/숫자값], [방패클릭하기 문자/숫자값]을 추가합니다.

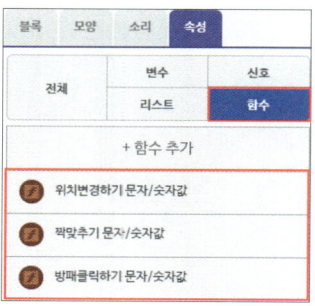

08 마루바닥 오브젝트 블록 구성하기

'방패' 위치를 무작위로 배열하기 위한 쌍을 리스트로 만들고, 쌍에 의
해 '방패' 위치를 지정합니다. 방패를 선택하여 짝이 맞춰졌는지 판단하
고 짝이 맞춰졌을 때와 그렇지 않았을 때를 나눠 블록으로 구성합니다.

시작(이벤트)	설명
시작하기 버튼을 클릭했을 때	[게임시작] 신호를 보냅니다.
	변수 [선택1]과 [선택2]가 0이 아닌 값이라면 두 번 선택한 것이므로 짝이 맞는지 계속 평가합니다.
	짝이 맞으면 각각의 방패 맞춤 신호를 보냅니다.
	짝이 맞지 않으면 '위험경고' 소리를 재생하고 변수 [선택1]과 [선택2]를 0으로 초 기화한 다음 [다시선택] 신호를 보냅니다.
	짝을 맞힌 횟수가 3이라면 모두 짝을 맞춘 것이므로 [게임종료] 신호를 보냅니다.
[게임시작] 신호를 받았을 때	변수 [교환1]에 리스트 [위치]의 항목 6개를 처음 값으로 지정합니다.
	변수 [교환1]을 1씩 줄이면서 (다음)을 반복합니다.
	(다음) 변수 [교환2]에 1부터 [교환1] 사이의 무작위 수를 할당합니다.
	(다음) 변수 [임시]에 리스트 [위치]의 [교환1] 값으로 정합니다.
	(다음) 리스트 [위치]의 [교환1] 항목을 리스트 [위치]의 [교환2] 항목과 바꿉니다.
	(다음) 리스트 [위치]의 [교환2] 항목을 변수 [임시]로 바꿉니다.
	(다음) 변수 [교환1]에 1만큼 뺍니다.
[짝맞춤] 신호를 받았을 때	'전자신호음3' 소리를 재생합니다.
	변수 [정답]에 1을 더합니다.
	변수 [선택1]과 [선택2]를 0으로 초기화합니다.

시작하기 버튼을 클릭했을 때
게임시작 ▼ 신호 보내기

계속 반복하기
　만일 〈 선택1 ▼ 값 〉 0 〉 그리고 〈 선택2 ▼ 값 〉 0 〉 이라면
　　0.5 초 기다리기
　　만일 〈 선택1 ▼ 값 = 선택2 ▼ 값 〉 이라면
　　　만일 〈 선택1 ▼ 값 = 1 〉 이라면
　　　　방패1맞춤 ▼ 신호 보내기

　　　만일 〈 선택1 ▼ 값 = 2 〉 이라면
　　　　방패2맞춤 ▼ 신호 보내기

　　　만일 〈 선택1 ▼ 값 = 3 〉 이라면
　　　　방패3맞춤 ▼ 신호 보내기

　　　짝맞춤 ▼ 신호 보내기
　　아니면
　　　소리 위험 경고 ▼ 재생하기
　　　선택1 ▼ 를 0 로 정하기
　　　선택2 ▼ 를 0 로 정하기
　　　다시선택 ▼ 신호 보내기

　만일 〈 정답 ▼ 값 = 3 〉 이라면
　　게임종료 ▼ 신호 보내기

게임시작 ▼ 신호를 받았을 때
교환1 ▼ 를 위치 ▼ 항목 수 로 정하기
〈 교환1 ▼ 값 〈 1 〉 이 될 때까지 ▼ 반복하기
　교환2 ▼ 를 1 부터 교환1 ▼ 값 사이의 무작위 수 로 정하기
　임시 ▼ 를 위치 ▼ 의 교환1 ▼ 값 번째 항목 로 정하기
　위치 ▼ 의 교환1 ▼ 값 번째 항목을 위치 ▼ 의 교환2 ▼ 값 번째 항목 (으)로 바꾸기
　위치 ▼ 의 교환2 ▼ 값 번째 항목을 임시 ▼ 값 (으)로 바꾸기
　교환1 ▼ 에 -1 만큼 더하기
위치바꾸기 ▼ 신호 보내기

짝맞춤 ▼ 신호를 받았을 때
소리 전자신호음3 ▼ 재생하기
정답 ▼ 에 1 만큼 더하기
선택1 ▼ 를 0 로 정하기
선택2 ▼ 를 0 로 정하기

09 방패 오브젝트 블록 구성하기

3쌍(6개)의 방패를 무작위로 섞인 리스트 순서에 따라 배치하고, 클릭했을 때 방패의 다음 모양을 나타내어 짝이 맞는지 확인합니다.

6개의 모든 오브젝트에 블록을 구성하지만, 숫자만 빼고 모두 같은 구성이므로 하나의 '방패' 오브젝트 블록으로 설명했습니다.

시작(이벤트)	설명
시작하기 버튼을 클릭했을 때	실행 화면에서 보이지 않도록 모양을 숨깁니다.
[위치바꾸기] 신호를 받았을 때	방패 위치를 무작위로 설정합니다.
오브젝트를 클릭했을 때	방패 모양을 다음으로 바꿔 신호 모양을 나타냅니다.
[방패1맞춤] 신호를 받았을 때	짝이 맞는 것으로, 실행 화면에서 보이지 않도록 모양을 숨깁니다.
[다시선택] 신호를 받았을 때	짝이 맞지 않은 것으로, 다시 방패 모양으로 나타냅니다.

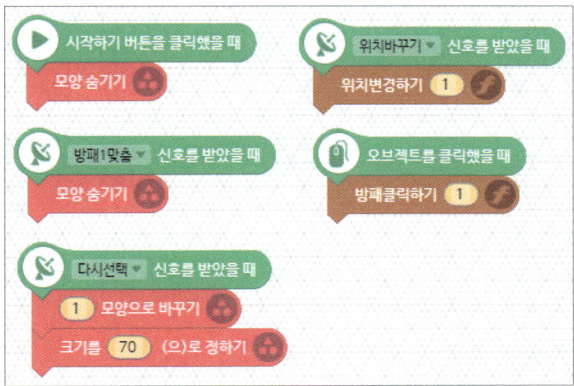

10 함수 구성하기 1

함수 이름 [방패클릭하기]와 인자로 문자나 숫자를 구성합니다.

방패를 클릭했을 때 현재 방패 모양인지, 색깔 신호 모양인지 확인합니다. 방패 모양이라면 신호 모양을 나타내고, 서로 다른 크기이므로 같은 크기로 조절합니다. 또한 [짝맞추기]를 호출하는 함수를 구성합니다.

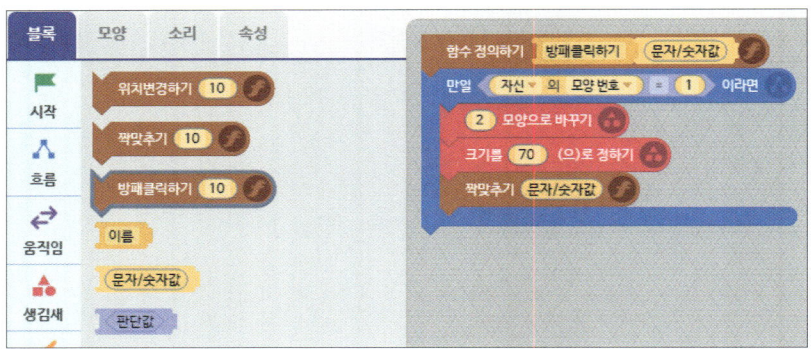

11 함수 구성하기 2

함수 이름 [짝맞추기]와 인자로 문자나 숫자를 구성합니다.

해당 방패를 클릭했을 때 변수 [선택1]이나 [선택2]에 방패의 세트 번호를 입력합니다.

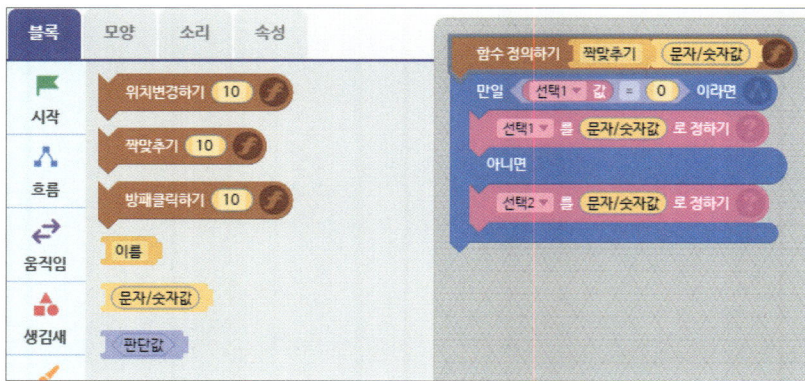

12 다시하기 버튼 오브젝트 블록 구성하기

짝을 모두 맞추면 다시 게임을 시작할 수 있도록 〈다시하기〉 버튼을 실행 화면에 나타냅니다.

시작(이벤트)	설명
시작하기 버튼을 클릭했을 때	실행 화면에서 보이지 않도록 모양을 숨깁니다.
[게임종료] 신호를 받았을 때	모양을 나타냅니다.
오브젝트를 클릭했을 때	처음부터 다시 실행합니다.

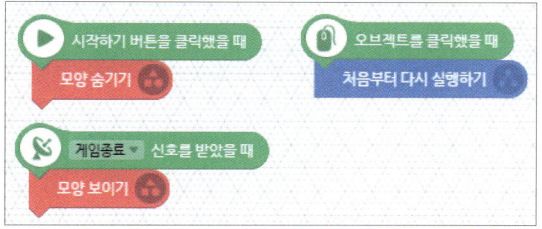

13 완성된 엔트리 작품 확인하기

〈시작하기〉 버튼을 클릭하여 무작위로 섞인 방패 모양(원통)을 클릭해서 숨겨진 같은 색 공을 찾습니다. 뒤집은 두 개의 방패 색이 같으면 짝을 맞춘 것이므로 없어집니다. 이렇게 모든 짝을 맞춰 보세요.

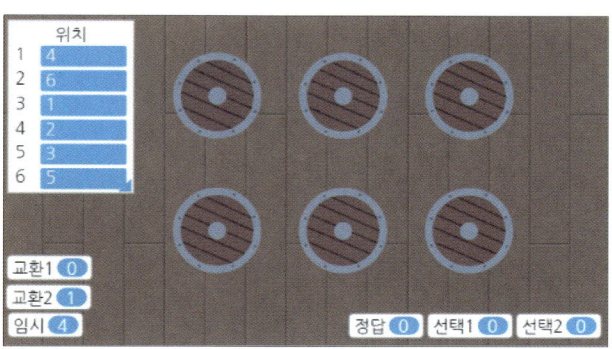

함수란 소프트웨어에서 특정 동작을 수행하는 일정 코드 부분을 말합니다. 같은 코드가 반복해서 사용되거나 논리적, 기능적으로 구분할 필요가 있으면 별도로 만듭니다.

Part 4에서도 다뤘던 '05.오래달리기1.ent' 파일을 함수 블록을 이용하여 다시 구성합니다. 결과는 '05.오래달리기2.ent'를 참고합니다.

두 개의 배경을 교대로 움직여 달리는 효과를 실감나게 줍니다. 각각의 배경에는 같은 코드를 사용합니다. 중복된 부분을 분리해 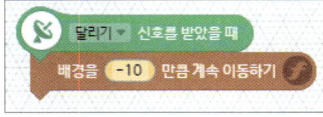 로 함수를 구성합니다. 인자를 추가해서 배경이 움직이는 속도를 다르게 하여 좀 더 다양하게 적용합니다. 예제에서는 '육상' 오브젝트가 Spacebar 키를 누르는 동안 뛸 수 있도록 추가했고, 그때 [달리기] 신호를 보내 배경을 움직입니다.

Index _색인